江苏省社科基金项目“新一代人工智能技术赋能江苏文化产业高质量发展研究”之成果
（项目编号：SJS223020）

新视域、新方法与新路径：
元宇宙与数字艺术的变革研究

周灵 著

WUHAN UNIVERSITY PRESS
武汉大学出版社

图书在版编目(CIP)数据

新视域、新方法与新路径:元宇宙与数字艺术的变革研究/周灵著. —武汉:武汉大学出版社,2023. 11

ISBN 978-7-307-24056-8

Ⅰ.新… Ⅱ.周… Ⅲ.①信息经济—研究 ②数字技术—应用—艺术—研究 Ⅳ.①F49 ②J06-39

中国国家版本馆 CIP 数据核字(2023)第 197140 号

责任编辑:杨 欢　　责任校对:鄢春梅　　整体设计:韩闻锦

出版发行:**武汉大学出版社** (430072 武昌 珞珈山)

(电子邮箱:cbs22@ whu.edu.cn 网址:www.wdp.com.cn)

印刷:武汉邮科印务有限公司

开本:787×1092 1/16 印张:11 字数:209 千字 插页:1

版次:2023 年 11 月第 1 版 2023 年 11 月第 1 次印刷

ISBN 978-7-307-24056-8 定价:45. 00 元

自　　序

未来是否值得研究?

这个问题可以转换为：未来是否可以预测?宇宙和社会的复杂性并非一般科学可以阐释，因为人类不得不接受量子力学和混沌理论。这两个理论的引入意味着人们承认充满着复杂性、随机性和无序性的复杂系统以及量子系统，这样的复杂系统是否可以预测?在爱因斯坦那里，“相信物理学的人都知道，过去、现在和未来之间的区别不过是持久而顽固的幻觉”①。人类历史上那些群星闪耀的时刻，恰恰是因为他们能站在现在看到未来。

我们为什么要研究未来?

简而言之，时间不是幻觉，时间的流逝却是。改变也是如此。在时空中，未来早已存在，过去永不消逝。当我们将爱因斯坦的经典时空论与量子力学结合起来时，就得到了量子平行宇宙。这意味着，同时存在许多同样真实的过去和未来，但这丝毫不影响整个物理世界实在的数学本质。②

如果我们基于这样一个假设，即未来可以想象和预见，并不意味着我们否认未来的不确定性，“在这个极其广袤的宇宙中，我们人类所处的地位似乎微不足道”③。在种种技术聚合与并发的当下，人类正处在巨大变革的边缘，这场变革对于人类社会意义重大，人类要做的是：破除学科界限，打破知识结构的制约，实现从想象力到创造力的跨越，在科学奇点到来之际优先注入人文理性，合理使用技术造福社会，在多重宇宙中，在物理世界和虚拟世界中，从宏观世界到微观世界，重新确认自身的处境与责任，迎接后人类社会的到来。在这样的前提下，未来是可想象的、可预见的，也是亟待研究的。

元宇宙有望成为未来互联网发展的新方向，对其探索将推动实体经济与数字经济深度融合，推动数字经济走向新的阶段。探索发展元宇宙，有助于推动我国经济社会进一步加

---

① Isaacson W, Schucking E L. Einstein: His Life and Universe [J]. Physics Today, 2007, 60 (11): 59-61.

② ［美］泰格马克．穿越平行宇宙［M］．汪婕舒，译．杭州：浙江人民出版社，2017：280.

③ ［英］史蒂芬·霍金．时间简史［M］．吴忠超，译．长沙：湖南科学技术出版社，2006：5.

快数字化升级，以科技创新催生新发展动能。

但是，没有人文的指引，科学是危险的。在“元宇宙”热潮面前，人文学科的研究者们应该做些什么？我们常听到这样的话——“机遇与挑战并存”，对于人文学科的学者而言亦是如此。我们面临着科学大爆炸的大机遇，处于各种技术并发的当下，元宇宙、人工智能、生命科学、新材料、新能源、量子计算……意味着无限可能，但人类的延续和发展也受到多重挑战。

人文学科的学者们应当拓展学科视野，研究元宇宙可能带来的社会影响。技术影响下的社会变革涉及多重复杂因素，因而要求学者们具备跨学科的视野，包括自然科学、哲学、社会学、艺术学、经济学等，尽可能客观地观察和审视技术的演化、社会的变革以及资本的流向。例如，人文学科的学者可以研究元宇宙对社会的影响，包括经济、教育、文化、社交等方面，探讨元宇宙如何改变人们的生活方式、社会互动模式、劳动力市场和教育体系等，以及如何应对可能出现的社会不平等和其他问题。

人文学科应关注元宇宙可能带来的问题，并提出相关的伦理准则和政策建议。例如研究用户数据的收集和使用方式，推动隐私保护法规的制定，并促进数据安全和用户权益的保护。

人文学科应推动文化创新，倡导价值导向。人文学科的学者应研究和推广文化内容的创作、传播和保护，在元宇宙中促进不同文化之间的交流与融合，以及传统文化的传承与创新。人文学科应当引导社会对元宇宙的发展进行深入讨论，并倡导将人类价值观融入元宇宙的设计和运营中，包括推动开放、包容、多样性、道德和社会公正等价值观在元宇宙中的实践，避免技术进步的过度商业化和剥削性使用。当下人们对于元宇宙的未来出现了许多预测主体和观点，人文学科研究有必要对这些预测本身进行分析，并就其内隐何种价值导向等基本问题进行深入探究。

未来的艺术将如何发展？未来的设计艺术将受到技术、社会和环境等因素的影响。从环境角度考虑，随着环境问题的日益突出，未来的艺术可能更注重可持续性与环境意识，设计师将注重选择环保材料、节能技术和循环利用技术等可持续设计实践，致力于减少对环境的负面影响。从技术角度考虑，未来的设计艺术将与新兴科技更密切结合。物联网和人工智能等技术将为设计师提供新的创作工具和可能性，使设计更加智能化、交互式和个性化。未来的设计艺术将进一步探索虚拟和实体之间的融合。设计师将借助虚拟现实、增强现实和混合现实等技术，创造出融合数字与实体的新颖设计形式和体验。从受众角色来看，未来的设计艺术将更加注重用户体验和参与。设计师将致力于创造更加人性化、情感化和互动性更强的设计作品，并鼓励用户参与其中，与作品进行互动。同时，未来的设计艺术将更多地与其他领域跨界合作，如科学、社会学、医疗等。设计师将与专业人士合作，致力于解决社会问题和提升人们的生活质量，通过设计创新对社会产生积极影响。未来的设计艺术将更多地关注社会和文化议题，并通过设计进行表达和反思。设计师将致力于探索文化多样性、社会平等和身份认同等主题，通过设计作品传达深层的社会和文化意义。

元宇宙为数字艺术提供了新的表现和创作方式，这种新的艺术形式对于传统艺术界来说是一个巨大的变革，同时也为文化产业创新带来了新的发展机遇。本研究在文化、艺术与科技融合的背景下探析元宇宙与数字艺术的未来变革，并在此基础上延展至文化产业创新发展的命题。相较于既往的研究，本研究的独到之处在于新视域、新方法与新路径。

一是新视域。本研究将关注点放在文化、艺术与科技融合的领域，并探索元宇宙和数字艺术之间的相互影响和潜在发展。这种综合性的研究视角有助于人们更好地理解元宇宙和数字艺术对文化产业的重要性，以及它们在推动文化创新和发展方面的潜力。

二是新方法。本研究将对方法论本身进行研究，采用创新的未来研究方法来探索元宇宙和数字艺术的未来变革。传统的研究方法无法完全涵盖本研究对象的多样性和复杂性。因此，本研究将系统梳理未来研究方法的启示，借助以科幻文本为载体的思想实验以及媒介考古学视角，更全面地解释这一领域的现象和发展趋势。

三是新路径。本研究将针对文化、艺术与科技融合共同服务社会现实的目标提出新的观点和理论框架。在元宇宙和数字艺术的交叉领域，为学术界和实践界提供新的思考和启示，推动元宇宙、数字艺术和文化产业的创新发展。

周 灵

2023 年 11 月于南京

目　　录

绪 论

“元宇宙”作为一个兼具科学和人文属性的系统，并非一个全新的事物，实则是人类的一次“再发现”。其概念结合了科学、技术、哲学、社会学、文化等领域的思想和理论，旨在探索一个虚拟的、以计算机为基础的、与现实世界相互作用的全新空间。虽然“元宇宙”是近年来的热门话题，但它实际上融合了多个学科领域的思想和理论，具有深厚的历史渊源。虚拟现实、增强现实和虚拟社区等概念在过去几十年中已经被广泛研究和探索，对于人类文化、意义和认知的探索也可以追溯到古代哲学和人文学科的思想。元宇宙融合了科学和技术的进步，同时也关注人类的文化、价值观和社会互动。它可以被看作对现实世界的补充、扩展和重新构想，提供了新的可能性和体验。通过元宇宙，人们可以进行虚拟的互动、创造和探索，开启了一个更加丰富和多样化的空间。

总之，元宇宙代表了对科学、技术和人文领域的综合思考和探索，同时也是对古老哲学和人文思想的现代诠释。这一概念的发展推动了科学、技术和人文学科之间的交叉合作和对话，为我们对于现实世界和人类经验的理解提供了新的视角和可能性。

第一节 问题的提出

数字经济建设已经成为国家重点发展战略。2021 年 12 月 12 日，国务院印发了《“十四五”数字经济发展规划》，肯定了“十三五”期间数字经济为经济社会持续健康发展提供了强大动力，指出了“十四五”时期我国数字经济将转向深化应用、规范发展、普惠共享的新阶段。《求是》杂志也发表了习近平总书记的重要文章《不断做强做优做大我国数字经济》。

元宇宙聚合了近年来数字经济领域的重要技术突破，对未来经济增长、社会变革、数字产业持续增长等具有重要价值，各国政府依据自身的经济技术基础，就元宇宙技术及其相关产业出台了相应的政策，以期在未来元宇宙产业发展中赢得先机。①

截至目前，业界和学界对于元宇宙的概念本身并未形成统一的定义，公认的描述为：元宇宙可以视为与现实世界平行且融合的数字世界，可以与现实世界形成高度交互，互相映射、互相关联，并对现实世界产生影响。元宇宙的概念建立在众多技术聚合的基础之上，包括先进的通信技术（5G/6G）、互联网和大数据技术、数字孪生技术、人工智能技术（AI）以及扩展现实技术（AR/VR）等，同时借助区块链技术、非同质化代币（NFT）等数字金融成果形成经济体系，引领数字经济的高速发展。

关于元宇宙，将维基百科上的解释翻译过来大致如下：元宇宙是一个集体的虚拟共享空间，由虚拟增强的物理现实和物理持续的虚拟空间融合而成，包括所有虚拟世界、增强现实和互联网的总和。“元宇宙”一词由前缀“meta”（意为超越）和词干“verse”（由“universe”一词衍生而来）组成；meta 代表元、超越的意思，verse 代表宇宙，综合起来就是超越宇宙，简单来讲就是一个平行于现实世界的虚拟世界，而非仅仅指向虚拟现实场景。这个术语通常用来描述未来互联网迭代的概念，由连接到一个可感知的虚拟世界的持续的、共享的 3D 虚拟空间组成。要想真正理解什么是元宇宙，不能局限于简单的字面概念。首先，元宇宙是现实世界与虚拟世界的一种融合生态；其次，元宇宙涉及的要素众多，如技术、经济、组织、管理、社会、文化、治理等。

从概念的起源和发展来看，元宇宙的概念源于科幻小说。1992 年，美国作家尼尔·斯蒂芬森（Neal Stephenson）在科幻小说《雪崩》中提出元宇宙的构想。当时《雪崩》一书的中文名被翻译为“超元域”或“元界”。在小说中，人类作为化身，在一个隐喻现实世界的三维空间中与他人和软件代理进行互动。与元宇宙类似的概念早已以各种各样的名字出现在赛博朋克小说流派中，最早出现在 1981 年的中篇小说《真实姓名》里。威廉·吉布森 1984 年创作了《神经漫游者》三部曲，开创性地提出了“赛博格”这一概念。随着电影《头号玩家》于 2018 年在全球公映，人们对于元宇宙有了全面的感官认识。

2021 年被公认为元宇宙元年。而从 Facebook 改名为 Meta 切入，以罗布乐思（Roblox）将元宇宙概念写进招股说明书为基点，世界各大互联网巨头、科技公司纷纷宣布进军元宇宙。这样的改变，到底意味着什么？是一个新的资本池的打开？还是一个新的产业链的开启、数字经济发展的新机遇？抑或意味着在最形而下的层面上，以可穿戴技术、VR 为代表的媒介技术的新迭代？还是对人类而言的新的生产消费和生存方式？时代在呼唤答案。

科学技术正在促使艺术创作、欣赏和研究发生革命性的变化。技术影响着艺术创作和欣赏的方式，数字技术的进步使得艺术家可以使用计算机生成的图像、视频和音频来创作

① 李勇坚．元宇宙：各国产业政策竞争的新疆域［J］．科技中国，2022（09）：53-58.

作品，虚拟现实技术使观众可以身临其境地体验沉浸式艺术作品，改变了传统的艺术欣赏方式。3D打印技术的问世对传统的雕塑工艺形成了机遇和挑战，互联网和社交媒体的兴起为艺术家提供了更广阔的传播平台，改变了艺术传播和接收的方式。数据可视化技术的使用使得艺术作品不单单可以呈现信息，还可以激发观众对数据背后故事的思考和探索。而在当下，人工智能生成内容（Artificial Intelligence Generated Content，AIGC）的兴起也使得人工智能的发展为艺术创作带来了新的可能性。艺术家可以使用机器学习算法、生成对抗网络（GAN）、大模型等来生成艺术作品，这推动了艺术创作的生成方式创新。诚然，科学技术的革新正在改变艺术的创作方式、艺术作品的传播方式以及艺术研究的方法和工具。这些变化为艺术家和观众带来了更多的机会和体验，同时也挑战着传统的艺术观念和实践。

人们总是热衷于探讨技术对于艺术的影响。在人类历史的长河中，科学和艺术的发展始终互相促进，科学的发现和技术的进步可以激发艺术家的创造力和想象力，艺术作品也可以通过表达和诠释科学概念、思想、发现来影响科学的传播。换言之，艺术也正积极地向科技领域渗透。从城市建设、园林建筑到日用产品的设计，无不体现着现代人的美感直觉和审美情趣。从科技实践中正在逐渐形成的工程美学、实用美学、建筑美学等各学科互相渗透、融汇，正在建构着科学和技术美学的完整的学科体系。

科学和艺术的共通之处体现在：第一，科学和艺术虽然在方法和目的上有所不同，但它们都是人类思维和创造力的表达方式。科学致力于理解和解释自然界，而艺术则强调情感、审美和文化的表达。两者相互交织，共同促进人类文明的发展和进步。第二，科学和艺术都关涉创造力和表达的过程。科学家通过提出假设、设计实验和解释观察结果来创造新知识，而艺术家通过创造作品来表达情感、思想和观点。科学研究和艺术创作都需要创造性思维和独特的表达方式。第三，科学和艺术都强调对美的追求，艺术本身强调对美学和视觉表达的追求，而科学也可以在某种程度上涉及对美学和视觉元素的研究。第四，科学和艺术都体现着人类对世界的探索和研究。科学家致力于理解自然界的规律和现象，而艺术家也通过作品来探索人类的情感、社会和文化等方面。第五，无论是科学还是艺术，都需要持续的好奇心和探索精神。第六，科学和艺术都体现着人们对世界的思考和对自身的反思，科学通过解释自然界的运行方式和现象，提供了对世界的更深入理解；艺术则通过表达和展现人类情感、体验和观点，触动观众的心灵和思考。

系统论、控制论、信息论以及耗散结构论、突变论、协同论等现代科技理论不仅已经应用于艺术创作和研究，同时也正在把艺术作为素材来丰富和发展自身。系统论和控制论的概念和方法可以应用于艺术创作和研究中。艺术家可以将作品看作一个复杂的系统，并使用控制论的原理来调整和改变作品的形式、结构和交互方式。这些理论可以帮助艺术家在创作过程中实现意图和掌控作品的要素。信息论研究信息传输和编码的原理，可以被应用于艺术创作中的信息处理和传达。艺术家可以利用信息论的概念来探索信息的传递方式、媒介的选择以及信息的压缩与解码等问题，这可以影响艺术作品的形式、内容和传播方式。耗散结构论和突变论探讨系统在动态过程中的演化和变化。在艺术创作中，艺术家可以运用这些理论来探索作品的发展和变革过程，以及作品中的突变和转化。这种理论视角可以帮助艺术家理解作品中的变化和发展，并以更创新的方式进行创作。协同论关注系统内部和外部因素之间的相互作用和合作。在艺术创作和研究中，协同论可以应用于艺术家与观众、艺术家与技术的互动和合作。艺术家可以通过协同论的观念来探索参与式艺术、互动装置和社交媒体艺术等领域，以实现与观众和环境的协同创作。这些科技理论的应用丰富了艺术创作和研究的方法和视角，使得艺术作品能够更加深入地探索和表达人类体验、科学观念和技术进步。同时，将艺术作为素材来丰富和发展科技理论也为科学研究提供了新的视角和案例，推动了科技领域的创新以及跨学科研究与实践。

总而言之，近年来艺术与科学之间渗透、沟通与重新融合的趋势正在蓬勃发展。但对这种发展趋势，尚缺乏整体上的理论关注。在技术迸发的当下，这些问题迫切需要得到关注。本研究力求通过相关理论指导，以艺术与科技深度融合为逻辑起点，以文化产业高质量发展为研究视域，探求未来艺术发展与文化产业变革的科学之道，阐释以元宇宙为代表的技术热潮背景下艺术发展的未来可能，分析艺术与科技融合下的艺术生成新范式，文化产业发展的作用机制及其在技术支撑、产业生态、政策规制等方面的新特征和新问题，以数字文化产业为重点领域，归纳艺术与科技共同服务社会现实的新路径。

第二节　研究综述

在艺术的发展历程中，艺术的变革和进步都与技术发展紧密相关。以习近平同志为核心的党中央高度重视发展数字经济，数字经济建设已经成为国家重点发展战略。数字艺术是数字经济的重要组成部分，面临产业语境，以文化经济或艺术经济的特定面貌成为当代中国社会经济生活的一部分。良好的数字艺术内容生态将推动产业数字化转型，赋能娱乐、工业、制造业、商业、服务业等行业领域，有望带动中国数字经济的规模、效率、竞争力的持续提升。

从 2021 年起，各国开始布局元宇宙。我国北京、上海、武汉、深圳、杭州等城市先后宣布对元宇宙技术进行扶持。韩国首尔市政府发布《元宇宙首尔五年计划》，宣布从2022年起分三个阶段打造元宇宙行政服务生态。元宇宙是整合多种新技术产生的虚实相融的新型互联网应用和社会形态①，是社会进化的契机，数字经济、数字社会和数字生态有望加速发展，对建设数字中国具有重要意义。本研究围绕“元宇宙时代下的数字艺术未来发展”探索以下问题：如何科学地预测元宇宙及数字艺术的未来？元宇宙与数字艺术的未来发展规律、文化表现、辩证关系、社会影响及文化景观如何？文化艺术主管部门、艺术界、艺术学界是否做好了准备？

一、元宇宙与数字艺术的关系成为研究热点

元宇宙与数字艺术的关系研究主要集中在：①元宇宙与艺术生态。姜宇辉（2021）认为元宇宙的核心是体验，Ayiter（2016）认为元宇宙带来虚拟世界中为叙事目的创造的虚拟三维艺术生态。②元宇宙与虚拟游戏。大多数研究认为元宇宙产生于虚拟游戏领域，也对虚拟游戏产生了诸多影响，并衍生出其他话题。元宇宙为用户提供了良好的娱乐性（Cacciaguerra，2006）和基于游戏的学习平台（Getchell，2010），推动用户在虚拟世界及物理世界中的互动，并将带来众多商业机会（Papagiannidis，2008）；此外，元宇宙用户偏好在虚拟游戏中运用民族志方法来形成新的游戏文化（Han，2021）。③元宇宙与电影。元宇宙提供了制作三维电影的新方法（Shibata，2009），其构建的虚拟环境改变了人际关系模式，成为促进集体创造力的适当空间。④元宇宙与设计领域。覃京燕（2021）认为元宇宙将带来设计伦理的转变、设计方式的创新，倡导可持续设计及用量子思维思考设计。Hung-Pin（2010）认为元宇宙的诞生对设计传播行为带来影响，设计师应尽快从传统的数字环境转向元宇宙环境。Bardzell 和 Shankar（2007）认为元宇宙代表了当下使用的学习、模拟和数字设计中最具有沉浸感和互动性的可能性，也模糊了工作和娱乐以及用户和设计师之间的区别，引发了虚拟设计的性质与实践的产生。元宇宙对博物馆、建筑及环境设计也具有重要意义（Thawonmas & Shuda，2011；Choi & Kim，2017；Watanave，2008）。覃京燕认为元宇宙发展对于艺术设计有重要影响，元宇宙的数字化、信息化、智能化和通联化带来绿色 IT 的可持续发展思考，针对绿色 IT，设计须从高信维、高感质、高颜值、高价值、高交互这五个维度去体现。

国内学界对元宇宙的思考主要从媒介化社会、数字分身、核心技术与产业生态、风险管控等角度展开。喻国明从媒介化社会提出元宇宙是集成与融合现在与未来全部数字技术

① 沈阳．元宇宙不是法外之地［J］．人民论坛，2022（07）：44-47.

于一体的终极数字媒介，它将实现现实世界和虚拟世界的连接革命，进而成为超越现实世界的、更高维度的新型世界。邓建国等提出未来元宇宙会成为“元素型媒介”等核心观点。杜骏飞从数字交往与认知哲学的角度，提出元宇宙虚拟、实践、交易、扩展的“分身认知”，讨论了跨体系、变维、多分身的生存模式（MDSs）。魏炜等对元宇宙核心技术与产业生态作出较为全面的描述与梳理。吴江从信息资源管理角度，提出元宇宙中的用户信息行为研究可以从用户、信息、技术三个维度展开，实现更有效的信息资源管理与用户行为理解，以促进元宇宙的应用推广与风险管理。赵子忠等探讨了科幻、科学、企业、产业、技术、媒体视角下的元宇宙。

二、元宇宙、数字经济与数字艺术成为研究的前沿领域

元宇宙、数字经济与数字艺术的相关研究多集中在：①元宇宙时代数字场景对于数字经济的推动作用（吴忠泽，2021）。②沉浸式元宇宙应用提升消费者体验。从改善消费者体验角度，将元宇宙应用在零售网页应用程序，能为消费者购买产品提供新的媒介（Chodos & Stroulia，2008）。使用数字技术将实时商务与元宇宙结合，生成新的电商平台创业商业模式，能克服电商现存的内容枯燥、聊天沟通有限、卖家直播空间有限、消费者对品牌和产品缺乏体验等缺点（Jeong，2022）。将消费者感知从二维的产品目录转到元宇宙的三维沉浸式虚拟空间，能够有效提升消费者体验，促进购买行为（Shen，2021）。

中国工程院院士、北京邮电大学张平教授认为，元宇宙为信息技术创新提供了新的赛道和契机，在新的数字空间中，新一代信息技术也将加速融合，数字经济、数字社会和数字生态有望加速发展，对建设数字中国具有十分重要的意义。我们应抓住技术发展浪潮，迎接元宇宙时代的到来。

科技部原副部长、著名数字经济专家吴忠泽认为，元宇宙将助推数字经济迈向新的发展阶段，元宇宙实际上就是前沿数字科技的集成体，元宇宙时代将构建物理世界和数字世界相互融合的新型数字空间，推动实体经济与数字经济深度融合，塑造数字经济发展的未来形态。在元宇宙时代，数字技术将集成应用到全社会的各类运行场景，实现数字经济高质量发展。

上述相关研究为本课题提供了较丰富的理论资源，但其中仍存在进一步拓展的空间：第一，当前，关注技术与数字艺术关系的研究已逐渐增多，但以相关理论为指导，对于元宇宙与数字艺术关系的研究还不丰富；第二，当前的未来预测大多缺乏经验基础和对于未来可能形态的多视角解读，且因其方法论的短板及内隐的价值导向，无法作为人类思考未

来的依据；第三，在元宇宙相关技术不断发展的背景下，如何从科技与艺术融合的视角对数字艺术问题进行研究，在目前国内外的研究中还显得比较薄弱。

三、国内外相关政策研究

元宇宙当前正处于发展初期，国家与国家之间、各国科技企业之间的竞争一时难分高下，元宇宙未来的最终形态难以确定。目前，全球范围内的元宇宙产业培育呈现良好的发展势头，在新的技术革新和产业变革中占据重要地位。各国政府对元宇宙产业发展的态度既审慎又积极。在中国，各地政府为贯彻党中央和国务院关于发展数字经济的决策部署，立足新发展阶段，贯彻新发展理念，融入和服务新发展格局，推动元宇宙产业的应用创新和产业发展，都积极发布了与元宇宙相关的政策。从元宇宙政策发布单位的级别来看，地市级政策占多数，包括北京、上海、广州、深圳、重庆、杭州、武汉、南京、合肥等，这其中有相当比例的政策提出要强化产业融合应用、加强元宇宙生态体系建设。

预计未来各国、我国各地政府将出台更多的元宇宙专项政策，聚焦元宇宙特色场景应用、强化元宇宙核心技术研发、优化元宇宙产业布局、提供元宇宙产业发展的资金保障与支持、关注元宇宙企业和人才引培等，进而助力元宇宙产业发展提速。

国内外互联网知名企业开始全力布局发展元宇宙，全球的元宇宙建设正在全面开启。国内外科技企业对元宇宙未来发展较为看好，将元宇宙视为数字经济发展新的增长点。以美国为例，Meta、英伟达（NVIDIA）和罗布乐思（Roblox）较早入局。目前，元宇宙生态的发展还处于早期的萌芽阶段，但是一些具有远见卓识的公司或者项目正在努力将元宇宙的伟大愿景变为现实。其中，Roblox、Decentraland是比较有前瞻性和代表性的应用，借助对于这两个案例的深入剖析，尝试探索元宇宙的先行者们是怎样构建元宇宙的。

当下游戏引擎已经被广泛应用于影视、设计、营销、XR等相关领域。以电影领域为例，2016年Unity与迪士尼联合拍摄了3D电影《奇幻森林》，通过逼真的特效和渲染大获成功；在2019年的电影《狮子王》中，Unity利用游戏引擎制作模拟场景，所有人员都通过VR设备进行拍摄。在汽车设计领域，设计部门可以将模型构造出来进行测试，不必在真实样车上修改，节省时间和开发资金；游戏引擎可以用于算法训练，模拟真实路况中前方车辆刹车、强光照射等情况；在汽车营销过程中，游戏引擎可以渲染出细节丰富的图像，让用户在官网上就能通过任意终端多角度观看汽车的外观和细节。在建筑领域，游戏引擎可以直接导入 CAD、BIM 等软件制作的建筑模型，迅速生成精美真实的可视化设计方案，并支持直接在数字实景中进行实时修改。

现在，Roblox 已经成为一个大型的多人在线创作平台。整个生态非常多元化，不仅包括游戏体验、游戏开发、编程教育等应用，还打造了一个完整的经济生态。Roblox 通过游戏资产 Robux，打通游戏中消费者和创造者的连接通道，形成了一个完整的数字生态闭环，可以理解为一种元宇宙的早期形态。在该平台上，用户可以体验模拟经营、生存挑战、开放世界、跑酷、角色扮演等诸多数字场景，从而获得独特的精神体验，并建立和维护社交关系。

Decentraland 成为基于以太坊区块链的 3D 开放数字世界、去中心化的元宇宙新空间。除了进行数字土地拍卖，Decentraland 还将应用场景扩大到了学习、会议、拍卖和展览等多个领域，搭建了一个更真实的世界。“数字土地”的持有者可以在“数字土地”上建造建筑物，能够开展娱乐、创作、展示、教育等各种类型的活动。现在无论是在沉浸体验还是在经济体系上，这些项目都还处于非常早期的阶段，仍有巨大的迭代空间。

2021 年 11 月，英伟达推出元宇宙平台 Omniverse Avatar。该平台可能成为元宇宙的创建和孵化平台，提供给广大数字创意公司使用。英伟达认为，元宇宙的发展路径将是先从数字创意和视频特效开始，率先产生具有高度沉浸感和以假乱真的数字文化产品，随后再以此为基础建构更大范围的元宇宙村庄、城市或世界。

（一）国外元宇宙政策

总体来看，元宇宙可能创造对于经济和社会发展的种种有利条件，因而成为世界各国和企业竞相开拓的新领域。但是，各国政府和企业对元宇宙的态度和关注点存在显著差异。各国政府层面不仅需要关注到元宇宙的国际竞争和产业竞争，也要考虑这一新业态对国内政治、经济、社会现有秩序的冲击，以及该业态对本国国家禀赋的影响。①

元宇宙集成了多项前沿技术，进而给各国政治、经济和社会带来深远影响。元宇宙蕴含的巨大商业潜力与可能带来的巨大转型风险、企业对短期商业和资本收益的追求及各国政府对国家竞争力和国家安全的追求是元宇宙在各国发展必然面临的两组关键关系。如何在两组看似矛盾的关系中找到最优解，将成为各国政府和企业的重要课题。

一是企业和政府在发展元宇宙等优先目标上存在差别。商业潜力是企业最关注的方面。从以往数字生态的发展规律看，企业通常是此类业态的主要发起者和推动者，数字生态的创新和升级能够给相关参与企业带来三个方面的潜在收益：①拓展新的用户群和业务

① 李峥．以发展与安全的视角看元宇宙的发展前景［J］．中国信息安全，2022（01）：61-65.

方向，扩大市场份额；②为资本融资和并购提供战略方向，通过资本运作提升股东收益；③将技术和研发积累以新的方式变现，增加企业内生价值。因此，企业在发展此类业态时常采取资本先行的策略，常采用一些较为激进的商业模式。

相较商业潜力，政府更关心此类新业态带来的战略性问题。新业态带来的安全风险和社会冲击是政府需要优先考虑的因素。元宇宙带来的安全风险或包括政治、经济、社会等多个层面，其安全问题或安全隐患经常难以被事前发现。从当前看，元宇宙自身蕴含的“去中心化”特质与多数国家现有的治理体系有显著冲突，容易产生“法外之地”和治理的“灰色地带”。元宇宙高度沉浸的数字体验也可能带来一系列意识形态问题和社会问题，这种前所未有的体验可能会带来新的文化和意识形态，从而对各国传统观念带来深刻冲击。这种差别容易导致企业早期的商业冒险行为被政府视为风险，采取一刀切式的管理方式，使此类创新被中断。例如，资本圈少数资本炒家花费巨资在元宇宙空间购买“数字土地”的“元宇宙炒地”现象，从传统观念上难以理解，但正符合企业界和资本界对新生业态的定价规律。这种做法，在政府看来，是一种资本泡沫炒作行为，可能危及一国的经济安全。

二是企业和政府在风险承受能力上存在显著差别。企业的创新方式使其有较高的风险承受能力，能容忍产业发展早期出现激烈的市场竞争，并会带来一定的发展成本和跟风牺牲者。企业更看重创新带来的高回报，而非可能产生的成本。政府则普遍对新业态持谨慎态度，由于新业态发展初期能够带来的经济效益十分有限，因此其风险显然更为凸显。风险问题一旦引发广泛社会反响，政府和治理的介入也将不可避免。

这种矛盾使企业和政府存在信息上的不对称状态。企业将政策监管和政策风险视为发展此类新业态的主要不确定性因素。政府则对企业的商业愿景和社会责任承诺存在疑虑，担心其中隐藏还未暴露的风险因素。这种不对称导致新业态在快速发展过程中无法同步解决其带来的安全问题，而这些安全问题又会在发生质变后反噬新业态的发展成就。一旦国家政府认为新业态所蕴含的部分风险因素难以从根本上得到治理和缓解，其对该业态的态度有可能会从整体上发生逆转，容易出现“一放就乱、一管就死”的局面。

三是企业和政府在新业态的发展路径上的关注点不同。企业更加追求尽快获得市场应用和用户规模上的先发优势。为了达到这种目的，企业更注重技术集成而非原创性研发，通过建立国际产业链而加快从研发到应用的周期。在企业竞争中，具有更强资本运作能力和市场适应能力的企业往往会显著优于更重视原创性研发的企业，产生由应用和资本支配技术研发的分工体系。

政府则更关注新业态带来的产业升级和国际分工调整等宏观战略问题，希望准确评估其国家禀赋，避免国家禀赋向外流失的潜在风险，避免在技术上受制于人。政府更关注本国现有技术水平、国内市场、用户群体、数字生态、产业链和创新环境能否适应新业态，或者这种新业态是否符合本国的战略发展方向。

这种关注点差别使企业往往不会顾及新业态与本国政治制度、社会文化、战略发展方向的适配程度，其创新方式有时并不能够直接服务于其国家利益。而政府则是从本国总体国家利益出发，对无法确定其与本国利益相一致的新业态持谨慎态度。

这种发展与安全之间的矛盾驱动着企业和政府寻找新的治理和协作方式，使国家能够在充分保障其安全和国家利益的基础上发展元宇宙，在国际竞争中争取较为有利的地位。

这种新治理模式需要在元宇宙发展的早期即初步形成，提供有效的沟通方式，探索可以根据技术变化不断调整的治理路径，确立本国元宇宙发展的基本原则和优先投资方向，充分保护用户和民众的切身利益，并且在国际社会开展建设性的合作与沟通。这种治理模式需要以促进社会与技术变革的相互适应为主要目标。对政府而言，其监管重点是提前做好技术规则和道德伦理标准的准备。对企业而言，其关注重点是避免技术被滥用，在研发技术中确保安全可靠，充分考虑新业态带来的社会责任问题。

除两方之外，一国内部需要建立“第三方监督”机制，充分代表各个群体民众的利益，借助专业化研究为国家立法、政府监管和行业自律提供智力支持和监督，完整参与相关领域治理和决策的全过程。这种兼顾发展与安全、确保民众全过程参与的治理模式有可能能够解决政府和企业之间的信息不对称和决策不透明问题，从而让元宇宙健康有序发展。①

美国率先提出“元宇宙”概念，并强调加强数据监管，关注数字资产安全问题。美国政府对于“元宇宙”这一新概念保持关注，尚未体现明确立场，但对数据安全的担忧及产业巨头垄断风险的警惕，暂时占据上风。另外，以 Facebook 改名 Meta 为典型事件，美国的科技公司正积极对美国政策制定者、学者、合作伙伴和专家展开游说，推动美国战略界以“负责任”的方式构建元宇宙。2021 年 10 月，美国两党参议员提出《政府对人工智能数据的所有权和监督法案》，要求对联邦人工智能系统所涉及的数据特别是面部识别数据进行监管，并要求联邦政府建立人工智能工作组，以确保政府承包商能够负责任地使用人工智能技术所收集的生物识别数据。这一新规体现出美国国会对于基于数据与身份识别的数字化渗透持谨慎态度，元宇宙同样基于类似技术理念。2022 年 3 月 9 日，美国白宫正式

① 李峥．以发展与安全的视角看元宇宙的发展前景［J］．中国信息安全，2022（01）：61-65.

发布《确保数字资产负责任发展的行政命令》（Ensuring Responsible Development of Digital Assets）①，提出三大政策目标。2022年8月26日，美国国会研究服务局（CRS）发布题为《元宇宙：概念和国会应考虑的问题》（The Metaverse：Concepts and Issues for Congress）的报告②，介绍了元宇宙相关概念、关键技术和重点企业布局，并指出当下元宇宙在四个方面所面临的风险：内容控制、隐私保护、市场垄断和数字鸿沟，以及给美国带来的机遇和政策挑战。

欧洲对元宇宙采取的立场趋于保守和严苛，欧盟正在加快数字化建设。欧盟通过《人工智能法案》（EU Artificial Intelligence Act）、《数字服务法案》（Digital Services Act）、《数字市场法案》（Digital Markets Act）等立法，对元宇宙采取的立场趋于保守和严苛，包括增加透明度、尊重用户选择权、严格保护隐私、限制一些高风险应用。这些立法预示着欧盟更关注元宇宙的监管和规则问题，试图在治理和规则上占据先发优势，进而保护欧洲内部市场。欧盟委员会希望确保一个安全和公平的元宇宙，具体的立法提案将在2023年出台。在元宇宙时代，预计欧盟将继续推动对虚拟世界的监管，维护欧盟市场的竞争与活力。③

韩国政府大力支持元宇宙，积极探索，相关产业蓬勃发展。韩国对元宇宙未来发展较早关注，2021年5月，韩国科学技术信息通信部发起成立了包括现代、SK集团等200多家韩国本土企业和机构在内的“元宇宙联盟”，旨在通过政府和企业的合作，在民间主导下构建元宇宙生态系统，在现实和虚拟的多个领域实现开放型元宇宙平台。2021年8月15日，三星集团加入元宇宙联盟，旨在通过行业和企业之间的超合作来打造创新元宇宙平台的K-元宇宙联合。2021年11月，首尔制订了详细的五年计划，希望把该市打造成为元宇宙城市。在政策的支持之下，韩国出现了大批元宇宙概念的公司。政府也出台了一系列有关新技术的倾斜政策，其中5G和XR是这些政策中的核心。2021年12月30日，在韩国企划财政部第51次非常经济中央对策本部会议上，韩国政府讨论了《未来新职业发掘及活性化方案》，提出元宇宙创作者、内容价值评估师等新职业由韩国政府支持

① The White House. Executive Order on Ensuring Responsible Development of Digital Assets. March 09, 2022. https：//www. whitehouse. gov/briefing-room/presidential-actions/2022/03/09/executive-order-on-ensuring-responsible-development-of-digital-assets/.

② The Metaverse：Concepts and Issues for Congress. August 26, 2022. https：//ql-applet. oss-cn-beijing. aliyuncs. com/Applet% 2F2022-11-13% 2F166832290714031. pdf? x-oss-traffic-limit = 4194304&OSSAccessKeyId = LTAI5t5cWm3bXp2xCPx8nNHe&Expires = 1668582106&Signature = dU5maj9M99bsuE2iYAii1AwxguE%3D.

③ 欧盟委员会希望监管元宇宙，将于2023年出台立法提案. https：//m. thepaper. cn/baijiahao_19994808.

和培养。

据韩国科学技术信息通信部消息，韩有关部门于2022年1月26日召开了第13次“数字新政班”会议，会议表示将为2022年的“数字经济实施计划”投入9万亿韩元（约合74.9亿美元）预算。其中，拟用于加强D·N·A（数据、网络、人工智能）建设的经费规模为5.9万亿韩元（约合49.1亿美元），用于培育非接触产业的经费规模为5000亿韩元（约合4.1亿美元），其中用于发展元宇宙等新兴产业的经费规模为8000亿韩元（约合6.7亿美元）。① 为避免与游戏产业发生冲突，韩国推进《元宇宙特化法》立法。因为一旦将元宇宙划分为游戏，由于各种限制，该产业本身就无法开始。政府和民间都对此表示赞成。其余的问题和其他国家相似，包含各种著作权和版权法问题、虚拟货币支付方式与银行的问题、对NFT技术的信赖性验证政策和原则制定等。韩国的各大游戏公司对元宇宙技术高度重视，致力于建构自己的元宇宙平台。2022年2月10日，产业部发表纤维时尚数字化转型战略“Meta-fashion Cluster”。政府也预测虚拟服装市场是蓝海市场，并开始提供支持。特别是到2028年为止，将推进建设世界级水平的“Meta-fashion Cluster”。在产业部部长的主持下，纤维服装、信息技术（IT）业界及演艺企划公司的代表们出席了会议，并发表了“纤维时尚数字化转型战略”，包括抢占全球时尚科技市场、制造现场的智能化及自动化、建立以数字为基础的产业生态系统三大战略及九个政策课题。构建创作及创业空间，支持虚拟服装制作，在建筑物内设置大型全息图工作室，支持虚拟时装秀。由此，将打造时尚、IT、文化共存的世界水平的“Meta-fashion Cluster”。

日本促进产业规范化发展，致力成为元宇宙发达国家。2021年7月，日本经济产业省发布了《关于虚拟空间行业未来可能性与课题的调查报告》，将元宇宙定义为“在一个特定的虚拟空间内，各领域的生产者向消费者提供各种服务和内容”。该报告认为，该行业应将用户群体扩大到一般消费者，应降低VR设备价格以及VR体验门槛，并开发高质量的VR内容以留住用户；政府应着重防范和解决“虚拟空间”的法律问题，并对跨国、跨平台业务法律适用条款加以完善；政府应与业内人士制定行业标准和指导方针，并向全球输出此类规范。这些建议体现了日本政府对元宇宙行业布局的思考，即通过现有的发展成果尽可能在民众范围内推广元宇宙理念，同时通过指导与政策制定来规范元宇宙的建设。2021年12月，成立元宇宙的业界团体“一般社团法人日本元宇宙协会”。相关团体将与金融厅等行政机关相互配合，启动市场构建，力争使日本成为元宇宙发达国家。2022年4月，日本成立面向应用推进研究和规则完善的“元宇宙推进协议会”，20家以上企业参与该组织，力争未来在生活和商务中普及元宇宙的应用。

---

① 来源：http://kr.mofcom.gov.cn/article/jmxw/202201/20220103240004.shtml.

（二）我国元宇宙相关政策

自2021年年底以来，世界各国竞逐元宇宙赛道，而元宇宙未来的有序发展，离不开政策的支持。我国也相继出台国家、地区层面的诸多政策，以期为城市数字经济发展带来更多可能。通过发布内容可以看出，地方政府更多将元宇宙看作数字经济发展的组成部分，对其发展的方向和路径还未有明确的思路，仍处于探索过程。

在国家层面，2021年12月，中央纪委国家监委网站发布《元宇宙如何改写人类社会生活》的文章，认为元宇宙是现有各种技术的组合和升级，可以理解为“3D版的互联网”，多重因素促使元宇宙从概念走向流行，可为游戏和社交结合、零售及电商环节、工业互联网等带来发展机遇，要理性看待元宇宙带来的新一轮技术革命和对社会的影响，不低估5—10年的机会，也不高估1—2年的演进变化。①

2022年1月，工业和信息化部有关负责人在中小企业发展情况发布会上表示，要特别注重培养一批深耕专业领域工业互联网、工业软件、网络与数据安全、智能传感器等方面的“小巨人”企业，培育一批进军元宇宙、区块链、人工智能等新兴领域的创新型中小企业。②

除了国家层面对元宇宙产业化发展的指导和支持外，多个地方的政府部门已经意识到了元宇宙在新的技术革新和产业变革中的重要作用，积极打造元宇宙应用示范区，促进元宇宙产业集群化发展。2022年以来，超过20个省、市和地区以产业政策、政府工作报告、行动计划等形式提出相关支持意见，为元宇宙发展提供培育土壤，扶持相关产业落地。各省市纷纷出台元宇宙相关政策，如武汉、海口、重庆、沈阳、河南等地提出了元宇宙产业园建设规划等。

1. 上海的元宇宙相关政策

2021年12月21日召开的上海市委经济工作会议指出，要“引导企业加紧研究未来虚拟世界与现实社会相交互的重要平台，适时布局切入”，这被业内称为“我国地方政府对元宇宙相关产业发展的第一次正面表态”。2021年12月21日，《上海市建设网络安全产业创新高地行动计划（2021—2023年）》正式发布。其指导思想是：贯彻习近平总书记网络强国重要思想，落实《中华人民共和国网络安全法》《中华人民共和国数据安全法》《中华人民共和国个人信息保护法》，坚持总体国家安全观，统筹发展和安全，把握城市数字化转型新发展机遇，把握5G、云计算、大数据、人工智能、区块链等新兴信息技术与

---

① 中央纪委国家监委网站. https://www.ccdi.gov.cn/toutiaon/202112/t20211223_160087_m.html.

② 中华人民共和国工业和信息化部. 工业和信息化部举行支持中小企业发展工作情况新闻发布会（附实录）. https://www.miit.gov.cn/xwdt/gxdt/ldhd/art/2022/art_90d4d94a528d468caed5b458f3371ae5.html.

实体经济融合发展的大趋势，推进“技术攻关和制度创新”双突破，坚持“关键保障和市场服务”两手抓，着力推动技术服务转型升级，深化场景需求开放引导，重点打造协同创新载体支撑，全力建设产业生态制度体系，推动上海网络安全产业创新升级、做大做强，加快形成辐射服务全国的能级水平，为网络强国建设、城市数字化转型提供有力保障和坚实支撑。① 2021 年 12 月 30 日印发的《上海市电子信息制造业发展“十四五”规划》中提出，上海要前瞻部署量子计算、第三代半导体、6G 通信和元宇宙等领域。同时，支持满足元宇宙要求的图像引擎、区块链等技术的攻关，鼓励元宇宙在公共服务、商务办公、社交娱乐、工业制造、安全生产、电子游戏等领域的应用。这是元宇宙首次被写入地方“十四五”产业规划。② 2022 年 1 月 8 日，上海经信委召开会议谋划 2022 年产业和信息化工作，强调加快布局数字经济新赛道，紧扣城市数字化转型，布局元宇宙新赛道，开发应用场景，培育重点企业。

上海提出在 2022 年将发起设立百亿级元宇宙新赛道产业基金，打造 10 家具有国际竞争力的头部企业、100 家掌握核心技术的专精特新企业，并计划到 2025 年，上海元宇宙产业规模突破 3500 亿元。③

2022 年 6 月，为深入贯彻国务院印发的《“十四五”数字经济发展规划》，根据《上海市国民经济和社会发展第十四个五年规划和二〇三五年远景目标纲要》，上海市人民政府办公厅制定《上海市数字经济发展“十四五”规划》，提出加快研究部署未来虚拟世界与现实社会相交互的平台，加强从底层到应用全链条布局；发展人机交互技术，加快智能人机交互、虚拟数字人等核心技术攻关，开展 XR（扩展现实）、脑机接口等更具沉浸式体验的终端技术研制，鼓励打造更加丰富多元内容场景新平台，培育虚拟演唱会、虚拟偶像、虚拟体育等数字娱乐消费新业态；加快虚拟现实生态布局，突破低时延快速渲染、虚拟仿真引擎等关键技术，发展软硬一体新型 VR（虚拟现实）/AR（增强现实）、3D 扫描等产品；打造行业标杆应用，在网络文娱、智能制造、数字内容、交通出行、在线教育、医疗健康等领域，打造具有影响力的元宇宙标杆示范应用（见表 A-1）。④

---

① 上海经济和信息化委员会 . http：//sheitc. sh. gov. cn/xxfw/20211221/c773a412a7224b3e99b11c3a7ef0d63a. html.

② 上海经济和信息化委员会 . http：//www. sheitc. sh. gov. cn/cyfz/20211230/99677f56ada245ac834e12bb3dd214a9. html.

③ 2022 年中国元宇宙政策汇编 . 来源：数据观综合 . http：//gxxxzx. gxzf. gov. cn/jczxfw/dsjfzyj/t12993139. shtml.

④ 上海市人民政府办公厅关于印发《上海市数字经济发展“十四五”规划》的通知 . https：//www. shanghai. gov. cn/hfbf2022/20220712/d3f5206dec5f4010a6065b4aa2c1ccce. html.

表 A-1 **上海市培育"元宇宙"新赛道行动方案（2022—2025 年）具体内容①**

序号	总体思路	具体任务
1	明确"五个坚持"的基本原则	包括坚持尊重规律、分步推进，把握虚实映射、虚实交互、虚实融合的演进规律；坚持集成创新、联动发展，把握群智赋能的基本特征，放大"元宇宙"的赋能效应；坚持价值引领、效果导向，把握以虚强实的发展导向，以价值导向引领产业方向；坚持市场主导、政府引导，把握需求牵引、市场驱动的发展逻辑，激发市场主体的创造力；坚持包容审慎、防范风险，把握在发展中规范的治理要求，防范各类安全风险和行业乱象
2	突出三年可量化的发展指标	到 2025 年，相关产业规模达到 3000 亿元，带动软件和信息服务业营收超过 15000 亿元，电子信息制造业营收突破 5000 亿元；培育 10 家头部企业，打造 100 家专精特新和隐形冠军企业；打造 50+创新示范应用，推出 100+标杆性产品和服务；建设 3 到 5 个市级元宇宙产业创新园，基本建成创新高地
3	围绕产业培育实施四大行动	产业高地建设行动，重点打造面向未来的数字产业。在关键技术层面，聚焦交互、计算、创作等重点方向，突破关键核心技术，提升计算平台效能；在基础设施层面，布局未来网络，强化云边计算，推进 Web3.0 等区块链融合应用；在交互终端层面，加快发展一批 AR、VR、MR，全息显示和体感设备终端；在数字工具层面，发展适配各类交互终端的基础软件，突破图形图像引擎等数字工具，培育集成解决方案
		数字业态升级行动，重点以"元宇宙"促进生活消费品质升级。在商业领域，发展全景导览服务、云上展厅，创新元上购物体验；在教育领域，打造数字孪生学校，加强虚拟课堂建设，培育新型教学产品，赋能职业技能培训；在娱乐领域，创新游戏、社交等各类娱乐体验，提升电影、电视、动漫等工业生产效率；在文旅领域，推广元上文博展示馆，促进赛事、演唱会等虚拟演艺赛事发展
		模式融合赋能行动，重点以"元宇宙"提升传统行业效能。在智能制造方面，发展虚实映射的数字孪生工厂，加强 XR 技术在产品设计、运维巡检等方面的应用；在医疗健康方面，鼓励发展新型"数字疗法"，提升医疗培训、临床诊疗、远程医疗服务水平；在协同办公方面，发展无边界协作平台、元上会议室解决方案；在城市治理方面，建立城市数字沙盘，强化风险预警和应急管理水平
		创新生态培育行动，一方面，加强数字 IP 保护，强化创作者经济培育，打造涵盖内容生产、流通等一体化的内容生态。另一方面，壮大一批"数商企业"和交易主体，培育数据产品和服务，完善数据要素市场。同时，完善各类行业规范和技术标准，构建联通不同生态的标准规则体系

① 关于《上海市培育"元宇宙"新赛道行动方案（2022—2025 年）》的政策解读 . https：//www.shanghai. gov. cn/202214zcjd/20220720/a6a89e36eee64974a9c64998e13bdaae. html.

续表

序号	总体思路	具 体 任 务
4	聚焦关键环节、实施八项工程	“元宇宙”关键技术突破工程，开展揭榜挂帅技术攻关，推进“东数西算”工程，打造国家数据中心集群；数字IP市场培育工程，在上海数据交易所试点开设数字资产交易板块，培育健全“元宇宙”数字IP生态；工业“元宇宙”标杆示范工程，支持商飞、上汽等建设“元宇宙+工业互联网”试点示范场景，制定工业“元宇宙”标准体系；数字人全方位提升工程，实施数字人技术突破行动，加强供需对接，促进数字人在多行业应用；数字孪生空间建设工程，打造城市数字空间运营商，推动长三角“元宇宙”应用场景合作；行业龙头企业引育工程，打造一批掌握硬核技术的科技企业，育引一批上下游生态完备的头部企业，集聚一批集成能力较强的“链主企业”；产业创新载体培育工程，在漕河泾、张江布局市级“元宇宙”产业创新园，支持国家实验室和科研院所设立技术应用联合体；数字空间风险治理工程，加强市场监管，完善细化相关法律法规，防范各类安全风险和金融乱象
5	强化保障措施	在组织领导上，在数字化转型工作领导小组的领导下，成立“元宇宙”产业发展专家咨询委员会；在资金保障上，设立国资发起的“元宇宙”新赛道产业基金，发挥各类专项资金作用，加快推进重大项目和重点工程；在人才育引上，扩大市集成电路和软件产业研发人员、核心团队等专项奖励适用范围，鼓励相关技术和创作人才等在沪创业就业；在打响品牌上，用好中国国际进口博览会、世界人工智能大会等窗口平台；在开放合作上，打造一批开源社区和开源生态产品，支持国际组织、标准机构落沪

上海《宝山区工业元宇宙产业发展三年行动计划》明确，到2025年，宝山区工业元宇宙相关产业规模突破100亿元。同时，还要实现工业元宇宙与主导产业融合发展，助力宝山区新材料、生物医药、机器人及智能制造、新一代信息技术产业规模分别突破1500亿元、200亿元、1000亿元和300亿元。在具体落地形态方面，将围绕多家企业在宝山投建的智能示范工厂，着力打造“工业元宇宙示范工厂”。

2. 北京的元宇宙相关政策

2022年2月23日，北京市通州区人民政府办公室印发《关于加快北京城市副中心元宇宙创新引领发展的若干措施》。为贯彻落实北京市关于元宇宙产业发展的决策部署，充分发挥政府产业组织作用、资本市场化产业遴选作用和产业联盟、行业协会的政企桥梁纽带作用，加快推动元宇宙相关技术、管理、商业模式等在城市副中心创新应用，培育新业态和新模式，推动信息技术和各类业态紧密融合，促进数字经济蓬勃发展，支撑北京数字经济标杆城市建设，特制定以下措施（见表A-2）。

表 A-2　　关于加快北京城市副中心元宇宙创新引领发展的若干措施①

序号	措施	具体方案
1	大力推进示范应用	加快元宇宙相关技术与各行业深度融合，促进产业转型升级，重点围绕文化、旅游、商业等领域，打造一批元宇宙示范应用项目，支持一批元宇宙应用场景建设，为北京城市副中心元宇宙相关企业提供北京环球度假区、张家湾古镇、大运河文化带、台湖演艺小镇等场景资源支持
2	全面优化产业布局	提升元宇宙产业空间承载能力，打造“1+N”的产业创新集聚区，在张家湾设计小镇创新中心，集聚高端创新要素，打造元宇宙应用创新中心；在文化旅游区、台湖演艺小镇、张家湾古镇、宋庄艺术区、运河商务区等区域，打造与应用场景高度融合、形成元宇宙示范的主题园区，支持企业面向京津冀特别是雄安地区、面向全国、面向全球延展研发链和产业链，不断扩大行业影响力
3	鼓励发展早期和长期投资	依托通州产业引导基金，采用“母基金+直投”的方式联合其他社会资本，打造一支覆盖元宇宙产业的基金，支持元宇宙初创项目和重大项目并延长支持周期，进一步完善服务体系，支撑产业生态建设，支持设立专注于早期和长期投资的元宇宙子基金
4	加强知识产权保护和标准创制	支持专业机构、行业组织、龙头企业建立元宇宙知识产权资源库，提供高质量、专业化的知识产权服务。鼓励各创新主体围绕人工智能重点领域开展海外知识产权布局。支持企业、协会、联盟参与国内外元宇宙标准创制，对获得批准发布的国际标准、国家标准和行业标准的制订单位给予奖励
5	给予元宇宙企业房租财政补贴	支持元宇宙企业及服务机构集聚，根据元宇宙企业房租补贴标准，对在元宇宙应用创新中心新注册并租赁自用办公场地的重点企业进行（50%，70%，100%）三档补贴，每家企业每年补贴面积不超过 2000 平方米，连续补贴不超过 3 年
6	发挥多方产业组织力量	支持元宇宙相关领域的产业联盟、协会等行业组织，增强产业组织能力，开展产业研究，搭建产业公共服务平台，组织联盟成员开展产学研合作及行业交流，对成效显著的联盟、协会给予资金奖励
7	支持人才及团队引进	对于拥有国际领先的核心技术或自主知识产权的元宇宙相关人才团队，对其成果转化项目优先给予政府股权投资支持；对于入驻元宇宙应用创新中心的企业人才，可给予人才公租房支持。根据元宇宙入驻企业需求，在人才引进、子女入学等方面给予支持

① 北京市通州区人民政府．北京市通州区人民政府办公室印发《关于加快北京城市副中心元宇宙创新引领发展的若干措施》的通知．http：//www. bjtzh. gov. cn/bjtz/xxfb/202203/1515469. shtml.

续表

序号	措施	具 体 方 案
8	加强国际交流合作	依托中关村论坛等顶级品牌，推出在元宇宙领域具有广泛影响力的论坛、峰会等学术交流和产业合作活动。支持举办不同主题的元宇宙挑战赛等活动，大力选拔各类优秀人才。根据活动成效，可给予资金支持

2022 年 6 月 15 日，北京市通州区人民政府办公室印发《通州区统筹疫情防控和稳定经济增长的实施方案》，提出将促进数字经济持续发展深入，实施副中心智慧城市标杆示范项目，推动绿色发展、元宇宙、智能制造、数字文娱等领域应用场景建设；加快推进元宇宙应用创新中心建设，充分利用《关于加快北京城市副中心元宇宙创新引领发展的若干措施》吸引一批元宇宙企业落地；研究城市科技、设计领域领军企业特点和需求，搭建外商投资“一站式”服务平台，落实北京市贸易便利化政策，吸引一批高质量创新设计、人工智能、元宇宙等领域外商独资、中外合资主体集聚，培育数字贸易新业态、新模式，推动城市科技和数字贸易开放发展。①

2022 年 8 月 23 日，北京市通州区人民政府、北京市科学技术委员会、中关村科技园区管理委员会、北京市经济和信息化局印发《北京城市副中心元宇宙创新发展行动计划（2022—2024 年）》（以下简称《计划》），其指导思想突出了副中心发展元宇宙产业的特色和市级定位。提出了加强元宇宙在文化、旅游、商业、城市服务等领域的示范应用，争取成为全市元宇宙产业布局中的重要应用示范和成果转化区。促进数字技术与实体经济深度融合，打造全球数字经济标杆城市的副中心样板。其基本原则突出了副中心发展元宇宙产业的重点理念，提出发展元宇宙需要坚持的 5 条理念，分别是坚持市场主导、政府引导，坚持创新驱动、聚集要素，坚持内容为本、守正发展，坚持应用拉动、场景开放，坚持完善生态、安全发展。其主要目标突出了副中心发展元宇宙产业的量化指标。力争通过 3 年的努力，培育、引进 100 家以上元宇宙生态链企业，落地建成 30 项以上“元宇宙+”典型应用场景项目，推动制定一批元宇宙相关标准，“1+N”产业空间体系初步形成。其重点任务突出了副中心推动元宇宙产业的逻辑和切实可行的工作举措。主要实施 4 项行动：以技术资源导入为基础的强基赋能行动、以数字内容集聚为重点的融合建链行动、以应用场景示范为牵引的标杆牵引行动和以产业生态打造为支撑的筑巢引凤行动（见表 A-3）。

① 北京市通州区人民政府办公室关于印发《通州区统筹疫情防控和稳定经济增长的实施方案》的通知 . http：//www. bjtzh. gov. cn/bjtz/xxfb/202206/1570284. shtml.

表 A-3 《北京城市副中心元宇宙创新发展行动计划（2022—2024 年）》中设置的重点任务①

序号	重点任务	具体措施
1	导入创新主体资源，实施强基赋能行动	依托北京科创优势，集聚创新主体资源；对接国家和市级相关产业行动计划，鼓励龙头企业牵头产学研用，组织关键技术攻关；加大技术、软件工具资源引进，支持校企联合建立实验室，“云上”和“线下”相结合，搭建创新赋能平台；完善新型算力基础设施布局，建设高性能通信网络，深化区块链合作协同，夯实数字基础设施
2	集聚数字内容资产，实施融合建链行动	聚焦培育元宇宙细分产业链；打造数字设计、数字人、混合现实、数字艺术 4 大产业链条：引入云上内容创作生产线企业，促进内容创作数实共生，打造数字内容创作生态圈；探索数字资产权益全生命周期管理，跟踪 NFT（非同质化通证）技术前沿动态，大力发展数字资产交易服务；加快安全芯片、零信任网络、可信计算等技术的研发和产业化，持续强化区块链技术攻关与应用，打造数字信任的安全保障体系
3	推出一批应用场景，实施标杆牵引行动	依托城市绿心歌剧院、图书馆、博物馆、台湖演艺小镇等重点区域，加强文化 IP 资源创造性转化和创新性开发，打造元宇宙主题乐园，建设“元宇宙+文旅”场景。开展全域高精度三维城市建模，适度超前布局数字原生智能基础设施，推动智慧办公在城市副中心应用，建设“元宇宙+城市”场景。推广数字云 MALL、云 XR 娱乐空间、商业大数据等 5G 特色应用，探索发展虚拟品牌代言和虚拟直播经济，开展首店、新品的虚拟发布活动，推动虚拟现实与艺术消费的融合发展，建设“元宇宙+消费”场景。支持元宇宙相关技术企业与教育机构深度合作，拓展智能化、交互式在线教育模式，推动“智能学校”等智慧教育试点示范建设，开展基于线上智能环境的课堂教学试点，建设“元宇宙+教育”场景
4	搭建产业发展平台，实施筑巢引凤行动	搭建“1+N”产业承载空间，建设元宇宙应用创新中心，规划 N 个元宇宙示范应用、展示体验为特色的主题园区，加强副中心与北三县在元宇宙产业、城市数字场景等领域对接合作。搭建一支覆盖元宇宙产业的子基金，引导驻区金融机构加强对元宇宙相关企业的融资服务，搭建元宇宙领域项目投融资对接平台。联合高校院所、企业及行业智库，组建元宇宙产业联盟，发挥联盟及相关协会的桥梁作用，搭建招商引资与产业促进服务平台。加强元宇宙品牌打造，实施区域品牌提升计划，打造文旅体验场景、城市建设场景、虚拟生活场景、智慧消费场景等特色品牌，积极举办或承办元宇宙论坛或峰会、展览展示，助力副中心区域品牌推广

① 北京市通州区人民政府．关于印发《北京城市副中心元宇宙创新发展行动计划（2022—2024 年）》的通知．http：//www.bjtzh.gov.cn/bjtz/jdhy/202208/1612429.shtml.

《计划》提出，培育元宇宙4大产业链（见表A-4），打造数字内容创作生态圈。引入打造数字内容创作者平台，打造云创作、云制作、云发行、云管理等全链条数字内容产业圈。加强引入云上内容创作生产线企业，加快软件工具应用、人工智能数字内容生成技术研究和应用，升级数据采集、管理工具，提升内容创作质量。支持开发视觉传达、虚拟语音、机器学习、云端进出等关键技术环节相应的软硬件，促进内容创作数实共生。支持运用低代码开发，通过仿真、交互技术能力模块化封装，利用社区运营、开放开源等手段建立并运营创作者生态。加快推动语义识别、语音合成、情感交互、场景生成等人工智能技术在各领域融合应用，推出一批有智慧、可互动的高端数字内容产品。

表A-4　**聚焦培育元宇宙细分产业链的具体举措①**

序号	细分产业链	具体措施
1	数字设计	加强BIM（建筑信息模型）、3D可视化、人工智能、虚拟现实等新技术资源与虚实产品、内容、艺术创新设计人才引入，推动与传统行业的数字化协同设计场景落地应用，培育面向制造、建筑、艺术等领域数字孪生、数字原生设计产业链
2	数字人	汇集建模渲染、动态捕捉、智能视觉、人工智能、深度学习等技术平台企业，孵化推出一批数字人IP，推进数字人在影视文娱、文博文旅、教育、医疗以及智慧城市、智慧零售等领域的典范应用，构建XR（扩展现实）摄影棚等数字人基础设施集群，打造虚拟数字人创意、研发、应用产业链
3	混合现实	布局引入5G+8K、裸眼全息、混合感知领域以及MR（混合现实）关键器件等技术平台企业，加快吸引国内外头部XR终端企业落户，推动构建覆盖硬件、软件、内容、应用的XR产业链条
5	数字艺术	发挥副中心文化旅游区、宋庄艺术小镇、台湖演艺小镇等文化艺术内容、空间资源优势，打造从数字技术研发、内容创作、数字藏品发行到产业平台、园区运营的数字文化艺术产业链

《计划》提出，推出一批应用场景，实施标杆牵引行动（见表A-5）。

① 北京市通州区人民政府．北京市通州区人民政府、北京市科学技术委员会、中关村科技园区管理委员会、北京市经济和信息化局关于印发《北京城市副中心元宇宙创新发展行动计划（2022—2024年）》的通知．http：//www. bjtzh. gov. cn/bjtz/xxfb/202208/1612371. shtml.

表 A-5　　打造 4 大“元宇宙+”应用场景的具体举措①

序号	基本场景	具体措施
1	元宇宙+文旅场景	发挥元宇宙虚实融合、双向贯通特点，加强文化 IP 资源创造性转化和创新性开发，在城市副中心范围内，推动一批智慧酒店建设，打造一批沉浸式体验场景。打造元宇宙主题乐园，构建吃住游玩为一体的实数融合新生活方式中心，建设数字文旅示范场景。依托城市绿心歌剧院、图书馆、博物馆三大建筑，全面融入数字智能技术，推动全息影像、增强现实、数字影音、5G+8K 等技术与艺术演绎、图书阅读、文物展示等领域深度融合，打造沉浸式体验场景。应用云展览、云观影、云旅游等数字化导览技术和全场景空间、三维数字影像等，再造京杭大运河盛景。支持游戏、动画、影视、演艺等各领域的元宇宙内容制作，推动虚拟人全场景应用、沉浸式观演等布局，快速发展一批特色化剧场群落和演艺车间，推出沉浸式、互动式演艺业态，推广国潮消费内容，打造数字台湖演艺小镇场景
2	元宇宙+城市场景	集成 3D 可视化、GIS（地理信息系统）、BIM、CIM（城市信息模型）、虚拟交互等技术手段，构建可视化城市空间数字平台、张家湾数字孪生开放性平台，开展全域高精度三维城市建模，推出城市设计场景，建设“城市大脑中枢”，适度超前布局数字原生智能基础设施。推动副中心建筑行业从规划、设计、建设、运维、管理的全生命周期数字化转型。选择政务办公、商务楼宇，推广智慧接待系统、会议室数字化管理平台等，推动智慧办公在城市副中心应用。利用显示、触感、力反馈等设备，推动混合现实、医学仿真人等技术产品，在远程医疗、医学教育等沉浸虚拟场景方面应用
3	元宇宙+消费场景	推动有条件的商业综合体、专业（商品）市场、大中型商超、社区商业和其他生活服务业场所进行人、货、场云化改造，推广数字云 MALL、云 XR 娱乐空间、商业大数据等 5G 特色应用，鼓励远洋乐堤港、富力广场、新光大中心大融城等商场引入人工智能、增强现实、声光等新技术，加大“虚拟试穿”、AR（增强现实）导购、AR 互动游戏等数字消费场景建设力度。运用 AI（人工智能）和虚拟数字人等技术产品，探索发展虚拟品牌代言和虚拟直播经济，开展首店、新品的虚拟发布活动。联合艺术机构，探索数字藏品、数字艺术商店在商场应用，推动虚拟现实与艺术消费的融合发展

① 北京市通州区人民政府．北京市通州区人民政府、北京市科学技术委员会、中关村科技园区管理委员会、北京市经济和信息化局关于印发《北京城市副中心元宇宙创新发展行动计划（2022—2024年）》的通知．http：//www.bjtzh.gov.cn/bjtz/xxfb/202208/1612371.shtml.

续表

序号	基本场景	具体措施
4	元宇宙+教育场景	推广数字教育场景，支持元宇宙相关技术企业与教育机构深度合作，拓展智能化、交互式在线教育模式，开发行业通用数字教学平台、虚拟现实远程教育资源共享平台、基于知识图谱和教学大数据的个性化学习平台，支持建设元宇宙教育实验室。推动“智能学校”等智慧教育试点示范建设，开展基于线上智能环境的课堂教学试点，加快虚拟现实技术在职业教育、基础教育等不同教育阶段的应用，支持建设新型虚拟仿真实训基地、产教融合智慧云平台，推动科普、培训、教学、科研的融合发展

2022年8月3日，北京市经济和信息化局还发布了《北京市促进数字人产业创新发展行动计划（2022—2025年）》（以下简称为《行动计划》），这是国内首个数字人产业专项支持政策，从构建数字人全链条技术体系、培育标杆应用项目、优化数字人产业生态等方面为支持数字人产业发展提供了指引。《行动计划》显示，在2025年，北京的数字人产业规模将突破500亿元，培育1—2家营收超50亿元的头部数字人企业、10家营收超10亿元的重点数字人企业。突破一批关键领域核心技术，建成10家校企共建实验室和企业技术创新中心。在云端渲染、交互驱动、智能计算等多个领域打造5家以上共性技术平台。在文旅、金融、政务等领域培育20个数字人应用标杆项目。建成2家以上特色数字人园区和基地。初步形成具有互联网3.0特征的技术体系、商业模式和治理机制，成为全国数字人产业创新高地。①

3. 广州的元宇宙相关政策

2022年4月7日，广州市黄埔区工业和信息化局、广州开发区经济和信息化局、广州市黄埔区科学技术局和广州开发区科技创新局印发《广州市黄埔区、广州开发区促进元宇宙创新发展办法》。该办法是为大力促进数字孪生、人机交互、脑机接口、增强现实/虚拟现实/混合现实（AR/VR/MR）等元宇宙技术变革与应用创新，贯彻落实《“十四五”数字经济发展规划》《广东省国民经济和社会发展第十四个五年规划和2035年远景目标纲要》《广州市工业和信息化发展“十四五”规划》等文件精神，推动元宇宙相关技术、管理、商业模式的产业化与规模化应用，培育工业元宇宙、数字虚拟人、数字艺术品交易等新业态和新模式，引领新一轮科技革命和产业变革而制定。该办法鼓励企业推动元宇宙技

① 北京市促进数字人产业创新发展行动计划（2022—2025年）. http：//www.beijing.gov.cn/zhengce/zhengcefagui/202208/W020220808406785112297.pdf.

术与实体经济和社会民生的深度融合，探索工业元宇宙、数字岭南风情、数字创意、数字文旅、数字艺术品交易、人才交流等具有黄埔特色的元宇宙标志性场景；培育并引进一批拥有数字孪生、脑机接口、增强现实/虚拟现实/混合现实等元宇宙关键技术，可面向产业发展、社会治理、民生服务等各方面提供元宇宙相关技术服务的软硬件或平台型领军企业；集聚一批元宇宙相关的高端人才项目，推动技术突破，抢占数字经济发展制高点；鼓励主办数字孪生、人机交互、脑机接口、AR/VR/MR 等元宇宙相关的重大交流活动；鼓励设立元宇宙产业基金，吸引社会资本集聚形成资本供给效应，为数字孪生、人机交互、脑机接口等元宇宙相关企业提供天使投资、股权投资、投后增值等多层次服务，打造元宇宙应用创新与产业发展集聚区。①

2022 年 10 月 20 日，广州南沙开发区管委会办公室和广州市南沙区人民政府办公室印发《广州南沙新区（自贸片区）推动元宇宙生态发展九条措施》。为贯彻落实《广州南沙深化面向世界的粤港澳全面合作总体方案》重大战略部署，紧抓粤港澳大湾区重大发展机遇，进一步推动本区技术革新和产业变革，培育新业态和新模式，提升元宇宙产业的战略性、系统性、协同性，加速实现元宇宙应用落地，制定扶持措施，具体包括技术攻关支持、创新平台资助、产业集聚扶持、研发投入补助、应用场景构建、创新生态建设、人才引进补贴、科技金融支撑、知识产权促进。区产业扶持政策中有特殊规定的从其规定。所扶持的对象的主营业务技术领域包括基于 5G 高速沉浸式互联网的虚实相融的研发和应用的下一代信息技术企业及周边外延产业，包含 VR 虚拟现实、AR 增强现实、MR 混合现实、ER 扩展现实、沉浸式视觉、区块链、虚实互动、虚拟人、智能语音交互、3D 数字资产等人机交互技术、沉浸式数字内容生产及元宇宙产业应用等。②

2022 年 8 月 15 日，广州市南沙区科学技术局起草《南沙元宇宙产业集聚区先导示范区入驻实施方案（征求意见稿）》，广泛征求社会公众意见和建议。目的在于支持元宇宙行业企业落户南沙，积极营造元宇宙产业发展良好环境，促进上下游产业链集聚创新，共同推动南沙区元宇宙产业高质量发展。根据《广州南沙新区（自贸区南沙片区）推动元宇宙生态发展九条措施》，设立南沙元宇宙产业集聚区。拟入驻企业主营业务应属于以下元宇宙产业领域范围：基于 5G 高速沉浸式互联网的虚实相融的研发和应用的下一代信息

---

① 广州市黄埔区工业和信息化局、广州开发区经济和信息化局、广州市黄埔区科学技术局、广州开发区科技创新局关于印发《广州市黄埔区、广州开发区促进元宇宙创新发展办法》的通知 . http：//www. hp. gov. cn/gzhpgx/gkmlpt/content/8/8171/post_8171936. html#4931.

② 广州南沙开发区管委会办公室、广州市南沙区人民政府办公室关于印发《广州南沙新区（自贸片区）推动元宇宙生态发展九条措施》的通知 . http：//www. gzns. gov. cn/zwgk/zcwjjd/zcwj/content/post_8641300. html.

技术企业及周边外延产业，VR 虚拟现实、AR 增强现实、MR 混合现实、ER 扩展现实、沉浸式视觉、区块链、虚实互动、虚拟人、智能语音交互、3D 数字资产等人机交互技术、沉浸式数字内容生产及元宇宙产业应用等，以及与元宇宙产业相关的技术研发、技术服务、产业升级服务、产业运营服务、活动服务、人才服务、金融服务。①

此外，杭州、南京、厦门、武汉、沈阳相继出台元宇宙专项政策。目前，在实际的应用中，多地已开始将数字文旅与元宇宙联系起来，此前敦煌美术院开启了敦煌元宇宙，武夷山也打造了全国首个旅游城市元宇宙（武夷山）旅游星链项目。尽管如此，不论是元宇宙在数字经济中的发展，还是在文旅产业中的赋能，与未来的成熟形态相比仍有较大差距，仍有很长的路要走。但这也意味着其产业空间巨大，地方政府将以怎样的切入点进入元宇宙，或许值得期待。未来，元宇宙将覆盖从政务管理到国防建设，从智慧城市到能源安全，从日常生活到工作学习等人类生活场景的方方面面。

4. 其他省市的元宇宙相关政策

截至 2022 年 6 月，已有一些地方政府相继发布元宇宙建设规划，分别是北京、上海、重庆、浙江、山东、江西、河南、贵州、安徽、黑龙江等省、直辖市，以及广州、深圳、成都、沈阳、武汉、杭州、南京、厦门、合肥、南昌、无锡、海口、三亚、保定等市。

2022 年 1 月 5 日，浙江省数字经济发展领导小组办公室发布的《关于浙江省未来产业先导区建设的指导意见》提出，将以打造未来技术创新策源地，创建创新成果转化试验地，建设未来场景应用引领地，发展未来产业发展集聚地为重点任务。浙江省未来产业技术的重点方向将围绕打造“互联网+”、生命健康、新材料三大科创高地目标任务，以颠覆性技术突破为引领，兼顾未来场景应用所需前沿性技术，聚力构建以人工智能、区块链、第三代半导体、量子信息、柔性电子、未来网络、空天一体化、生物工程、前沿新材料、先进装备制造、先进能源、元宇宙等领域为重点的未来产业发展体系。探索构建以杭州城西科创大走廊等为创新策源地，以国家自主创新示范区和高新区等为产业承载地的“一廊引领、多廊融通、两区辐射、多点联动”空间格局，统筹部署建设区域集聚、网络协同两种类型的未来产业先导区。②

海南打造元宇宙产业基地。三亚市人民政府与网易签署了战略合作协议。根据协议，网易将在三亚设立网易海南总部，建设网易元宇宙产业基地项目，推动海南数字化文创产

---

① 关于《南沙元宇宙产业集聚区先导示范区入驻实施方案》征询公众意见的公告 . http：//www. gzns. gov. cn/hdjlpt/yjzj/answer/22006.

② 我省出台未来产业先导区建设指导意见 重点打造策源地、试验地、引领地、集聚地 . http：//epaper. zjgrrb. com/html/2022-01/06/content_2778906. htm.

业高质量发展，打造集互联网技术开发、数字化内容生产、数字化版权运营和数字化产品输出为一体的国际化数字新文创中心。网易将参与海南国际电竞岛、三亚电商供应链，以及网红经济与直播电商建设，并打造“音乐点亮城市”等大众文化项目。双方将共同推动海南自由贸易港在数字文化建设方面取得新成果。

江苏打造元宇宙生态产业示范区。2022 年 1 月 1 日，在江苏省无锡市滨湖区举行的 2022 年太湖湾科创带滨湖创新大会上，该区正式推出了《太湖湾科创带引领区元宇宙生态产业发展规划》，以及相配套的科技创新服务体系、科创载体建设、人才安置工程三年行动计划等，旨在打造国际创新高地和国内元宇宙生态产业示范区。据介绍，滨湖将依托无锡先进技术研究院、国家超算中心等重大研发载体，开展应用理论和核心技术研究，培育、引进一批区块链、人工智能等元宇宙生态链企业，推进一批典型应用示范项目，到 2025 年，基本形成技术引领、企业集聚、示范应用、标准完备的元宇宙产业生态，打造元宇宙的“滨湖名片”。滨湖将以打造元宇宙核心产业区、元宇宙创新孵化园、元宇宙先进智造地，提升资源配置质效，构建元宇宙空间布局；以引入一批元宇宙领军企业、培育一批元宇宙新兴企业、带动一批传统企业转型升级，促进产业融合联动，加快元宇宙集聚发展；以推动元宇宙核心技术攻关、设立元宇宙新型研发机构、推进元宇宙标准体系建设，聚焦技术创新引领，强化元宇宙科研攻关；以建设元宇宙公共服务平台、刻画元宇宙“滨湖印象”、建设元宇宙产业协会联盟，践行多边赋能模式，优化元宇宙发展生态；以引进元宇宙全球顶尖专业人才、培养元宇宙高水平创新人才、建立元宇宙人才培训体系，引育用留多措并举，汇集元宇宙专业人才；以聚焦数字影视、数字文旅、智改数转、社会治理等场景，发挥区域特色优势，打造元宇宙典型场景。未来滨湖元宇宙产业将以核心技术突破为基础，以产业集聚为导向，在元宇宙生态产业发展上做到“四合”：空间布局和产业推进相结合、应用引领和场景驱动相融合、协同发展和一体发展相整合、市场主导和政府引导相契合，率先形成元宇宙发展的“滨湖方案”。① 2022 年 1 月 11 日，无锡市元宇宙创新联盟成立，无锡市元宇宙产业园挂牌；4 天后，首届长三角元宇宙创新创业大赛总决赛在无锡滨湖区举行，长三角元宇宙联盟、无锡市元宇宙创新创业基地也宣布落户滨湖区。南京《2022 年政府工作报告》提出，要加快元宇宙产业链上下游各环节各主体的协同发展，促进元宇宙与区块链、人工智能、云计算的创新融合，积极构建新金融、新产业的强磁场，新技术、新产品的孵化器，新体系、新模式的试验田，推动更多应用场景落地。2022 年 5 月 26 日，2022 年南京市元宇宙产业发展大会在江宁上秦淮国际文化交流中心隆重举办，江宁高新区正式发布《江宁高新区关于加快发展元宇宙产业的若

① 来源：前瞻产业研究院 . https：//f. qianzhan. com/chanyeguihua/detail/220110-53b75dae. html.

干政策》，大会围绕元宇宙产业加快布局新赛道，紧扣城市数字化转型。全力促进南京市元宇宙产业技术赋能和集成创新，积极支撑全市打造万亿级软件产业和数字经济创新发展高地建设。①

武汉将元宇宙写入“政府工作报告”，指出要加快壮大数字产业，推动元宇宙、大数据、云计算、区块链、地理空间信息、量子科技等与实体经济融合，建设国家新一代人工智能创新发展试验区，打造小米科技园等 5 个数字经济产业园。

合肥前瞻布局元宇宙产业，将瞄准元宇宙、超导技术、精准医疗等前沿领域，打造一批领航企业、尖端技术、高端产品。此外，合肥将培育 3 个千亿企业、300 个专精特新企业，加快建成具有国际竞争力的先进制造业高地。

张家界成立元宇宙研究中心，元宇宙研究将成为武陵源区数字化转型的重要研究内容。搭乘“元宇宙”的浪潮，武陵源景区将为游客提供更精彩的旅游体验、更丰富的旅游产品、更舒适的旅游环境。张家界元宇宙研究中心相关负责人介绍，成立张家界元宇宙研究中心的初衷是以数字化技术赋能旅游产业，培育旅游新兴业态，为旅游业的数字化转型奠定基础。

重庆的《渝北区元宇宙产业创新发展行动计划（2022—2024 年）》提出，打造“元宇宙先导试验区”和“元宇宙生态产业园”，构建元宇宙治理与产业发展体系。实施“6 个一”工程，打造数字经济新优势：开发一批元宇宙特色应用场景、培育一批优质元宇宙企业、组建一个元宇宙产业联盟、制定一批元宇宙行业标准、培养一批创新元宇宙人才、打造一批高端元宇宙研发机构。力争到 2024 年，在工业、交通、文旅、商贸、教育、医疗、会展、政务等领域，构建形式多样的元宇宙新模式新服务新业态，元宇宙技术研发和应用推广取得明显进展。基本建成元宇宙产业创新生态体系，高端研发机构、专精特新“小巨人”企业高度集聚，推动“创新链、研发链、人才链、价值链、产业链”融合发展，元宇宙产业集群化发展效果显现。②

河南省人民政府在《关于明确政府工作报告提出的 2022 年重点工作责任单位的通知》中指出，要聚焦量子信息、氢能与新型储能、类脑智能、未来网络、生命健康、前沿新材料六个重点领域，开辟未来产业发展新赛道，争创国家未来产业先导试验区。规划建设郑汴洛濮氢能走廊，加快氢能全产业链研发和一体化布局。大力发展“区块链+”新型业态，

① 来源：南京广播电视台网 . http：//www. nbs. cn/news/5/202205/t20220530_607674. html.

② 一图读懂 | 渝北区元宇宙产业创新发展行动计划（2022—2024 年）. http：//www. ybq. gov. cn/zwgk_263/zcjd/xwfb_213079/202204/t20220427_10662297. html.

培育碳基新材料、第三代半导体等产业集群，形成“研发+产业+应用”链式推进格局。①

江西省科技厅将2022年定位为VR产业发展质量突破年，探索成立元宇宙联盟，打造国内一流的元宇宙研发平台，重点布局元宇宙硬件入口、底层架构、人工智能、内容与场景四个方向的规范标准制定和开发工具监制；重新梳理完善虚拟现实关键核心技术和“卡脖子”技术目录，开展元宇宙发展重点和发展路径探索；支持南昌规划建设元宇宙试验区，打造数字经济产业集聚区，重点发展VR/AR、人工智能与5G、数字文创等数字经济重点产业。② 2022年5月25日，江西省人民政府印发《江西省“十四五”数字经济发展规划》，指出要紧跟新一代信息技术发展步伐，积极布局VR、“元宇宙”及数字孪生、信息安全和数据服务、物联网、智能网联汽车、无人机等新兴领域，前瞻布局量子信息、卫星互联网、区块链、人工智能等前沿领域，为全省数字经济发展注入新动力。前瞻布局新兴赛道，发挥南昌省会城市优势，强化创新源、动力源和辐射源作用，建设江西省数字经济创新引领区。依托南昌VR、电子信息等产业基础和优势，在九龙湖区域建设“元宇宙”试验区，打造数字经济创新引领区的核心引擎。③

2022年3月21日，山东省工业和信息化厅等七部门联合发布《山东省推动虚拟现实产业高质量发展三年行动计划（2022—2024年）》，指出虚拟现实产业的蓬勃发展，将持续激发数字孪生、元宇宙等新兴业态，为山东省经济社会带来新的增长点。要紧跟元宇宙浪潮，加强元宇宙基础能力建设，在终端设备、内容制作、通用平台、应用生态等多领域进行布局，探索大数据、人工智能、区块链、云计算等底层技术革新。聚焦虚拟/增强现实及可穿戴智能设备等元宇宙入口，打造相关产业全链路技术输出和多领域技术协同，加速赋能前沿新兴领域，构建元宇宙时代下的山东省数字经济新业态。④

2022年3月29日，安徽省经济和信息化厅发布了《安徽省“十四五”软件和信息服务业发展规划》，将元宇宙列为新兴业态创新工程之一。将加快培育云计算大数据服务业、工业互联网服务业，以及5G/6G、区块链、元宇宙等新业态服务业。支持企业开展虚拟现实、增强现实、3D引擎、物联网等技术创新，引导企业积极布局元宇宙新兴业态，开展

---

① 河南省人民政府网．河南省人民政府《关于明确政府工作报告提出的2022年重点工作责任单位的通知》．https：//www. henan. gov. cn/2022/03-10/2411888. html.

② 江西日报．我省加速推动VR产业发展 力争今年VR及相关产业实现营业收入800亿元．http：//epaper. jxxw. com. cn/html/2022-02/14/content_5403_5713994. htm.

③ 江西省人民政府．江西省人民政府关于印发《江西省“十四五”数字经济发展规划》的通知. http：//www. jiangxi. gov. cn/art/2022/6/10/art_4968_3989281. html.

④ 山东省工业和信息化厅，等．关于印发《山东省推动虚拟现实产业高质量发展三年行动计划（2022—2024年）》的通知．http：//gxt. shandong. gov. cn/art/2022/3/24/art_103863_10301548. html.

元宇宙平台建设，加速数字技术融合赋能实体经济。①

2022年3月28日，黑龙江省人民政府印发《黑龙江省“十四五”数字经济发展规划》，对元宇宙发展提出了部署计划。具体如下：推进元宇宙核心技术与主要应用领域关键技术研发应用，支持围绕近眼显示、实时交互、巨量通信、边缘计算、3D建模与渲染、图像引擎等开展研发创新，构建元宇宙技术体系，前瞻布局元宇宙产业。鼓励推进元宇宙在公共服务、智能工厂、城市治理、建筑信息系统与城市信息系统（BIM/CIM）、远程医疗、商务办公、智慧会展、社交娱乐等领域的场景应用，培育以应用牵引、软硬结合、创新集聚、绿色低碳的元宇宙发展生态。② 推动元宇宙试验区建设，依托哈尔滨人工智能创新发展试验区和高校、科研院所等载体，构建元宇宙技术研发基地和产业孵化基地，构建全省体积视频公共服务平台，促进沉浸式视频节目（直播）、元宇宙演唱会、演绎式娱乐等新兴业态集聚。

中国企业密集布局，聚焦技术研发突破和产业融合应用，全方位构建产业发展生态体系，炒作风险成监管重点。这些政策多提出强化产业融合应用的措施，规划了具体应用场景，包括文旅、商业、工业、民生服务、城市管理等场景。从目前的政策来看，加强元宇宙生态体系建设包括加强核心技术研发、优化产业布局、提供资金保障与支持、关注企业和人才引培、加强交流合作等多个方面。加强核心技术研发包括数字孪生、人机交互、脑机接口、增强现实/虚拟现实/混合现实等核心技术，优化产业布局包括打造产业创新集聚区、建设重点实验室、组建产业联盟等，提供资金保障与支持包括设立产业投资基金、提供信贷支持、深化多元融资等形式，关注企业和人才引培包括培育创新市场主体、引进行业领军企业、提升企业核心竞争力等形式，加强交流合作包括开展元宇宙领域的“节、展、会、赛”等行业交流活动，还有小部分涉及强化监管治理、开展标准制定工作、加强知识产权保护等。此外，元宇宙在2022年“两会”上备受关注。在2022年“两会”期间共有近10条与元宇宙相关的提案和发言，包括前瞻布局元宇宙、打造“元宇宙中国”数字经济体、加强对元宇宙的监管等多个方面。全国多个地区将区块链写入《2022年政府工作报告》，多地明确提出要积极发展元宇宙等未来产业、推动元宇宙等与实体经济融合、多领域拓展元宇宙等技术应用场景、加快建设元宇宙产业基地。

多省将发展元宇宙加入“十四五规划”，地方城市也纷纷出台本地对于元宇宙发展的计划，致力于重点发展VR/AR、5G等技术，加速构建区块链、人工智能、第三代半导

① 安徽省经济和信息化厅．关于印发《安徽省“十四五”软件和信息服务业发展规划》的通知．http：//jx. ah. gov. cn/public/content/146553941.

② 来源：黑龙江省人民政府网．https：//www. hlj. gov. cn/n200/2022/0328/c35-11031221. html.

体、元宇宙等领域的未来发展体系。注重人才引进，鼓励推进元宇宙在公共服务、智能工厂、城市治理、建筑信息系统与城市信息系统（BIM/CIM）、远程医疗、商务办公、智慧会展、社交娱乐等领域的场景应用，培育以应用牵引、软硬结合、创新集聚、绿色低碳的元宇宙发展生态。

第三节　研究对象与研究方法

元宇宙作为一个虚拟的数字世界，展现出群聚效应的典型特征。在元宇宙中，用户与对象之间进行交互、合作与共享，形成了庞大的社群和数字生态系统，因而产生了丰富多样的群聚效应。这种效应推动了元宇宙自身的发展和创新，也为用户提供了全新的数字化体验和参与方式。元宇宙也为艺术创作和文化表达提供了新的平台和方式。

一、研究对象

关于创新的社会研究认为未来无法预测，因为技术在发展，可能带来出乎意料的后果，这些结果和各种因素结合后，又不时地形成新的系统。这样的系统自我发展，其结构和作用并非预先设定。许多旧技术并不会消失，而是通过路径依赖关系得以继续存在，并和新技术一起成为重组的、不可预测的结合体。

尽管现在国内对于 Metaverse 翻译成“元宇宙”已经达成共识，但在严格意义上许多学者并不认同这样的解读。元宇宙概念本身并非源于学术研究，而是尼尔·斯蒂芬森（Neal Stephenson）于 1992 年在其科幻小说《雪崩》（*Snow Crash*）中创造的一个词。小说中的 Metaverse 是一个始终在线的虚拟世界。Meta 一般应理解为“更高”“超越”“上位”的意思。例如，“元认知”（Metacognition）是指“对认知的认知”，是指存在于认识之上的、最全面的认识；“元数据”（Metadata）是指用来说明其他数据的数据。如果从“元”的本来用法来思考元宇宙，元可以理解为超越（beyond），可以说 Metaverse 指的是一个超越宇宙的上位概念的整体宇宙，更严谨地说，也可以称为“超空间”“超现实”等。

尽管概念由来已久，但是直到 2021 年，元宇宙才真正引起商界、学界大讨论。2021 年 3 月，被称为元宇宙第一股的罗布乐思（Roblox）正式在美国纽约上市；10 月，美国社交媒体巨头 Facebook 宣布更名为 Meta；随后，微软、苹果、腾讯、华为、阿迪达斯等国内外知名企业，或高调进军或低调布局相关产业。所以从本质上看，元宇宙并非一个学术概念，而是由产业界、投资界等各方共同推动的。元宇宙概念从生发走向流行，与人类生活方式的变化密切相关。受2020年新冠肺炎疫情影响，“宅经济”快速发展，人们越来越习惯于远程工作，生活方式也趋于在线化、虚拟化，这些变化都为元宇宙元年2021年的到来做了铺垫。另外，人们日益呈现出对沉浸感和互动体验的高要求，同时5G、XR、AI、数字孪生等技术水平日益发展和迭代，为元宇宙的实现提供可以预见的可能性。

元宇宙概念上市公司Roblox在元宇宙游戏产品中提到了8个属性：①身份：拥有一个虚拟身份，无论其与现实身份有没有相关性；②朋友：在元宇宙中拥有朋友，可以社交，无论在现实中是否认识；③沉浸感：能够沉浸在元宇宙的体验中，忽略其他的一切；④低延迟：元宇宙中的一切都是同步发生的，没有异步性或延迟性；⑤多元化：元宇宙提供多种丰富内容，包括玩法、道具、美术素材等；⑥随地：可以使用任何设备登录元宇宙，随时随地沉浸其中；⑦经济系统：与任何复杂的大型游戏一样，元宇宙应该有自己的经济系统；⑧文明：元宇宙应该是一种虚拟的文明。

“身份”“朋友”意味着元宇宙的基本构成是虚拟身份和社交网络；“沉浸感”“低延迟”“随地”则代表了元宇宙构建所需的技术保障；“多元化”是元宇宙不断扩充边界和虚拟社会性的关键所在，依托去中心化的无限创作模式，带来生态级别的自下而上的繁荣生长；“经济系统”意味着“元宇宙货币”的诞生，是未来元宇宙商业模式的根基，也是元宇宙建设的重要内容。

元宇宙目前只能被视为一个超前的互联网概念，其底层的技术基础并未得到全方位解决，如存储与算力问题，要想实现科幻作品中的场景，仍有太多问题有待解决，但这些都不妨碍我们对于未来的畅想和趋势研究，诚然，人文理性的注入、人学、人论的问题自然是首要问题。

本研究首先系统地分析元宇宙对数字艺术变革的具体影响，并将数字艺术纳入国家数字经济战略的整体框架，形成科技与艺术深度互融的完整体系。然后通过多层次、跨学科方法弥补单一研究方法的不足，并以哲学思辨、艺术学理论学科的宏观视角研究技术演进和艺术变革的相关性，以社会性科幻故事、元宇宙代表性平台作为重要资料来源，借助未来研究方法研究元宇宙及其对人类社会发展和数字艺术变革的影响。

二、研究方法

科学研究范式是科学家及其群体在哲学（本体论、认识论和方法论）上的基本承诺，是某一群科学家所共同认可的某种假说、理论、准则与方法的总和，或者说是这些科学家的共同信念。① 科学研究范式是科学共同体开展科学研究工作所共同推崇、采用的研究思想和方法组合。艺术科学研究范式是指特定的艺术研究领域的学术共同体或流派在进行科学研究活动时共同认同和采用的基本研究原理与方法标准。根据布赖尔和摩根的范式分类标准，可以把艺术科学研究范式划分为人本主义范式、规范主义范式、实证主义范式、后实证主义范式。

（一）未来研究法

人们关于未来的预测对于现在具有深刻的影响。未来已经到来，但它到底是什么样的？这还是一个谜，也许是终极之谜。未来其实无处不在，思考和预测未来对几乎所有的组织和团体都至关重要，已成为当今时代的要务。许多人认为相较于历史和过往，未来研究能更好地指导现在。在技术聚合超速发展的当下，国家、公司、大学、城市、非政府组织和个人都坚信自己不能错失未来。但是，未来同时又是难以预测的，是不确定的，而且常常是不可知的，是已知的和“未知的未知”共同作用的产物。人们一直在寻找展望、想象和评估未来情景的方法，其中一些来自 20 世纪 50 年代兰德公司由美国未来学家赫尔曼·卡恩（Hermann Kahn）首创的情景预测方法，特别助推了替代情景法的产生，并指出这些情景有助于想象出不同的、可能的未来前景。此外，文学、艺术、电影、电视、电脑游戏等也展现了各种想象的未来世界，它们常常涉及非凡的未来技术，如时光穿梭、个人飞行器、空中公路和铁路、瞬间传送、机器人、水上行走、外星人、真空动力推进、无人驾驶火车、平等的乌托邦以及黑暗的反乌托邦未来等。

未来正以前所未有的加速度出现，阿尔文·托夫勒（Alvin Toffler）在 1970 年出版的著作《未来冲击》（*Future Shock*）中第一次深度分析了这种现象，描述了技术和社会变革的飞速发展。在最近几十年里，摩尔定律意味着世界的计算能力（集成电路中的晶体管数）每两年翻一倍。今天的智能手机拥有过去大型计算机主机的计算能力，但在 20 年前没有人知道人们会对其如此痴迷。

许多社会科学理论和研究与未来预测密切相关，社会未来作为一个“变量”存在，不同的社会未来对当前人们的生活将产生重大影响，本研究认为论证未来研究领域应该回归社会科学，并且以某种方式服务于人们的日常生活。未来研究如此重要，不应只由政府、公司和技术人员去研究。未来对当下和未来本身影响巨大，社会科学应该在理清、辨明、展示未来方面起到重要作用。未来即当下，了解未来需要了解各种“过去”的历史，找到理解过去、现在和未来间相互作用的方法。瑞尔·米勒（Riel Miller）认为“未来学素养”

① 管顺丰．艺术科学研究方法［M］．武汉：武汉理工大学出版社，2019：89-90.

有助于区分计划、准备、创新和共同创造未来（2011），他认为培养人们的未来学素养能使人们更好地理解现在。他认为关键问题并不在于测试现在的假设是否与可预测的未来相符，而是用未来质疑、揭示、创造现在。

阿尔·戈尔认为“确定性的终结”对于未来社会含义丰富（2013）。关于技术的社会研究表明未来的经济和社会创新极少是一个线性过程，而是受到不可预测的各种因素的共同作用，亚瑟（Arthur）以“新”技术为背景对此做出过详细描述（2013）。

未来研究方法是指导未来数字艺术变革的科学根基。经由对未来发展及其当前行动和决策的描述、预测、探索、解释，帮助决策，降低未来研究和实践的整体风险。本研究以伊纳亚图兰（Inayatullah，2008）提出的六支柱（six pillars）框架①为基础，该框架具备通用性和灵活性，通常运用于技术使能的未来研究领域，将其运用于数字艺术未来研究是一种新的尝试。该框架支持下的本课题未来研究具有以下特征：一是基于经验基础之上的预测，二是对未来可能形态的多视角解读，三是以审辨的视角考察未来社会的主体，四是基于这些分析与预判开展参与式行动。本研究综合运用未来齿轮法、因果分层分析法和四象限映射法等未来研究的核心方法从系统性视角审视当下，探索结构要素之间的相互关系，全局性地规划元宇宙与数字艺术未来。

（二）跨学科比较研究法

跨学科比较研究法是本书研究中需要运用的第二种方法。在具体研究中，需要运用多学科的理论、方法和成果从整体上进行综合研究，如从历史学、哲学、艺术学、文学、建筑学、产品设计学等角度，将各学科间的研究成果与方法论紧密联系，以统一、聚焦到本课题的具体研究对象上，详述哲学思想、文化潮流、技术生态与艺术（设计学中的工业设计、建筑设计等，影视艺术中的电影科技等）之间的交互影响。

本书研究的理论基点是艺术学理论研究，是从具体的艺术创作和传播实践活动以及艺术现象、艺术事件中抽象、梳理和归纳出来的关于艺术发展规律的理论研究。从艺术学理论学科的宏观视角研究“技术”与“艺术”二者之间的关系问题，以及两者之间的相互影响，存在历时性和共时性问题，不仅历史跨度大，知识点众多，而且涉猎多个门类；其中不仅包括众多的艺术门类，而且涉及其他门类的很多具体的“技术”问题，有很多问题需要在其他具体门类之中进行抽丝剥茧式的梳理和分析，同时在此基础之上进行跨学科的比较、分析，然后才能得出理论结果。所以，在本书研究中需要使用跨学科比较研究法，并以此作为基本研究方法。

---

① Inayatullah S. Six Pillars: Futures Thinking for Transforming [J]. Foresight, 2008, 10 (1): 4-21.

（三）个案研究法

个案研究法是本书研究中需要运用的第三种方法。个案研究法是指对技术生态与艺术形态中的重大变革的关键节点与重大事件，加以调查分析，弄清其特点及其形成过程，并对某些具体典型性现象进行调查研究。在本书的理论阐述中，例如在技术实际影响艺术创作的具体表现形式部分，不论是对艺术史的梳理，还是对有关具体人物和实践的分析，不论是结合艺术作品分析具体的创作技法影响，还是结合艺术作品的外在形式表现分析工具、材料、载体等具体技术因素的影响，都需要具体的案例说明。通过结合具体图表的案例，这些理论问题方能给人以直观的落实而且具有现实说服力。具体的个案贯穿起来就是历史的整体表象。

第四节　研究框架与研究内容

本研究围绕“技术变革下的未来艺术研究”，从理论到实践再到对策研究，层层深入、逐步展开：绪论部分阐述了研究背景和研究意义，从理论与实践两个层面对当下的研究进行述评，系统地梳理以元宇宙为代表的技术演化对艺术与文化产业的影响，确定本研究的研究对象、研究方法和研究框架。第一章论述未来数字艺术研究对于我国文化产业高质量发展的重要意义，首先，文化科技融合发展已然成为文化产业发展的主旋律；其次，数字艺术作为一种应用信息技术并通过数字手段而创造完成的虚拟艺术形式，其内容生态的打造是影响数字经济发展的关键要素；再次，在技术并发的当下，数字艺术具备了新的内涵。第二章围绕元宇宙中的基本哲学问题，借助卡尔·波普尔（Karl Popper）的“三个世界”理论分析媒介技术与认知客体、认知主体之间的关系，从哲学角度解析元宇宙概念下的“平行世界”“数字分身”等概念，为本研究提供形而上的理论支撑。第三章为本研究提供了方法论的指引，首先，梳理了已有的未来研究方法对未来艺术研究的启示，包括乌托邦与反乌托邦、经济增长与情感结构、灾变论与施为功能、社会科学和自然科学与未来的关系等；其次，本研究提出了一种新的未来艺术研究范式，即以科幻文本为载体的思想实验，揭示了科幻文本及其未来向度、思想实验在未来研究中的重要价值以及现有科幻文本对于元宇宙的诠释等；再次，本研究引入媒介考古学的视角，通过检视游戏文本透视元宇宙虚拟艺术的未来样态。第四章从多个维度探讨元宇宙对数字艺术变革的影响。从Roblox、Decentral、NFT等元宇宙代表性平台出发，借助艺术学、社会学、哲学、传播学等多重角度探讨元宇宙对数字艺术的影响，具体体现在：艺术空间（以数字资产连接消费者和创作者的数字艺术生态闭环与传统审美内涵变化）、艺术语言（沉浸式互动体验与传播维度变化）、艺术程式（数字人、数字场景、NFT 加密艺术的呈现、审美场域与消费方式）、艺术观念（AI、UGC、PGC 的创作主体变化，自动化面部捕捉和动作捕捉、AI 用户画像及行为分析等创作工具与设计方法）、艺术形式（游戏世界观、社交互动、内容的新艺术形式与新技术环境的融合共生）、跨界应用（数字艺术内容在影视、文旅、传媒、教育、电商、医疗、系列 IP 打造等领域的跨界应用）几个方面。第五章聚焦技术影响下的数字艺术生成新范式，首先从以 AIGC 为代表的内容生成技术出发，分析技术对数字内容生产的影响；其次，结合元宇宙代表性平台特性，从 UGC、去中心化和“Z 世代”社交的角度总结元宇宙数字内容的建设范式及其赋予元宇宙数字艺术设计的诸多可能性。第六章展开元宇宙视域下的数字艺术实践探索，以南京文化数字化实践作为案例，探讨数智化赋能城市空间打造、文化场景创新和文化产业发展的具体路径。第七章从技术驱动、人性价值和商业价值三个层面，阐述未来艺术和数字创意产业面临的变革与挑战。第八章寻求艺术与科技共同服务社会现实的路径与策略。研究思路如图 A-1 所示。

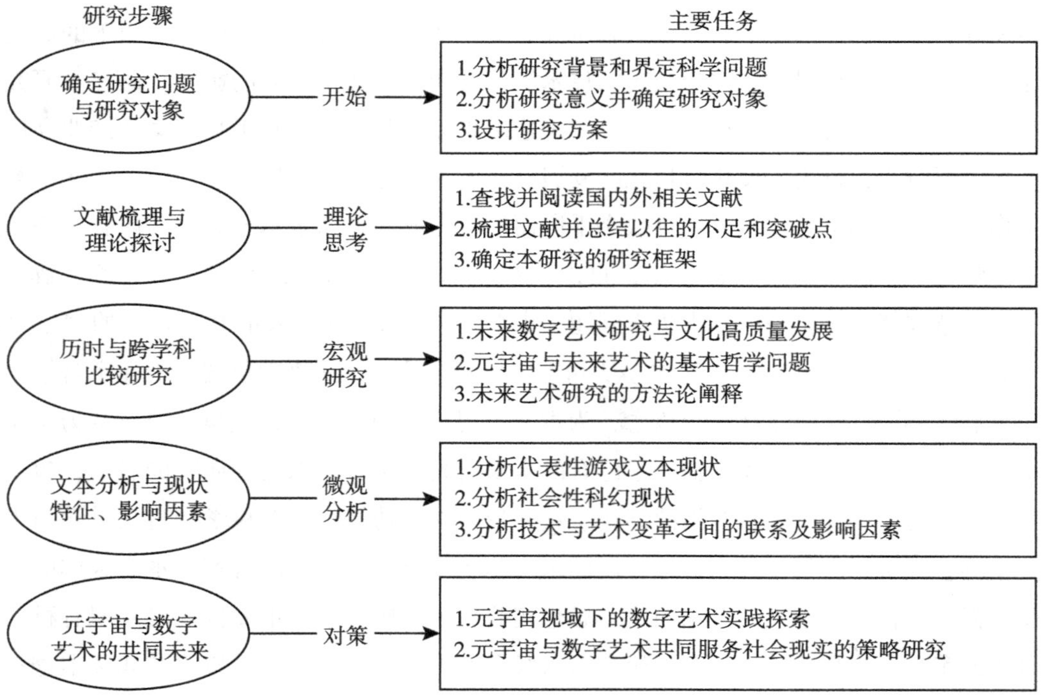

图 A-1 研究思路图

第一章　未来数字艺术研究与文化高质量发展

数字艺术是国家科技、经济、文化发展的重要体现。随着科技的发展和人民生活水平的不断提高，数字艺术以多种形式走入人们的生活，同时也推动了数字文化产业的发展，如今数字文化产业已经发展成为重要的现代化新兴产业，其高度依赖云计算、大数据、人工智能、互联网等信息技术的支撑，技术的聚合为数字文化产业和数字娱乐产业提供了技术基础，促进了数字文娱产业的发展。数字文娱产业已经实现了快速发展且在未来具备较大的发展潜力。人们需要数字艺术带来的感官愉悦与舒适，数字艺术丰富的语言、观念和形式正渗透人们日常生活的各个领域，发挥着巨大的影响力，甚至带动了其他文化产业的发展。数字文化产业领域消费不断升级，其范围正不断拓展。

第一节　文化科技融合：文化产业发展的主旋律

文化数字化是建设文化强国的重要抓手，是文化产业转型升级的内在要求。党的二十大报告对繁荣发展文化事业和文化产业作出重要部署，提出“实施国家文化数字化战略”。《中华人民共和国国民经济和社会发展第十四个五年规划和2035年远景目标纲要》明确提出，“实施文化产业数字化战略，加快发展新型文化企业、文化业态、文化消费模式，壮大数字创意、网络视听、数字出版、数字娱乐、线上演播等产业”。习近平总书记指出：“要顺应数字产业化和产业数字化发展趋势，加快发展新型文化业态，改造提升传统文化业态，提高质量效益和核心竞争力。”实施国家文化数字化战略，要坚持以人民为中心，更好促进文化和科技深度融合，推动文化数字化建设迈上新台阶，让文化数字化成果惠及全体人民。

2014年习近平总书记指出：“必须正确处理优秀传统文化继承与发展之间的内在关系，核心在于做好创造性转化与创新性发展的工作。”① 习近平总书记在中国文联十一大、

---

① 习近平．习近平谈治国理政（第一卷）［M］．北京：外文出版社，2018：164.

中国作协十大开幕式上指出：互联网、大数据、人工智能等催生了文艺形式创新，拓宽了文艺空间。我们必须明白一个道理，一切创作技巧和手段都是为内容服务的。科技发展、技术革新可以带来新的艺术表达和渲染方式，但艺术的丰盈始终有赖于生活。要正确运用新的技术、新的手段，激发创意灵感、丰富文化内涵、表达思想情感，使文艺创作呈现更有内涵、更有潜力的新境界。①

文化科技融合已成为当今文化产业发展的主旋律。随着科技的不断进步和文化产业的转型升级，文化与科技之间的融合已经成为推动文化产业发展的重要动力。科技为文化创作者提供了更多的创作工具和表达方式；互联网和社交媒体的兴起使得文化产品可以更广泛地被观众接触和分享；科技还可以改变文化体验的方式，虚拟现实、增强现实和人工智能等技术的使用提升了用户文化体验的沉浸感和互动性；科技也为文化保护和传承提供了新的手段和途径，例如，数字化技术可以用于文物的数字化保护与修复，虚拟展览和数字档案等形式可以帮助更好地传承和弘扬传统文化；文化与科技融合催生了跨界合作和资源整合的模式，科技企业、文化机构、艺术家和创作者之间的合作与融合，推动了不同领域间的创意碰撞和资源共享，促进了文化产业的协同发展。文化科技融合也面临一些挑战，如数字版权保护、隐私安全、文化多样性的平衡等问题，需要制定相应的政策和法规来引导，以实现规范发展。

因此，文化科技融合不仅是当前文化产业发展的主旋律，也是实现文化繁荣和创意经济可持续发展的关键路径。通过充分发挥科技的力量，将创新科技与丰富多彩的文化内涵相结合，可以为文化产业注入新的活力，提升文化产品的质量和市场竞争力，推动文化产业持续健康发展。

第二节　数字艺术内容生态：数字经济的关键要素

未来数字艺术将在技术的角逐中互为成就。近年来，全球新一轮的科技革命和产业变革突飞猛进，特别是数字科技对经济社会各领域的渗透性、扩散性越来越强，产业迭代速度越来越快。线上场景的变迁、全域数据的融合、智治模式的演进，深刻改变了社会的生产生活方式、产业模式和组织形式，形成发展数字经济的强大动力。数字经济将点燃助推世界经济发展的“数字引擎”，成为当今世界经济发展的主要驱动力。一方面，技术发展会对数字艺术产生直接或间接的影响，如摄影术、电影技术的发展催生数字影视创作，互

① 习近平．在中国文联十一大、中国作协十大开幕式上的讲话［N］．人民日报，2021-12-15（2）．

联网技术的发展催生网络视频创作。另一方面，技术是推动人类历史发展的核心力量，艺术是人类将现实逼近想象的催化剂，二者一同成为助力经济社会发展的重要动力。在当下技术、应用、理论不断交融的时代，对一个产业形成多层次和多方面的认知已经成为身处数字经济时代的必备素养。当下，人们对于艺术本身的认识也应突破原有的框架，以更宽广、更多元的视野来看待科技冲击下的艺术。随着网络强国、数字中国战略的加快实施和推进，我国数字经济发展正持续迎来新的发展高峰，并取得了一系列显著的成果。目前，我国的互联网产业蓬勃发展、通信基础设施更加完善、网络覆盖范围更广、网络通信费用下降、城乡居民收入水平不断提高，这些因素都极大地推动了网民对于数字娱乐的需求，因此，作为数字经济重要组成部分的数字文化产业当前的发展十分迅猛，产值持续高速增长。当前，随着大数据、云计算、人工智能、AR/VR 等前沿技术的广泛深入应用，依赖于高科技的数字文化产业在未来必将迎来更多的发展机遇。尤其是数字娱乐产业，已经成为推动国家经济高质量发展的新动能。数字娱乐产业的产生和发展提高了人们的生活水平，拉动了国家经济的稳定持续增长，同时对底层技术的商业化应用具有推动作用，推动着经济从高速增长到高质量发展的变革，是新经济的重要增长点。在数字经济时代，数字娱乐是生活服务业的重要组成部分，在“数字+”的影响下，数字娱乐产业可以极快地扩大产业本身的影响范围，同时也能更容易地渗透人们生产生活的多个领域，以此来推动产业的新发展。在经济发展从高速增长向高质量发展转型的过程中，加快数字娱乐产业发展的意义十分重大。

关于数字经济的定义，目前得到广泛认可的是《G20 数字经济发展与合作倡议》中给出的定义：“数字经济是指以使用数字化的知识和信息作为关键生产要素、以现代信息网络作为重要载体、以信息通信技术的有效使用作为效率提升和经济结构优化的重要推动力的一系列经济活动。”① 在 2020 年 7 月中国信息通信研究院发布的《中国数字经济发展白皮书》一文中，这一概念被进一步定义为：“数字经济是以数字化的知识和信息作为关键生产要素，以数字技术为核心驱动力量，以现代信息网络为重要载体，通过数字技术与实体经济深入融合，不断提高经济社会的数字化、网络化、智能化水平，加速重构经济发展与治理模式的新经济形态。”毫无疑问，数字经济已成为当今社会经济增长的核心动力，发展数字经济也成为全球共识。

从数字经济的构成来看，数字经济从 2008 年至今，其内涵不断丰富，主体从消费互联网延伸到产业互联网，并随着产业的跨界融合，数字经济迎来了裂变式的发展阶段。数字经济的构成包括数字产业化、产业数字化和治理智慧化三部分。数字经济在我国已上升

① 二十国集团数字经济发展与合作倡议 . http：//www. cac. gov. cn/2016-09/29/c_1119648520. htm.

为国家战略，2017年数字经济首次出现在政府工作报告中，2019年至2022年更是连续4年写入政府工作报告，相继出现“推动‘互联网+’深入发展”“壮大数字经济”“打造数字经济新优势”“协同推进数字产业化和产业数字化转型”的提法。数字经济成为我国拉动经济增长的重要引擎和产业升级的重大突破口。中共中央明确提出要构建以数据为关键要素的数字经济，推动实体经济和数字经济融合发展。

数字经济的重点在于产业数字化和数字产业化的转型。《“十四五”数字经济发展规划》指出加快企业、重点产业、产业园区和集群的数字化转型，增强关键技术（核心软硬件等）的创新能力和竞争力，加快培训新业态新模式（在线服务、共享经济、智能经济、新个体经济），提升公共服务数字化水平等。数字场景的建设将推动产业数字化转型。数字场景不仅仅局限于泛娱乐领域，工业、制造业、商业、服务业等行业领域均需要数字场景的赋能，例如，智能城市和园区、数字孪生、模拟仿真等都需要数字场景建设领域的进一步发展和普及。在数字场景建设推动下，产业数字化转型有望带动中国数字经济的规模、效率、竞争力的持续提升。其要点总结如表1-1所示。

表1-1 **《“十四五”数字经济发展规划》要点总结**

提高数字经济的覆盖范围	提出了数字经济核心产业增加值占GDP比重从2020年的7.8%提升至2025年的10%，IPv6活跃用户数/千兆宽带数/在线政务服务实名用户规模从2020年的4.6亿户/640万户/4亿人提升至8亿户/6000万户/8亿人等目标
升级基础设施	包括信息网络（5G、6G等）、云网协同和算网融合（IDC等）、基础设施智能化改造等
数据要素	数据供给端强调依法合规、标准化建设和强化管理等，数据流通端鼓励建立规范健全安全的数据定价、评估、交易体系，数据应用端鼓励在保障数据和隐私安全的前提下创新开发
产业数字化和数字产业化	加快企业、重点产业、产业园区和集群的数字化转型，增强关键技术（核心软硬件等）的创新能力和竞争力，加快培训新业态新模式［在线服务、共享经济、智能经济、新个体经济（鼓励个人利用电子商务、社交软件、知识分享、音视频网站、创客等新平台就业创业）］，提升公共服务数字化水平等
体系建设	健全完善治理体系（强化协同治理和监管机制，增强政府数字化治理能力，完善多元共治新格局），强化安全体系建设体系（网络安全、数据安全、风险防范）
国际合作	加快贸易数字化发展，打造“数字丝绸之路”，构建良好的国际合作环境

数字经济是信息化、智能化时代的产物，它包括数字化生产、数字化流通、数字化消

费和数字化治理等方面。在数字经济时代，内容已经成为信息社会中的核心资源，内容生产的质量和效率也成为数字经济中的重要因素。AIGC（生成式人工智能）在数字经济时代的重要性体现在以下几个方面：首先，AIGC 技术可以通过智能化技术的应用和创新，提高内容生产的效率和质量，从而推动数字经济的快速发展。其次，AIGC 技术可以为数字经济中的各个领域提供技术支持和应用场景，创造更多的数字经济价值。最后，AIGC 技术也可以促进数字经济的协同发展和智能化转型，实现数字经济的可持续发展。简言之，AIGC 不可枯竭的创造资源和能力，将从根本上改变目前的数字经济的概念生态。而近期人们热议的“元宇宙”在应用场景中离不开依托于文学、文化、艺术的内容供给。可以预测，“元宇宙”将会引发新一轮文化创意产业的热潮。与此同时，对相关领域文化失范和价值缺位的防范也会提上议事日程。①

第三节　数字艺术：新时代语境下的新内涵

数字艺术是一种应用信息技术并通过数字手段而创造完成的虚拟艺术形式②。数字技术打通了艺术门类壁垒，为数字艺术产业发展注入经济动力。特别是自“元宇宙”进入大众视野开始，随着应用区块链技术的非同质化通证交易（NFT，Non-Fungible Token）出现，不仅将有价值的艺术作品通证化，并可追溯该数据的所有权，实现了数据与价值的交汇，为数字艺术品提供了价值依托，而且通过元宇宙场域下的进一步应用，改变了人们进行艺术创作和体验的方式，拓宽了数字艺术产业技术边界和主体边界，为数字艺术产业发展注入无限生机。③

随着数字化时代的到来，元宇宙、Web3. 0 和数字经济成为人们关注的热点。AIGC 作为全新的内容生产方式能为这些美好的图景注入新的活力，推动数字化时代向智能化时代的转变。因此，探讨数字艺术与元宇宙、数字经济的关系在数智化大趋势下具有重要意义。

元宇宙是一种新兴的虚拟世界概念，旨在为用户提供更加沉浸式的在线体验。元宇宙的核心特点是互动和沉浸，目前这个严格意义上的与现实世界平行、高度沉浸化的虚拟世

① 曾军．“元宇宙”热潮中的人文担当．中国社会科学网-中国社会科学报．http：//news. cssn. cn/zx/bwyc/202204/t20220412_5402956. shtml.

② 廖祥忠．信息社会与数字艺术［J］. 社会科学辑刊，2003（3）：150-153.

③ 孙圣雄，殷俊．技术与信任融合的数字艺术产业数据资产管理体系研究［J］. 情报科学，2023，41（4）：99-104，116.

界还处在建设起步阶段，而具备强大高效内容生产能力的 AIGC 将大大提升元宇宙的构建效率，不仅可以加速虚拟化身、虚拟物品、虚拟场景的建设，还可以加速广义的数字孪生形态的发展。Web3.0 是下一代互联网技术，主要基于区块链和智能合约技术，旨在构建一个去中心化、透明、安全的互联网生态系统。为实现 Web3.0 的目标，需要结合区块链、智能合约、加密货币等技术，实现去中心化理念，构建真正意义上的价值互联网。而 AIGC 作为 Web3.0 技术中的一种应用，可以将人工智能、物联网、云计算等技术应用于区块链系统中，提升 Web3.0 的智能化水平和运行效率，为构建一个去中心化、透明、安全、智能化的互联网生态系统提供技术支持和应用场景。

数字经济是继农业经济、工业经济之后的主要经济形态，是以数据资源为关键要素，以现代信息网络为主要载体，以信息通信技术融合应用、全要素数字化转型为重要推动力，促进公平与效率更加统一的新经济形态。数字经济发展速度快，辐射范围广，影响程度深，正推动生产方式、生活方式和治理方式深刻变革，成为重组全球要素资源、重塑全球经济结构、改变全球竞争格局的关键力量。作为经济学概念的数字经济是人类通过数字化的知识与信息的识别—选择—过滤—存储—使用—引导实现资源的快速优化配置与再生、实现经济的高质量发展的经济形态。数字经济是一个内涵比较宽泛的概念，凡是直接或间接利用数据来引导资源发挥作用，推动生产力发展的经济形态都可纳入其范畴——在技术层面，包括大数据、云计算、物联网、区块链、人工智能、5G 通信等新兴技术；在应用层面，“新零售”“新智造”等都是其典型代表。

数字艺术是数字经济的重要组成部分，其以文化经济或艺术经济的特定面貌成为当代中国社会经济生活的一部分。良好的数字艺术内容生态将推动产业数字化转型，赋能娱乐、工业、制造业、商业、服务业等行业领域，有望带动中国数字经济规模、效率、竞争力的持续提升。

当今世界正面临风险与机遇并存的重大变局，如何优化经济结构，提高科技创新能力，推动经济高速度、高质量发展，是当下世界各国高度重视的问题，强化对数字经济战略部署以促进经济发展，已经成为各国的共识。我国数字娱乐产业发展日趋成熟，涉及的领域多、范围广，产业整体呈现出精细化、多样化的发展趋势。当前，我国的总体经济正处于高质量高速度发展阶段，以习近平同志为核心的党中央高度重视发展数字经济，数字经济建设已经成为国家重点发展战略。在 2016 年召开的 G20 杭州峰会上提出了数字经济发展与合作倡议，2017 年的政府工作报告中首次写入了数字经济，开启了我国数字经济的新时代。

以云计算、大数据、人工智能、移动互联网等新兴技术为支撑的数字经济已经逐渐成为推动国家经济快速发展的重要动力。世界各国均大力推动和发展数字经济，将其认定为国家的核心竞争力。数字经济对于产业升级的重要意义在于，传统产业借助智能化、数字技术向数字经济转化，从而实现经济的更快速发展。以农业为例，有了数字技术的加持，传统农业经济和工业经济将转型为现代高科技农业经济和新工业经济。数字经济与传统实体经济的融合，将快速构建新经济形态，加快经济发展的速度，为经济发展带来新的生机和活力。

数字经济按照范畴可以分为三大部分：数字的产业化、产业的数字化和数字化治理。① 数字的产业化即信息通信产业先行，能够引领数字经济的发展，与此同时，其技术、产品、解决方案等均服务于数字经济；产业的数字化是指利用数字技术手段提升传统产业的生产效率；数字化治理是利用数字化手段强化治理体系，完善治理制度，从而大大提高综合治理能力。

集科技、艺术、文化和娱乐等元素于一体的数字娱乐产业是数字经济建设的重要组成部分，也是传承中华优秀传统文化的重要载体。有数据显示，2014—2021 年中国数字娱乐核心产业规模复合年增长率达到 17.6%，至 2021 年数字娱乐核心产业规模达到 7824 亿元人民币，同比 2020 年增速 13.5%。② 这说明数字娱乐产业为促进我国数字经济的发展做出了突出贡献，数字娱乐将成为数字经济产业的重要组成部分，并持续为数字经济产业发展赋能。

数字文娱产业的发展水平已经可以作为衡量一个国家文化实力和经济实力的一项重要指标，其在为国家带来经济价值和社会价值的同时，也体现着国家的科技实力和综合国力。许多国家都非常重视数字文娱产业的创新与发展。综合各项数据分析，发现世界数字文娱产业正呈现以下发展趋势：数字文娱产业的市场规模逐步扩大，背后的科技竞争日益激烈，数字文娱产业的资本流动速度正在加快，各国数字文娱产业的发展力度不断加大。目前，各国正在加大对数字文娱产业的支持力度，同时根据自身的实际情况制定符合本国国情的数字文娱发展战略。

随着元宇宙概念问世，学界、产业纷纷关注，具备技术优势或者用户数量的科技公司、内容型公司、UGC 创作平台等成为推动元宇宙发展的主要力量。

科技是未来元宇宙数字艺术生态的主要推动力量。2021 年 10 月 28 日，Facebook 的 CEO 马克·扎克伯格在发布会中宣布，将公司名称变更为“Meta”，描绘了元宇宙的未来样态，彰显了 Meta 布局元宇宙的决心。Meta 曾斥巨资收购生产高性能 VR 头显设备的虚

---

① 中国信息通信研究院．中国数字经济发展与就业白皮书，2019.

② 来源：https：//www. analysys. cn/article/detail/20020349.

拟现实公司 Oculus，并从 VR 设备方向发力，推出了 VR 头显设备 Oculus Quest 2，获得了不错的销量。Meta 未来会持续聚焦元宇宙领域，并在 2022 年上线 Oculus 高端 XR 头显 Project Cambria 和全功能 AR 眼镜 Project Nazare。VR 技术是实现元宇宙的关键，未来在 AI 的赋能下，数字艺术产业将衍生无限可能。除了 Meta，百度、华为、微软、谷歌等科技巨头也越来越注重对相关技术的研发。

虚拟人、虚拟空间等内容是元宇宙直观展现的基本要素，因而一些具备内容优势的公司以内容制作为发力点，丰富元宇宙的数字场景。2020 年 4 月那场超过 1200 万人观看的《堡垒之夜》沉浸式演唱会上的壮观场面在现实中很难实现，但 Epic Games 却凭借强大的虚幻引擎技术，将体量庞大的演唱会搬到了游戏中，以虚幻引擎作为打造虚拟世界的工具，以游戏《堡垒之夜》作为展现虚拟世界的平台，其丰富多样的内容体现了 Epic Games 在运营游戏中的策略，对内容进行高频率、高水准的更新，以多元的内容吸引更多的用户。完美世界等许多游戏公司都立足自身的游戏业务，致力于内容研发，旨在为游戏玩家提供更多元、沉浸感更强的体验。

理想中的元宇宙是一个内容自生成、边界不断扩展的无限虚拟世界，AI 内容自生成的技术加持是一方面，另一方面，用户的创作是元宇宙不断发展的核心力量。Roblox 和 Meta App 等对于用户创造力的成功激发，满足元宇宙的搭建和扩展需求，也为元宇宙的未来发展提供了更多的活力。

第二章　元宇宙艺术的哲学之思

在哲学认识论的领域，元宇宙引发了以下几个重要的问题：①知识和真实性：元宇宙中的信息和经验如何与现实世界相对应？虚拟环境中的知识是否具有真实性？虚拟经验能否被认为是真实的经验？②主体性和客体性：在元宇宙中，主体和客体的关系是否与现实世界相同？虚拟身份和现实身份之间的关系如何被构建和理解？③自我和意识：虚拟环境中的自我和意识如何被定义和理解？虚拟身份与现实身份之间的意识是否一致？④伦理和价值观：在元宇宙中，伦理和价值观的基础是什么？虚拟环境中的道德规范和行为准则如何制定和实施？这些问题挑战着人们对于知识、真实性、主体性、自我和伦理的传统理解。

第一节　元宇宙中的基本哲学问题

元宇宙中的基本哲学问题是现实世界与虚拟世界的关系问题。任何研究元宇宙的哲学纲领都必须或有助于：①正确厘清现实世界与虚拟世界之间的真实关系；②对现有的研究范式有所补益；③对元宇宙的健康发展提供方法论的哲思；④通过对元宇宙的哲思来推进哲学学科自身的进步。①

关于“媒介”这一要素的勾勒早在柏拉图的“洞穴隐喻”中就已出现，作为最早的元宇宙雏形，“洞穴隐喻”出现在柏拉图的《理想国》第7卷中，他是这样描述的：想象在一个洞穴里，有一个长长的通道与外部世界相连，有一束光从通道照进来。有一些人从小就住在这洞穴里，头颈和腿脚都绑着，不能走动也不能转头，只能看着洞穴的墙壁。再假设在洞穴通道的入口处，有一堵矮墙，有一些人躲在矮墙后面，像傀儡戏演员一样把木偶举过矮墙表演，于是洞穴里的墙壁上就出现了木偶的影子，洞穴里的囚徒就看到了这些影子。苏格拉底问：如果囚徒们能彼此交谈，他们会认为他们看到的阴影是真实事物本身

① 安维复．“元宇宙”何以成为哲学问题［J］．哲学动态，2022（9）：32-38，126-127.

吗？他们会想到，除了影子之外，事物还有色彩、体积等其他的要素吗？某一天，有一个囚徒挣脱了枷锁，解除桎梏，走出洞穴。由于在黑暗中囚禁太久，面对阳光他两眼漆黑、痛苦不安、无所适从。经过很长的时间后，他才发现洞穴中所见全是假象，他看到了事物的真相。如果他再回到洞中，向伙伴们解说外面的事实，试图劝说他们走出洞穴的话，同伴的反应会怎么样？是会相信他，跟着他走出洞穴？还是认为他在胡言乱语，根本不会相信他，甚至可能杀死他？①

人们如何看待“影像”这种媒介？何为影像本体，影像真实抑或虚拟？进入数字时代，数字虚拟空间是否可以沿用柏拉图的“洞穴隐喻”，将数字虚拟空间视为一种数字洞穴式的体验？结合当下人们对元宇宙的热议，元宇宙模糊了真实与虚拟的边界，是虚拟的、超真实的沉浸式“洞穴”。

VR 是元宇宙的核心技术之一。在论及虚拟现实对于人类的可能影响时，虚拟现实技术的先驱者杰伦·拉尼尔（Jaron Lanier）认为虚拟技术可以将心理过程完全客体化。拉尼尔对于人内在的心理功能、心理活动、心理过程与外部呈现的影像并未做出严格的区分，他认为虚拟现实可以接管人类记忆：“你可以回放自己的记忆，把记忆按照各种各样的方式分类。你可以重访自己的某些人生经历，找到某些人或者某些事物。”②

第二节　理论视角与分析框架

媒介环境学派和英国科学哲学家卡尔·波普尔（Karl Popper）在其 1972 年的著作《客观知识》中提出了“三个世界”理论，他认为宇宙是多层次进化的，其性质也是多样的，这为解读媒介技术的作用提供了新的理论视角。卡尔·波普尔与哲学二元认识论决裂，他在二元认识论的两个要素——作为认知客体的“世界 1”（物理世界）和作为认知主体的“世界 2”（人的主观认知）——之外，添加了一个“由说出、写出、印出的各种陈述组成”③ 的“世界 3”（客观知识世界），形成一个“三元论”的进化认识论哲学体系，如图 2-1 所示。“说出、写出、印出”正好对应着口传、手工抄写和印刷这 3 种媒介技术，表明“世界 3”建立在媒介技术的基础上，是一个独立于认知客体、认知主体的具

① ［古希腊］柏拉图．理想国［M］．郭斌和，张竹明，译．北京：商务印书馆，1986：272-276.

② Timothy Druckrey. Revenge of the Nerds：An Interview with Jaron Lanier［J］. Afterimage，1991（9）.

③ ［英］卡尔·波普尔．客观知识——一个进化论的研究［M］．舒炜光，等，译．上海：上海译文出版社，1987：5.

有本体论地位的“客观实在”。

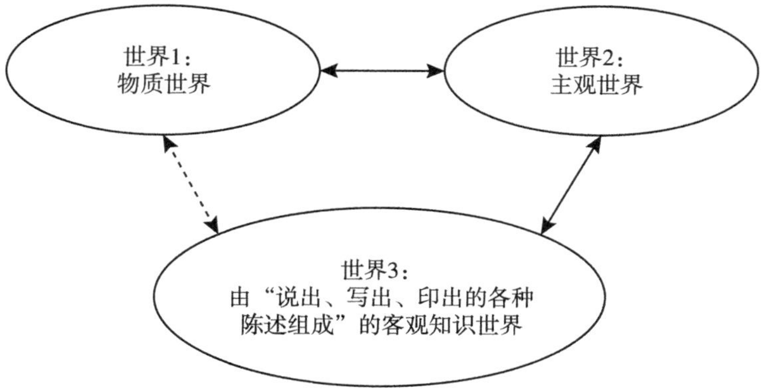

图 2-1　波普尔“三个世界”框架

波普尔所谓的“世界 1”就是物理的事物、状态或过程，包括动物的躯体和头脑等。①“世界 2”即是“意识形态、心理素质和无意识状态”。他认为精神现象是物理世界发展到一定阶段的“突现”的产物，它与物理世界一样实在。之所以说主观精神是客观存在的，波普尔认为是因为它对“世界 1”尤其是对人和动物的躯体能起反馈作用，它能够支配着人和动物的物质躯体，并通过物质躯体的活动展现出来。波普尔所谓的“世界 3”就是客观精神世界，意指一切见诸客观物质的精神内容或体现人的意识的人造产品或文化产品，如语言、文学、艺术、神话故事、科学研究过程中的问题、猜测（理论）、论据以至技术装备、图书工具、建筑、飞机等。他认为“世界 3 是语言的出乎意料的副产品”。正是语言的出现使文学、艺术、科学、技术等文化现象的产生和发展成为可能。“世界 3”虽然是人造的，是人类主观意识的产物，但是它不属于“世界 2”，“它们与人的意识全无共同之处，与主观意识的观念和主观意识的思想也完全不同”②。这是因为它们是客观化或具体化于“世界 1”中的思想。“世界 3”的内容存在于物质客体的形式中，在某种意义上既属于“世界 1”又属于“世界 3”③，如雕刻、绘画、书籍等。物质形式可以改变，但其内容却依然不变，这个内容就属于“世界 3”。波普尔认为“世界 3”是客观实在的，他说：“世界 3 的对象是抽象的（甚至比物理学的力更抽象），但它们仍然是实在的，因为它们是改变世界 1 的有力工具。”“之所以说世界 3 的对象是实在的，不仅在于它们是物质

① ［英］卡尔·波普尔．自然选择和精神出现［J］．自然科学哲学问题，1980（1）．
② Objective Knowledge［M］．New York：Oxford University Press，1975：117．
③ 夏基松．波普哲学述评［M］．哈尔滨：黑龙江人民出版社，1982：215．

化或具体化于世界 1 之中的，而且还在于它们作用于世界 1，这是我的一个主要论点。"① 波普尔还说："大家承认理论是人类思想的产物。然而它们有一定程度的自主性……尽管人们可以说世界 3 在起源上是人造的，但一旦存在，它们就开始有了自己的生命。"② 所以在波普尔看来，"世界 3" 虽然是人造的，是人的意识的产物，但是它们是客观的，而且具有不以人的意志为转移的相对独立性和自主性，它们 "自主地" 发生、发展，有自己的生命。人们可以研究它们、发现它们，却不能任意改变它们。尤其重要的是 "世界 3" 也如同客观的物质世界（世界 1）一样，有其无限丰富性，也是人类探索（世界 2）的对象，也存在无限奥秘。正是在这一点上，波普尔清楚地表达了接受美学一再阐述的基本观点，即科学文本（世界 3 的一种形式）中也包含无限潜在意义。"三个世界" 框架为分析媒介技术与认知客体、认知主体之间的关系、解析元宇宙概念下的 "平行世界" "数字分身" 等研究提供了一个理论框架。

在人类认知元宇宙的进程中，我们将持续地思考：是否存在唯一的 "客观世界"？"主观世界" 对于自然的实在和虚拟现实是否具有决定作用？虚拟世界的意义何在？元宇宙是不是技术的乌托邦？元宇宙中的身心关系如何？元宇宙与黑格尔的 "绝对理念" 是否有着相近的哲学逻辑？

总之，人类对于元宇宙的认知，要将其作为一个学术的、科学的、动态演变的对象来加以观察，借助多学科的、开放的、前瞻的视野，从现在看未来。

第三节　现象学视角下的人工智能艺术反思

人工智能与艺术的结合诞生了 "人工智能艺术"，人工智能艺术的出现不仅向人们展示了人工智能背景下新的艺术创作主题和创作形式，不断扩展着艺术的外延，也对传统艺术构成挑战，激发了人类新的艺术想象，促使艺术创作者们开始思考人工智能技术在艺术创作中的尺度。人工智能技术与艺术创作结合中的艺术本质功能、艺术作品价值、艺术创作主体、艺术评价机制等问题都有必要重新审视。

关于研究视角的选择，现象学方法本身并不是普适的，但却适用于艺术研究领域，主

---

① Karl R. Popper, John C. Eccles. The Self and Its Brain: An Argument for Interactionism [M]. New York: Springer International, 1977: 39.

② Karl R. Popper, John C. Eccles. The Self and Its Brain: An Argumentfor Interactionism [M]. New York: Springer International, 1977: 40.

要原因有：首先，在美学和现象学研究中，“直觉”都占据着重要地位；其次，从历史角度看，现象学研究中包含着许多与美学高度相关的论题；最后，尽管美学的核心要义是对纯粹艺术的观照，但也常将艺术本身置于日常生活经验和生活世界中，在这一点上与现象学也是契合的。因而本研究在现象学的视角下，尝试将对于本体论的考察悬置，重点关注审美对象和审美经验。此外，将艺术作品视为艺术创作者所创造的纯意向的产物。

本研究首先揭示人工智能技术与艺术创作结合发生的失衡现象，借助对人工智能技术的现象学反思，得出人工智能的发展局限在于人类智能的不可代替性的结论，进而对艺术创作中人工智能的运用尺度进行理性展望，从人机关系、评价机制、艺术本质等维度探讨了人工智能与艺术创作融合的发展图景，以期为未来的智能艺术发展提供参考借鉴。

一、人工智能与艺术创作结合的失衡现象

尽管艺术内部遍布着各种规则，这些规则又处于不断调整的状态，但艺术活动最基本的构成不外乎美国学者艾布拉姆斯所提及的作者、世界、作品和读者这四个要素，“每一件艺术作品总要涉及四个要点，几乎所有力求周密的理论总会在大体上对这四个要素加以区辨，使人一目了然”①。

人工智能艺术的诞生也引发了学界关于人工智能技术与艺术创作结合问题的高度关注和广泛讨论。一方面，人工智能技术的介入使得艺术创作的主体发生了变化，同时带来了更多不同的艺术创作风格；而另一方面，人工智能技术与艺术创作的融合，也对受众的审美标准和艺术作品本身的价值意义形成了冲击。对艺术而言，人们应该如何看待人工智能技术的融入对于艺术创作主体、受众审美和创作模式的解构？

（一）智能技术依赖致使主体情感失位

麦克卢汉认为“媒介并非工具，技术的影响不是发生在意见和观念的层面上，而是要坚定不移、不可抗拒地改变人的感觉比率和感知模式”②。那么，当作为媒介技术的人工智能摆脱了单纯的工具性，转向功能性主体，并最终以一种主导性的机制来重构艺术生产和传播，该如何看待“人”这一既定的艺术活动的主体？这可能是技术媒介参与艺术创作

① ［美］M. H. 艾布拉姆斯．镜与灯：浪漫主义文论及批评传统［M］．郦稚牛，等，译．北京：北京大学出版社，2015：4.

② ［加拿大］麦克卢汉．理解媒介——论人的延伸［M］．何道宽，译．北京：商务印书馆，2001：49.

并到达一定的临界点以后，人类面对艺术创作时不得不思考的问题。

人工智能艺术创作和人类的艺术创作的首要不同是主体的隐退。人工智能已然成为艺术创作的“拟主体”，但是，作为艺术创作“拟主体”的人工智能，其情感表达究竟是否能够取代以及在多大尺度上代替人类艺术创作者的情感表达，是值得深思的问题。

首先，人工智能艺术创作不是一种自发性的艺术创作，仍然要在人的操控和指引下进行。人工智能技术即便试图学习人类的创作思维和过程，但与作为创作主体的人相比仍然有着根本的不同。人工智能艺术的生成是服从特定的创作意图的结果，缺乏自发性、主体性和独特性。艺术创作活动应当是一种有意识的活动，这种有意识的活动需要人的参与，而人工智能技术在本质上是基于算法和海量数据的支持的，在此基础上的艺术创作难以形成独立的风格。

其次，对于艺术创作而言，情感体验和传达的重要性不言而喻。长期以来，艺术被理解为是表达情感和精神的自由的创造。而人工复制的艺术作品通常被视为精神创造缺位的产品。艺术创作者感受着时代的脉动、社会的变迁，通过艺术创作不仅在进行自我表达、与时代对话，同时也希望能获得受众的共鸣，这也是艺术家进行艺术创作的情感起点。托尔斯泰认为艺术活动就是“一个人用某种外在的标志有意识地把自己体验过的感情传达给别人，而别人为这些感情所感染，也体验到这些感情”①。在通常意义上，人类的艺术创作行为的主体是人，处于现实思维活动中的人“是活动和工具的整个语境的一部分……我们并不是独立的人。我们被完全吸引到整个情境当中，我们的生存方式基本上是被卷入的，海德格尔就是揭示了这一点的第一位哲学家”②。艺术表达了创作主体的情感，因而对人类社会具有重要意义。

再次，艺术本身具有社会属性，其社会属性也决定了艺术是人的艺术，艺术创作者对作品赋予的情感和意义被艺术鉴赏者“看到”、反思，这些情感和意义都是对于人而言的。如若放弃这些情感、意义和反思，可能让艺术失去存在的根基。尽管人工智能系统可以进行高速的运算和结果输出，但它们并不一定具备与人类一致的情感、意义解释与反思机制。计算机的无身性、非情境性是目前人工智能还没有取得突破，且需要在未来加以认真对待并努力解决的问题。③ 因此，对人工智能技术的过度依赖将导致主体的隐退和情感的失位。

---

① ［俄］托尔斯泰．艺术论［M］．丰陈宝，译．北京：人民文学出版社，1958：47-48.

② 成素梅，姚艳勤．哲学与人工智能的交汇：访休伯特·德雷福斯和斯图亚特·德雷福斯［J］．哲学动态，2013（11）：103.

③ 王颖吉．作为形而上学遗产的人工智能——休伯特·德雷福斯对人工智能的现象学批判［J］．南京社会科学，2018（1）：126.

（二）理性主义盲崇导致审美过程困惑

当创作者创作出一部艺术品时，仅仅意味着该艺术品的诞生。只有当艺术开始被欣赏被解读，它的生命才算被激活，这也正是艺术鉴赏者在艺术创作活动中占据另一个主体地位的原因。

一方面，受众需要艺术。艺术作品可以帮助人们更深入地理解生活世界，也潜移默化地塑造着人类的情感、态度和价值观。对艺术作品的解读，是受众与自我、艺术创作者、生活世界开展对话的重要途径。在审美的过程中，受众获得的不仅是审美的愉悦，更有对生活的感悟、对生命的反思、思想的升华等。另一方面，不同的受众对于艺术作品有着不同的期待。他们关注艺术作品的审美艺术，也关心作品背后的创作者的世界。艺术作品是人类的一种重要媒介形式，提供的不仅是人与人在精神文化层面的交流，也为不同文化间的交流和对话提供桥梁作用。艺术这种媒介形式的重要作用也是受众欣赏艺术作品的内在动力。艺术若能始终保持“在场”，就会持续被人需要，也具有鼓舞和感动人心的力量，进而带给人正面和积极的影响。但是，当人工智能技术成为艺术生成的主要力量，成为艺术作品这种文化产品的开发者和提供者时，创作者和受众之间的有效沟通是否还能顺利展开？艺术品的价值是否能得到彰显？这些问题不仅考验着艺术存在之根基，在情感上也很难令受众接受。此外，对于受众而言，如果说艺术鉴赏这个过程具有更多的感性活动的特点，那么艺术批评的过程则是以理性为特征对艺术作品进行科学的分析和论断的活动。而人工智能艺术的发生和发展，使得传统意义上的艺术创作、艺术鉴赏和艺术批评都受到了挑战。受众与艺术创作者经由艺术作品的联系和沟通是一种固有需求，艺术作品是这种积极的、精神文化层面的沟通和交流的重要形式。如果人工智能艺术无法回应和解决这个问题，那么，人工智能艺术自然就无法获得受众的高度认可，人工智能艺术的存在必要性就会受到质疑。

（三）智能算法依赖造成创作模式固化

与传统的艺术创作不同，人工智能艺术创作的灵感并非来源于纷繁复杂的大千世界和芸芸众生的生命体验，而是依赖于机器学习的算法，因此，人工智能艺术创作本质上仍然是对以往人类艺术创作的学习、模仿和再造。

人工智能艺术创作的技术基础要素是机器学习、神经网络和大数据，借助算法运用和对神经网络的训练使得计算机学会像人一样思考。将大量数据输入多阶层结构的神经网络，逐层地进行信息的提取和筛选，使计算机具备远超过人类的强大的学习能力，同时，调用大量艺术的专业知识和专家系统，实现对计算机的艺术创作思维培育。可见，大数据技术是人工智能得以实现的重要前提。人工智能艺术作品是机器在对输入的大量数据处理、分析和运算的基础上给出的随机性输出结果，因此，人工智能艺术可视为在大数据操控基础上生成的美学作品。

人类的日常生活世界始终不断变化，因而人们的认知和体验也伴随着特定的情境。人类置身其中，不断地调整自我的状态，以适应外部环境的变化。“社会的演进，就是个体在应对外界环境的变化，而作出新的适应的过程；环境一旦产生变化，所有先前与之契合的思维模式，在新的环境之中，就可能不再有效。”① 而人工智能由于依赖大数据和算法，创作模式相对固化，难以把握当下的情境和真实的、变化中的认知和体验并巧妙利用艺术表征的方式将其呈现出来。

二、现象学视角下对人工智能艺术的哲学审思

在通常意义上，艺术与技术在思维方式上有着明显的不同：艺术依托感性思维，而技术则崇尚理性思维。我们知道，胡塞尔是现象学方法的创始人，他主张的现象学方法为人们探讨现象学美学提供了一个可能的角度，尽管他对于美学的具体问题论述较少，但是在他看来，纯粹艺术中的美学直观和现象学直观是相近的，艺术家观察世界的态度与现象学家观察世界的态度是相似的。

智能艺术的产生，使得美学理论和艺术研究理论在长期理论体系构建的过程中面临了新的问题。而现象学方法的运用旨在重新阐释这些问题。传统的思维方式讲究主客二分，在该问题的研究中引入现象学方法，有助于克服传统的主客二分的思维模式造成的障碍。而且，艺术本身的学科性质与现象学方法之间有着本质上的密切关联。

（一）创作动机的情感限度

法国现象学家米歇尔·亨利（Michel Henry）的主要研究领域涉及现象学、神学、政治、文化和美学。他创立的生命现象学一方面充实了学界对现象学基础理论的研究；另一方面，他所倡导的生命的内在性体验和情感性哲学在当代具有重要意义。

基于其创立的生命现象学思想，米歇尔·亨利在他所著的《野蛮主义》一书中对现代科学主义做了深入分析和批判，指出现代科学主义对于生命的显现的忽视和排斥。在他的著作《显现的本质》中，米歇尔·亨利认为：传统的现象学哲学研究（包括胡塞尔和海

① ［美］凡勃伦．有闲阶级论［M］．甘平，译．武汉：武汉大学出版社，2014：123.

德格尔的现象学）都只关注到了“对象的显现”这一种显现方式①。其实，从胡塞尔开始的现象学研究就意识到：“对象的显现”不能脱离“显现的主体极”（即向谁显现）而存在。

在胡塞尔和海德格尔那里，现象学的基本任务和首要问题是“揭示”被遮蔽的现象，从而“让现象自身显现自身”，所以，以胡塞尔和海德格尔为代表的现象学聚焦于“对象的显现”。胡塞尔所主张的纯粹意识的一般结构，以及海德格尔的此在存在论，都没有超出“意向性”的范畴，都指向对象的存在。米歇尔·亨利认为，现象学的基本任务仍然是要“揭示”，但亨利揭示了一种更原初的显现方式，即生命的自我显现，从而使得现象学的研究主题发生了转向。

亨利的生命现象学与胡塞尔和海德格尔的主要不同在于，他认为主体自身的显现与对象的意向性显现不同，而应当是作为一种生命现象，以非意向性的方式显现着。每一个生命个体，都内在直接地体验着主体自身的行为、思想和情感。这种自身的体验不需要观察和思考。所以亨利主张的不以意向性方式显现的生命现象里是没有主客体的区分的。他还认为，生命内在的自我显现不仅是一个非意向的行为，而且是一种情感。情感的状态是人类意识的具体内容。因此，人们对自身行为的感觉是一种情感，即通过情感活动把握真实的生命。

艺术是一种成熟的文化形态。基于生命现象，亨利对“文化”这一概念进行过一般性的定义，认为文化在本质上强调生命的自我转化和成长，为了达到更高的实现和完整性的形态。而文化能允许生命自我实现和发展的程度是用以评价某一种文化是高级还是低级、文明还是野蛮的标准。生命自身更高维度的内在发展需要也将催生出更高级的文化成熟形态，如艺术、伦理和宗教。② 在亨利看来，技术主义是一种“野蛮主义”，原因在于技术“压抑生命”，技术主义虽然源于生命，但却排斥生命自身，只允许生命发展到最低形态，所以技术是文化的最低形态。在这个意义上，人工智能技术虽然源于人类生命，但并不代表着人类文化的高级形态。人工智能艺术并不是情感驱使下的创作活动，而是计算机通过对大量人类艺术作品的学习，提炼规则，进行模拟表达，从而达到语言上的相似。如此一来，人类在艺术创作中原本最为看重的情感表达，就被人工智能的算法和程序所“局限”了。所以，当我们关注到人工智能艺术的这样一个现象时，基于现象学的角度，关注的重点不应再是显现者（现象自身的显现），而应是显现如何进行自我显现这一过程。而如果像亨利所言，艺术就是生命的自我显现，那么人工智能艺术就具有与生俱来的主体局限和

① Michel Henry. The Essence of Manifestation [M]. Berlin: Springer Netherlands, 1973.

② Michel Henry. Barbarism [M]. New York: Continuum, 2012: 19.

情感局限。

（二）艺术作品的表达限度

梅洛·庞蒂（Maurice Merleau-Ponty）在其现象学哲学研究中曾聚焦于一个关键的议题：表达（expression）。① 他没有仅仅把表达作为人类的一种行为或者心理过程进行分析，认为相比于以往艺术强调的“再现”和“真实性”，现代艺术的价值正是在于：创作主体在背离这些原则而转向“表达”的过程中，他们的疑惑和为设立艺术的新标准而进行的尝试。

以绘画这种艺术形式为例，梅洛·庞蒂认为绘画是一种维度性的创造。创作者在观看和探索世界的过程中，寻找自己的视角，将自己的发现展示出来。在创作的过程中，艺术创作者也在汲取生活世界的传统和文化的过程中塑造和建构着自己的独特风格。风格是无意识形成的，而非艺术创作的目的或艺术创作者可以追求的东西。“与画家的风格一起呈现给他的东西并不是一种方式……这种表达模式对他本人而言只是他自己的侧影或习惯的姿态，很少会进入他自己的视野之中。”② 所以风格不仅关乎“自我”，也关乎“他者”，这种表达将艺术创作者自己对生活世界的观看和重新建构展示出来。梅洛·庞蒂所言及的“风格”和“表达”，代表着一种多维度的交流和沟通，一种是基于创作者自身的内在框架，另一种是人际的、指向文化和真实世界的入口。梅洛·庞蒂常常以塞尚及其绘画作品为例，因为他展示了表达与交流的困难以及如何实现表达和交流的过程。梅洛·庞蒂关于“风格”和“表达”的研究不仅相当于一种艺术理论，也阐释着人类自身的生存处境。后来梅洛·庞蒂梳理其哲学研究时提到“身体—世界—真理—语言—历史—人”的框架，这个框架中的各个环节并不是与其他环节割裂开来探讨的，而是互相关联的。“风格”和“表达”的问题也只有在和“真理”“历史”“语言”“人”等问题联系起来探讨的时候，才能揭示出深刻的意蕴。

人工智能只局限于计算机内部，而隔离在人类的生活世界之外，与人类的认知不同，人工智能的“表达”脱离了人类自身的种种处境，难以实现多维度的沟通和交流，也难以切入人际、指向文化和真实世界，因此具有与生俱来的表达限度。

（三）非表征创造的技能限度

梅洛·庞蒂认为人是直接与世界以及他人交流互动的，而且交流互动的过程并不需要

① ［法］梅洛·庞蒂．知觉现象学［M］．姜志辉，译．北京：商务印书馆，2001：2-30.
② ［法］梅洛·庞蒂．符号［M］．姜志辉，译．北京：商务印书馆，2003：53.

借助思维表征这样的中介才得以完成。在汲取梅洛·庞蒂思想的基础上，德雷福斯提出无表征智能理论。他不仅认为人工智能的乐观学派所持有的观念存在着不确定性，也对人工智能符号派的符号处理的观点进行了批判，认为符号处理不能解决“常识知识问题”。常识知识中最重要的是技能，而非形式化的知识，包括处理问题的技能和人际交往方面的技能，这些技能的获得是在人的长期的成长过程中逐渐习得的。德雷福斯曾借用帕斯卡所著的《所思录》中的一段话来阐释自己的观点：“我们肯定是在一刹那、一瞬间中看到事物的，而不是经过一个推理的过程，至少在某种程度上是这样……而我们的大脑是潜在地、自然地处理感知问题，并不依靠技术性的规则。”① 他认为人并不预先对目标进行表征，而是倾向于获取最大限度地对情境的把握。技能也并非简单的关于过程的规则，而是知道在不同的特定场合下该做什么。

在继续发展丰富无表征智能理论的过程中，德雷福斯发展了技能学习理论，将技能的获得过程由浅入深地分为七个阶段：新手阶段（Novice）、高阶初学者阶段（Advanced beginner）、能力形成阶段（Competence）、精通阶段（Proficiency）、专家阶段（Expertise）、大师阶段（Mastery）和实践智慧阶段（Practical wisdom）。在这七个阶段中，前三个是较初级的阶段，在这三个阶段里，一方面人需要借助形式化知识，另一方面在这几个阶段里不会带有过多情感以及非理性的因素；而在后四个阶段里，技能的学习不再受限于形式化的知识，转而要求人的身体在把握具体情境的过程里表现出非表征的创造能力，要求情感及其他非理性因素的介入从而推进技能学习的进程。情感的介入将有助于形成人对自我的奖励和惩罚，而要在创造力方面形成突破，就不能局限于规则，而是可以超越形式化知识，借助直觉进行判断和处理。

所以，没有身体，人工智能技术就无法像人一样把握情境并做出及时的回应，更缺乏情感代入的可能性。计算机的技能学习，一般也只能到达德雷福斯所划分的第三阶段。如果要说人工智能将取代人类，就必须澄清：“这种对人类的取代，不可能发生在所有的领域中，而只能发生在可形式化与可表征化的智能活动领域中。”② 基于以上现象学观点，人工智能技术最大的限制是身体的缺位，计算机因此无法像人类一样开放地和世界、环境之间维持交互，而局限于通过内部的算法、程序的运行来解决问题。而人类智能的运作方式与计算机截然不同，不仅向包括自然、历史、社会和文化世界在内的整个世界完全地开放，还通过生命、身体统合了外部世界与内部世界，生成技能、意识和思维。

---

① ［美］休伯特·德雷福斯．计算机不能做什么［M］．宁春岩，译．北京：生活·读书·新知三联书店，1986：3-5.

② 徐献军．人工智能的极限与未来［J］．自然辩证法通讯，2018（1）：32.

三、人工智能与艺术创作融合的发展图景

当前，人工智能技术在包含艺术在内的多个领域得到广泛应用，人工智能技术和艺术的紧密联系让学者们开始重新审视技术与艺术的关系问题。从以上基于现象学的反思可以看出，目前人工智能的发展存在着情感、表达和技能方面的种种局限。因此，人工智能与艺术创作的融合最本质的局限在于作为主体的人的不可替代性，尽管人工智能可以高效地运用技术性的规则，但却无法获得人类的高阶技能和非形式化的知识。人工智能技术数据的分析和处理并不能上升为问题意识和思想，这是人工智能艺术创新的根本难题。基于此，我们有必要立足于人的本质，明晰人工智能技术在艺术创作中运用的尺度，重构人工智能技术与艺术创作融合的发展图景。

（一）良性互动的应然人机关系

要探讨人工智能与艺术创作的关系，可以从梳理技术与艺术的历史性关系入手，考察技术在其中的作用。人类艺术史不仅呈现着形形色色的艺术作品本身，还包含具体的历史语境、经济语境、社会语境和文化语境。其中，技术一直承担着重要的角色，具体表现为各种不同的媒介形式。艺术的存在基础是传播媒介，其存在依赖于物质手段和技术手段，艺术的传播与接受过程也需要经由技术中介得以实现，因此在这个意义上，艺术的历史也可视为一部媒介发展史。纵观媒介发展史，从口耳相传、印刷媒介到电子媒介的普及，人类在创造技术的同时，艺术创作的载体、生产和传播方式也一直在发生变化，同时也改变着人们的生活方式。技术不仅参与着人们的生活，也促进了文化语境的变迁。人工智能艺术的发生，也无疑会将人们引入一个全新的文化语境中。

所以，人在创造技术满足自身需求的同时，技术也在塑造着人。就艺术创作而言，技术原本是作为艺术创作的服务方，转而倾向于成为创作的主体。因此，面对技术可能造成的文化陷阱和负面影响，人们需要始终保持清醒的认识，不应当一味地否定。因为从历史发展进程来说，新的技术的出现和发展都是人类以提升社会效率为目的的必然结果。作为一种新兴的技术，人工智能显示出远超于人类的信息处理能力，借助大数据提供更为精准的分析，帮助人们做决策，这样可以极大地提升人们的工作效率，减少不必要的重复性劳动。人工智能艺术在对大量的人类创作进行学习和分析后完成的作品，就是技术发展带来便利的体现。人工智能技术不仅影响着艺术的创作、传播和鉴赏，还催生了新的艺术形式；对于应用了成熟的智能技术的产品生产过程而言，在材料的选用、造型的设计和营销

推广等方面都要满足用户的艺术和审美需求。

人工智能发展的应然逻辑并非对人类的简单复制，也不是让人工智能取代部分人类劳动，而是弥补或超越人的局限性。人工智能技术为人类的生产、学习提供着越来越多的便利，排斥并无意义。当技术已然成为文化的重要影响因素，人们应当做的是以人文方式对其进行制衡，实现良性互动，使之更好地服务于人类。而艺术正是这样一种有效的极为重要的人文方式。

（二）完善的艺术鉴赏评价机制

随着新技术的不断应用，现代艺术正呈现出一种悖论性：艺术创作具备了形式和过程的多样性，它从传统美学中解放出来，却陷入主体的困境。在人工智能与艺术创作不断磨合的过程中，艺术创作者与艺术研究者的积极投入、深度参与对于人工智能发展和完善至关重要。

艺术评价或艺术批评，是指在对艺术作品鉴赏的基础上，艺术批评家运用特定的艺术理论观点，遵循相应的标准，对艺术现象进行科学的分析和评价。因此，艺术批评既具有艺术性，又强调科学性，是艺术性与科学性的统一。艺术鉴赏与批评涉及艺术创作者和受众人群。艺术批评的目的主要有三个：一是有助于艺术创作者总结经验，提升创作水平；二是有助于受众提高对艺术作品的鉴赏能力；三是促进不同艺术思想、艺术流派、艺术风格间的交流与借鉴。因为艺术鉴赏者和批评者总是依据自身特定的世界观、审美观和艺术观对艺术作品做出分析和评价，因而艺术鉴赏和艺术批评的过程带有强烈的主观成分。人工智能的专家学者也认为，艺术评价是一个主观的过程，计算机可能无法用人类术语评价其自身的创造性工作。人工智能如果要进行艺术作品的创造，首先必须保证它在一个确定的评价标准和评价体系下开展，而这项工作，必须由人来完成。另外，人工智能技术生成的作品，需要受众对之进行评价。

那么，什么是艺术评价的标准？我们知道，评价艺术的基本标准曾经是美和丑。然而现代艺术发展到今天，这种简单的二元判断标准已经不合时宜了。现代艺术展现了许多视觉的奇观，带来不和谐的视觉体验，却可能更深刻地揭露着世界的本质。对于艺术评价标准的突破和调整，计算机没有能力去把握人类艺术整体或各个艺术流派的前进方向，但是艺术家和艺术研究者却可以。另外，艺术创作最重要的是主体和情感，审美过程也是如此，正如在康德看来，审美与艺术评价是与“生命感”直接相连的带有主观性的判断，这至少是目前的人工智能还无法实现的。

（三）显现真理的艺术本质复归

海德格尔在通过“此在”来追问存在的意义的过程中，也对艺术和技术关系问题进行了观照。他认为二者的关系不仅仅是概念上的不同，厘清这个问题将关乎人类的安身立命之本。他意识到，随着技术的不断进步，技术理性也将扩展到包括艺术在内的诸多领域，而这样的扩展有可能导致艺术终结。艺术必须守住本质、回归真理，才能对抗技术的理性主义。海德格尔认为艺术和技术都是一种解蔽的方式，它们之间存在与生俱来的密切相关性，艺术是真理的一种重要的最理想的显现方式。虽然同为解蔽，艺术和技术的不同在于“艺术是一种具有原始性意义的‘解蔽’；技术则不是原始性的，而只是对由艺术等原始的揭示活动所敞开的领域的一种‘扩建’、一种‘再造’”①。在海德格尔看来，艺术是更原初的真理显现方式，艺术的重要地位体现在，艺术是“救渡人类的关键性领域”，艺术创作的本质就是将真理置入艺术作品之中。

艺术创作有两个基本特性：一是真理被固于具体的形态之中，艺术作品的创作是显现真理的。但是器具和技术则与之不同，当技术完善并且进入待用状态时，其本身已经是成品了。器具或技术在发挥有用性的过程中完成使命。二是艺术作品的创作具有“唯一性”，通过艺术鉴赏，能将人们带入显现的真理之中。

人工智能艺术现象的出现亦是一场创作主体之间的权力较量，人工智能作为一种技术，是对人类智能的延伸和拓展，它通过模拟人类的思维以及信息处理过程来处理更为复杂的艺术工作，学习像人一样思考和做出决策。科学家们预测，未来的超级人工智能“很可能是一种集科学技术、人文艺术、哲学宗教为一体的‘有机化合物’，是各种‘有限理性’与‘有限感性’相互叠加和往返激荡的结果，而不仅仅是科学意义上的自然秩序之原理”②。然而人工智能发展至今，一直潜藏着人们对于数据过度依赖的危机。传统的创意和决策的生成是以人的智慧为基础，而现在正在逐渐被大数据和算法所取代。而对待艺术创作这一特殊领域，艺术自律和真理的显现尤为重要，要防止人工智能艺术异化为一场不必要的技术崇拜。

在审视艺术创作者与人工智能技术的关系时，我们都已经意识到：未来，当艺术创作者出场时，人工智能技术必然已经“在场”。在技术现象学的视野下，人工智能技术不仅具备其自身的进化动力，且已经对艺术创作者表现出“代具性”的超前。人工智能技术并非艺术创作领域中那些稍纵即逝、“哗众取宠”的技术，而是需要艺术创作者与之建立良

① ［德］海德格尔．海德格尔选集：上卷［M］．孙周兴，译．上海：上海三联书店，1996：15.
② 刘伟．关于人工智能若干重要问题的思考［J］．人民论坛·学术前沿，2016（7）：10.

性互动、获得超越的存在之物，其对于当下的艺术创作具有革命性的价值和意义，对艺术的产生、传播方式以及艺术接受产生深刻影响。因此，艺术创作者和研究者既不可忽视人工智能技术存在的客观性，也不必质疑其存在和应用的必要性，同时也不应盲目推崇和跟风式地技术崇拜，而应当认识到人工智能与艺术创作结合的失衡现象以及人工智能艺术的创作限度，审视自身并产生融合的诉求，才能够进一步与之形成良性的双向互动的过程，超越当下的困境而走向创新发展的图景。

第三章　未来艺术研究的方法论阐明

本章将探讨以下问题：人类在预测、设想和描绘未来这件事上进行过哪些努力？人们找到了哪些展望、想象和评估未来的方法？如何看待文学和艺术作品中展现的未来世界？人类过往对于未来研究的努力能为未来艺术研究带来哪些启示？为了研究元宇宙影响下的数字艺术发展趋势，要运用未来研究方法论定位元宇宙时代数字艺术的核心价值取向与关键要素，对未来数字艺术发展蓝图进行描述、预测、探索与解释，为推动我国元宇宙促进未来数字艺术的结构性变迁和数字经济发展提供实践启示。

第一节　科学预见数字艺术未来：未来研究方法的启示

虽然目前人类还无法预知未来的模样，但大部分有文字记载的人类社会群体都有一些特定的仪式和话语，人们认为通过这些可以预测、描述并在一定意义上了解未来。人们想象、预测、神化、预言并描述了不同的未来。

历史上，在大多数已知的社会中，关于未来有大量的想象和预言。这些创造未来的过程都掌控在“未来专家”手里，情况因历史和地理背景的不同而不同。这些专家包括预言家、先知、占卜者、神使、女巫、技师、哲人、星象家、未来透视者、小说家、巫师、未来学家以及算命者等。这些专家常常运用某些专业知识，通常结合了神学和世俗知识来预测未来。这些预测未来的方式显示了社会的运作方式。预测未来的方式揭示了社会的本质，尤其是各种权力关系的构成和转移。科幻小说作家威廉·吉布森（William Gibson）曾经说：“未来已经来到眼前，只是还分布不均。”在许多希腊神话中，命运是预先注定的。尽管人们相信像特尔斐神谕这样的预言可以预知未来，但预言依然无法干预或者改变未来事件的发生。所以在许多希腊神话中，有很多悲剧是关于那些能预知未来却无力改变的预言家的，如女祭司卡珊德拉的悲剧，她曾预先警告特洛伊人不要接受希腊人送来的礼物（特洛伊木马），但无人理会，最终特洛伊城被藏在木马中的希腊战士攻下。虽然卡珊德拉知道将要发生什么，却无力阻止悲剧的发生。反观当下，类似的情况是，人们明明清楚全球气候变化将导致什么样的未来却对此问题视而不见。此外，星象学长期以来都被看作一种学术传统，与天文学、炼金术、气象学和医学等类似科学体系互相交织。人类利用星象，根据星辰的运动以及与星辰相关的神祇活动预测自身的命运，这曾是世界上使用最普遍的预测方法。印度、中国和玛雅文化都建立了通过观测星象预测世事变化的复杂体系。西方的星象学通常使用星象图来解读个体的个性特征，并基于个体出生时太阳、月亮和其他星体的位置来预测未来①。通过预言或占卜来预测未来在人类历史上是关于未来研究最初的样态。这些预言或占卜大多与个人未来命运有关，通常预测的是特定的人的命运。人们认为未来是可以预知的，但即使人们已经感知了命运，也基本无法改变。

一、乌托邦与反乌托邦

从西方文化史的整体来看，乌托邦思想在文学领域显现已久。按照一般看法，乌托邦文学最早出现在柏拉图的《蒂迈欧篇》中，并在其《理想国》中得到了详尽阐述。普卢塔克（Plutarch）的《莱喀古斯传》中关于斯巴达的理想化描写也属于这一类乌托邦文学。关于“阿特兰蒂斯”的传说激发了许多乌托邦神话。类似思想也见诸中世纪挪威、克尔特和阿拉伯的传说之中。赫西俄德（Hesiod）在《神谱·工作与时日》中对“黄金时代”的追忆与描绘也是乌托邦文学的早期形象之一。②

最早描绘乌托邦的著作是人文主义学者和政治家托马斯·莫尔（Thomas More）的《乌托邦》（*Utopia*）。Utopia 这个术语源自两个希腊词：一是 Eutopia，意指“好的地方”，另一个是 Outopia，意指“没有的地方”，合在一起大致指“乌有之乡”。所以莫尔在 16 世纪初创制的“乌托邦”这个术语从词源上看似乎就具有双重意义。作品《乌托邦》完整描绘了一个不同的社会，而不是只描绘社会的某个完美的方面。莫尔在这部著作里预测的是几百年后的社会。早期的乌托邦文学大多很零散，规模也有限，到了莫尔这里才奠定了现代乌托邦小说的范式（patterns），《乌托邦》对于西方乌托邦文学发展具有极为重要的意义。《乌托邦》首创未来学的文学体裁，描绘了一个全面运行中的平等主义社会。莫尔的写作方式类似现代社会学家，描写了“乌托邦居民的相互交往、商业和平等分配所有财产的规则”③。在乌托邦，经济的基础是需求而不是收入，没有私有财产。公民的房屋产

① 来源：https：//www. astrology. org. uk/.

② 姚建斌．乌托邦文学论纲［J］．文艺理论与批评，2004（2）：57-66.

③ Andrews C. Famous Utopias［M］. New York：Tudor Publishing，1901：173.

权每10年轮换1次。公民可以在岛上旅行，如果“有人想拜访居住在其他城市的朋友或者想到岛上其他地方游历一番”的话。这里表现了对于旅游的一种现代看法，即友谊和渴望对他乡的凝视可以是旅游的正当理由。个人隐私不属于自由权，没有小酒馆以及私人聚会的场所。每个人都处于他人的视线之下，行为必须得体。几百年后，简·雅各布斯（Jane Jacobs）也提及了在有效的城市设计和规划中有“街上的眼睛”很重要。乌托邦公民背诵统一的祈祷文，其中可见他们重视对其他宗教思想的包容。乌托邦人憎恶战争，但当他们感到友好国家受到不公正对待时，他们会提供军事援助，但不会杀死敌人，而是俘虏敌人，战争的主要目的是为了有一天能没有战争。① 大多数评论家认为莫尔的《乌托邦》是“社会未来学”系列作品的奠基之作。

乌托邦思想是否具有积极作用？从主题上看，乌托邦文学一般都指向未来，“乌托邦是内在于人的生存结构中的追求理想、完满、自由境界的精神冲动，而这种精神冲动正是人的存在的重要维度。简言之，乌托邦是对存在的研究与揭示”②，“乌托邦远远不只是作为想象力的产物或愿望的满足，它还是对现代社会困境的批判性彩排，它同时还是关于解决这些困境的最佳途径的指示性描述”③。

其他的19世纪乌托邦未来世界图景显得更加动感，有些作品更是涉及了大量的旅行、探险和迁移的描写，如H. G. 威尔斯有关“时空穿梭”和“世界脑”的描述以及儒勒·凡尔纳的《环游世界八十天》（*Around the World in Eighty Days*）。还有的未来设想表现了人类与居住在地球内外空间中更先进的外星种族的冲突，其中最早的一个例子就是H. G. 威尔斯的《世界大战》（*The War of the Worlds*）④，它引出了此后许多类似的著作和未来设想。彼时的著作大多对科技进步的影响持乐观态度，作为标志性事件的1851年伦敦博览会就表现了这样的乌托邦思想。奥斯卡·王尔德（Oscar Wilde）曾说，一张世界地图中如果没有包括乌托邦，是不值得看的，因为它忽略了人性总是在其上着陆的一个国度。H. G. 威尔斯认为社会学应该研究乌托邦，因为社会学是对理想社会与现行社会的关系的描述。

威尔斯在他的《现代乌托邦》（*A Modern Utopia*）⑤ 里详尽描述了一个理想社会。与过去静态的乌托邦设想不同，在威尔斯看来，乌托邦充满了变化和创新，不可能止步不

---

① Thomas More. Utopia [M]. Clarence H. New Haven: Yale University Press, 2001.

② 姚建斌．乌托邦小说：作为研究存在的艺术［J］. 北京师范大学学报：社会科学版，2003（2）：10.

③ 姚建斌．乌托邦文学论纲［J］. 文艺理论与批评，2004（2）：57-66.

④ Wells H G . The War of the Worlds [M]. New York: Signet Classic, 2005.

⑤ Wells H G . A Modern Utopia [J]. American Journal of Sociology, 1905（3）.

前。他想象全世界巨大的火车以每小时200—300英里的速度行驶，不存在个人隐私，全世界的语言、货币、习俗和法律都是一样的，一个世界性的国家拥有着土地和所有的能源，人类几乎不需进行体力劳动，这个理想社会的社会组织富有科学精神，最新的科技和机器进入人类的生活，对此不加限制。

然而，威尔斯在他的著作《隐形人》（*The Invisible Man*）中却展示了一幅不那么乐观的图景，书中古怪的科学家Griffin发现了隐形的秘密，开始了对无上权力的疯狂追求。英国小说家玛丽·雪莱（Mary Shelley）于19世纪早期创作了小说《弗兰肯斯坦》，其被誉为科幻小说之母。小说主角弗兰肯斯坦是个热衷于研究生命起源的生物学家，他摒弃生命创造的自然规律，在科学实验室的全新空间里进行实验，创造出了一个新人——现代普罗米修斯。但是，当这个怪物终于获得生命睁开眼睛时，弗兰肯斯坦被其狰狞面目吓得弃他而逃，他却紧追不舍地向弗兰肯斯坦索要女伴、温暖和友情，最终弗兰肯斯坦扔掉了这个怪物，但还是受到了惩罚。① 这是一个人类借助科学创造了科学怪物，时空的怪物回头残害人类的故事，此后机器超乎预料的威力成为未来预测的永恒主题，出现在许多科幻作品中，如《银翼杀手》。塞缪尔·巴特勒（Samuel Butler）在他的小说《埃瑞璜》（*Erewhon*）中也详述了不正常的人机关系。小说紧跟着达尔文的《物种起源》之后出版。巴特勒警告说人类有一天或将失去对自己创造的机器的控制能力，人类花了几百万年才进化到现在的样子，其发展速度远远赶不上机器进步的速度。巴特勒预计有一天机器会具备“思考”的能力，这跟我们今天描述的人工智能意义非常接近。机器将自我进化、自我管理，最终取代人类统治世界。巴特勒的观点非常具有前瞻性，他认为有必要消灭19世纪末发展起来的更加先进的机器。

福斯特发表了科幻短篇小说《大机器停止》（*The Machine Stops*），描述了极端工业化的可能恶果。机器完全控制了生活，人们住在地下，全凭电子机械互相接触。这里有一些飞船，但人们大多不旅行，因为他们没有会见他人的需要。这些居住在地下小隔间里的人不能接触他人，失去了嗅觉，也没有空间感知能力。人们只能通过大机器的网线听到、看到看似“认识”的其他人。以主人公Vashti为代表的许多人厌恶地面上的生活，无法理解没有大机器的日子。她的房间里都是按键，按下去就能供水、供热、听音乐、送衣服、送食物，还能与他人交流。她从不离开她那狭小的房间，从不外出呼吸新鲜空气，也从不锻炼，因而肥胖到病态。人们满足于过着由大机器控制的生活。有一天机器停止了运转，整个人类社会便土崩瓦解。地面上的无家可归者——那些被社会摒弃的人藏身于迷雾、蕨叶丛中，等待着大机器的末日。然后，他们将重新开始掌控生活，互相接触、交谈、感受。

① ［英］玛丽·雪莱．弗兰肯斯坦［M］．刘新民，译．上海：上海译文出版社，2007.

小说的结局是人类只能通过那些被放逐、被边缘化、远离机器的人得到救赎。福斯特似乎已经预见到了互联网和“云”的出现，人们对机器存在依赖性，大机器一旦出问题，文明就要崩溃。这篇小说几乎定下了机器人与人类分界的基调，其背景与电影《黑客帝国》里的机器之城极为类似。在机器时代，人与人之间分离隔阂，通过视讯交流，寄居在自动化的机械房间里，在今天看来，福斯特眼中的未来仍然具备启示意义。

阿道司·赫胥黎的《美丽新世界》是 20 世纪最著名的反乌托邦文学经典之一，展现了赫胥黎眼中的人类社会的未来图景：通过最有效的科学和心理工程，人类从遗传和基因上就已经被先天设计为各种等级的社会成员，完全沦为驯顺的机器，个性和自由被扼杀，文学艺术濒于毁灭。之后赫胥黎又出版了《重返美丽新世界》，运用其丰富的社会学和人类学知识，比较了现代社会与他在《美丽新世界》中所构想的寓言性图景的方方面面，如人口过剩、宣传和洗脑以及化学劝诱等，他认为自己早年悲观的预言正在成为现实。该作品在总体上体现了赫胥黎对于人类未来的担忧，太多的娱乐、消费和药物麻醉将使每个个体变得被动消极，虽然外表幸福，但却没有意识到自己正被“操控”。赫胥黎的观点得到了许多评论家的赞同，认为消费主义是大众的新鸦片。

二、经济增长、情感结构与灾变论、施为功能

20 世纪 90 年代，西方世界迎来经济的快速增长，技术、资本、人口都增长迅速，信息技术的发展使得全球化趋势加快，国际交流与沟通快捷而频繁，人们获得了更多体验全新技术、产品和旅行的机会。网络数字乌托邦主义的到来，为人类带来前所未有的虚拟世界与许多崭新的经济和社会机会。然而，20 世纪 90 年代这样一个乐观的无国界乌托邦实际上并未得到开启，却仿佛预示着灾难的降临。2001 年 9 月 11 日，纽约世贸中心双子塔遭遇的恐怖袭击是一起震惊世界的反乌托邦事件，之后 2003 年发生了伊拉克战争……全球化进展伴随着反乌托邦的阴暗面，这些事件的发生也导致了社会思潮中“新灾变论”的产生，一些学者展开基于复杂系统视角的社会科学反乌托邦分析。灾难的产生源于人类活动的系统性恶果，它们贯穿于金融、气候、宗教、食品、水、安全和能源系统。①

法国历史学家费尔南·布罗代尔（Fernand Braudel）提出著名的“长时段”理论，认为社会经历的长期的改变尤其重要，“历史的流逝是难以察觉的，是关于人与环境关系的

① Walby S, Towers J, Francis B. Mainstreaming domestic and gender-based violence into sociology and the criminology of violence [J]. Sociological Review, 2015, 62 (S2): 187-214.

历史，是不断循环往复的历史，变化缓慢”①。这些长期的改变涉及雷蒙德·威廉斯（Raymond Williams）所谓的“情感结构”。威廉斯提醒我们思考的是，当时的某一社会群体有没有意识到我们今天看到的社会变化？威廉斯认为，有两点可以帮助我们更好地认清社会的发展变化过程：第一，一切社会特征和发展变化都是“在场事物”（presence）的变化，它们在过去的那个具体时刻是活生生的“正在发生的”（being lived），强调鲜活的主体经验；第二，虽然这些变化是新兴的和不同以往的，但它们在当时经常未被察觉或“不自知”，不是必须先等着被定义、分类、描述之后再去影响经验和行动，这些个人的经验和感觉正是在文化和生活世界的变迁中，在与外界因素影响的张力关系中显现自身②：这些变化可以被定义为情感结构的变化。这一术语难以理解，但“情感”一词是为了强调与“世界观”或“意识形态”等更加正统的概念区别开来……我们谈及的正是冲动、抑制、语调等特征性因素，尤其是关于意识和关系的特殊的有影响力的因素：不是与思想观念（thought）相对立的感觉（feeling），而是被感受的思想观念（thought as felt）和作为思想观念的感受（feeling as thought），一种现时在场的、活跃着的、处于交互连续性之中的实践意识。③

如此，如何发现情感结构的长期转变成为预测未来的一个难点，包括个人感受到的思想和思考后的情感。未来是关于“社会的”，也强调“长时段”，关乎情感结构中的结构性改变。这样表述的情感结构可以类比为“暗物质”，无法被观察，但会通过引力影响其他物质，与宇宙演化命运密切相关。类似的，情感结构对社会群体和社会机构的影响也难以被察觉、记录和衡量。

乐观主义褪去，许多著作中出现社会和科学思想中的长期灾变论，如《绝境中的希望：灾难、创造性和文明的新生》（*The Upside of Doun*：*Catastrophe*，*Creativity*，*and the Renerwal of Civilization*，*Homer-Dixon* 2006）、《紧急深渊：逃出灾难重重的 21 世纪》（*The Long Emergency*：*Surviving the Converging Catastrophes of the* 21*st Century*，*Kunstler* 2006）、《全球灾变简介》（*Global Catastrophes*：*A Very Short Introduction*，*McGuire* 2006）等。包括剑桥、牛津、普林斯顿在内的许多大学设立了人类社会风险研究中心，许多影视作品、艺术展览和科幻文本中也显现了灾变论的情感结构。灾变论一方面提醒人们对未来保持警

---

① Braudel F，Kochan M. Capitalism and material life, 1400—1800［M］. New York：Harper and Row, 1973：72.

② 曹成竹. 情感结构：威廉斯文化研究理论的关键词［J］. 北方论丛，2014（3）：44-48.

③ Raymond Williams. Marxism and Literature［M］. London and New York：Oxford University Press, 1977：132.

惕，另一方面这些作品常向人们传达“灾难难以避免”的理念，因而常常陷入宿命论，所以有学者认为灾变论作品存在危险倾向，如克莱恩指出人们不要将灾难看作不可避免的，应积极规划切实可行的其他出路。①

正如斯洛特（Slaughter）所说，反乌托邦和乌托邦实际上具有部分施为功能，有助于实现预想的未来。② 威廉·吉布森（William Gibson）在小说中去除了一些反乌托邦思想，因为他不想为未来增添负面影响。关于未来的乌托邦或是反乌托邦的预想，都有真正实现的可能，具有部分“施为功能”，而并非只具备分析或表述上的意义。

三、社会科学、自然科学与未来的关系

20世纪50年代，路德维希·冯·贝塔朗菲提出了著名的一般系统论，系统的观点开始进入社会科学领域，在系统论的视角下，社会组织逐渐转变为“社会系统”③。学者们意识到对以往社会科学中的简化范式应当重新审视，“一个系统不仅是从多样性出发构成的统一性，而且是从统一性出发构成的多样性……大部分的系统不是由‘部分’或‘成分’构成，而是由复杂的单元之间的作用构成，而这些作用又是由相互作用构成。”④一旦充分理解和认识到这种相互作用的重要性与不可消解性，在理想状态下，各社会学科彼此之间的联系就会逐渐增强，从而逐步走向复杂性（complexity）的社会科学。

历史上哲学家们聚焦“时间”这一问题形成诸多阐释。马丁·海德格尔强调哲学必须回归到“存在”问题，在《存在与时间》中，海德格尔试图经由此在的生存论分析把握存在，时间性是此在存在的可能性条件，是追问存在的超越的视域。⑤ 海德格尔存在论的核心是时间，他认为时间表现了人类的本质。人类在自己的暂时存在中发现意义，未来的生与死互相联系着成为一个整体。但梅洛·庞蒂认为，像海德格尔那样诉诸此在的领悟和筹划，还不能真正揭示原始的时间，因为我们在世界中的存在首先是一种身体存在。时间是身体在世界中的存在给出的。梅洛·庞蒂的确推进了我们对时间的理解，但列维纳斯才

---

① Klein, N. This Changes Everything: Capitalism vs. the Climate [M]. London: Allen Lane, 2014.

② Slaughter, R. Futures beyond Dystopia [M]. London: Routledge, 2003.

③ [美] 路德维希·冯·贝塔朗菲. 一般系统论：基础、发展和应用 [M]. 林康义，魏宏森，译. 北京：清华大学出版社，1987.

④ [法] 埃德加·莫兰. 复杂思想：自觉的科学 [M]. 陈一壮，译. 北京：北京大学出版社，2001：208-209，212.

⑤ 朱清华. 海德格尔后期时间观念辨析 [J]. 南京大学学报（哲学·人文科学·社会科学），2022，59（1）：109-118.

是海德格尔时间哲学的真正批判者，因为他是在反现象学、反存在论的境域内彻底批判海德格尔对时间的理解。在列维纳斯看来，正因为主体的存在本质上是一种面向死亡的存在，所以他者才能成为真正的他者。只有在面向死亡的存在中，主体才能走近真正的他者，时间才得以发生。时间不是主体在面向死亡的存在中去成为自己，而是在面向死亡的存在中去为他者负责。时间就是与他者面对面。① 社会学家们认为自然时间和社会时间存在着显著区别。

科学研究改变了自然的时间，对自然界的理解的重要转变伴随着对时间和空间性质的重新定义。社会科学的研究需要吸纳自然科学研究的成果，因而关注自然科学对于时间的假定至关重要，最重要的原因是现实的科学概念深刻地影响着人们对于世界的常识性理解，也影响着社会科学研究中的假定。社会科学实践受到科学方法的影响。社会科学的研究与物理学、生物学领域密切相关。因此自然时间与社会时间概念紧密相关，社会科学对时间的假设和理解要建立在对自然时间理解的基础之上。对于社会科学研究而言，了解时间的多重表达具有重要意义。自然时间关涉人类的本质，人类的文化性、生存性和自然性同时共存，人类长期以来与所处的环境互动、相互联系，并借由环境构建自身。人类也为自己和他人创造环境，时间关涉着人类存在的多重维度。

自然科学中的时间研究对社会科学具有重要影响，从牛顿物理学、热力学定律、量子的时间性等角度可见一斑。经典物理学中的时间和运动不可分割。在牛顿科学中，时间被作为一个单位，相当于其他基本的空间（长度）和物质（质量）数量单位。时间、长度和质量是精密科学中三个最基本的单位，以此界定其他所有的物理量。牛顿认为“绝对的、真实的和数学的时间本身，就其性质而言，与任何外部事物无关，它均匀地流逝，又称时长……所有运动都可以加速或减速，但绝对时间的流逝不会发生任何改变”②。因此牛顿物理学探讨的是绝对时间和时间中的运动事物的尺度、定律，运动是稳定的，时间隐含在事件的描述中。牛顿学说的可逆性概念假定一切都不变，并且假定不管系统遭受多少变化，都会恢复原初状态。“这些方程式的结构表明，如果一个系统中所有各点的速率都倒转的话，系统就会‘在时间中倒退’（backward in time）。这个系统会折回到它在前一变化中所经历的所有状态。”③ 牛顿物理学在完全抽象的基础上去探求绝对性和永恒性。这种可逆性是在理性化基础上假定的。只有排除摩擦、重力、辐射、互动，才会出现一个完

① 马元龙．与他者面对面：列维纳斯的时间批判［J］．文艺研究，2022（1）：26-40.

② Shallis, M.. On Time: An Investigation into Scientific Knowledge and Human Experience［M］. Harmondsworth: Penguin, 1983: 17.

③ Prigogine, I., Stengers, I.. Order out of Chaos: Man's New Dialogue with Nature［M］. London: Heinemann, 1984: 61.

全对称的宇宙，其中单个组成部分在运动，而且具有非时间性、无方向性的时间。因而，只有在绝对抽象的基础上，在根本上排除所有限定条件的基础上，时间可逆性才有可能。① 牛顿物理学描述的仅是物理现实的一个部分，而且是以极抽象的方式进行的，并不具有普遍适用性。社会科学渗透着牛顿物理学中的经典时间概念，也就是时钟时间。所有机械都可理解为牛顿定律和理论的现实化，人们和机械互动时与运动中的部件发生关系，实践和体会着牛顿的物理学，人们驾驶汽车就是一个很贴切的例子，与机器互动的过程需要遵循原理和步骤。牛顿物理学已经成为工业化社会中人们生活的基本方面。

爱因斯坦的相对论和量子理论家的研究，彻底变革了时间和空间的物理观念。物理学同样对待所有的时间方面，时间坐标是一个无差异的连续体，并且，如果把这个坐标"当成现实"（很多科学家和哲学家都已有这个倾向），那么，在人类事务中如此重要的人熟知的过去、现在和未来之间的区分，就会逐渐被当成纯粹的意识特性了。似乎从某种意义上讲，这个坐标上的所有事件都"同样现实"，即使（对我们而言）那些事件"还没有发生"。从这个观点的实质来说，我们"遭遇"事件，如上所述，经历事件"发生"的程序，其实只是意识作用使然。② 爱因斯坦把时间操作性地用作一个尺度，但他理解的时间不再是绝对时间。他确立的时间是相对于观察者及其参照系的，而且，他使用"相对时间"（局部的、专有的或因系统而异的时间）概念来详细阐述其间的差别。爱因斯坦的时空是在质量影响下呈现弯曲的，他创造了一个环形的、弯曲的四维空间，其中从前和以后概念都失去了意义。尽管事实上相对论仅用于以光速旅行的宇宙尺度，但它激发了关于弯曲程度和时间折返自身可能性的种种计算和思考，过去与其未来交织在了一起③。量子物理学家的现实观似乎颠覆了机械论和牛顿物理学。非时间性的时间、惰性物质的运动、因果性、真理和客观性，都不得不让位于时间性，根本不确定性，未来维度的重要性，形成和灭亡，行动、能量和时间的融合，以及观察者和观察对象之间的相互蕴含。虽然量子世界远离了我们日常生活的宏观世界，但一些量子物理学家的基本观点已经深刻地影响了人们对意识的理解，影响了全球生态的关联性。④

熵是热力学定律中所包含知识的一种表达，代表某系统中的无序尺度和物理演化等

① Prigogine, I., Stengers, I.. Order out of Chaos: Man's New Dialogue with Nature [M]. London: Heinemann, 1984: 106.

② Denbigh, K. G.. Three Concepts of Time [M]. Berlin: Springer-Verlag, 1981: 4.

③ Hawking, S. W.. A Brief History of Time: From the Big Bang to Black Holes [M]. London and New York: Bantam Press, 1988.

④ [英] 芭芭拉·亚当. 时间与社会理论 [M]. 金梦兰, 译. 北京: 北京师范大学出版社, 2009: 72.

级。热力学本身描述了时间不可逆转的流动。热力学与A系列而不是时间的对称性和可逆性相符。时间之箭源于所有系统都有的结构消失，以及随着时间推移而出现的越来越严重的偶然性和失序。这样的正熵出自热力学第二定律；负熵与热力不均衡有关，其特征是演化增长和复杂度增加。所有的能量转变都是不可逆的，有指向性的。不可逆性最明显的例子就是宇宙时间之箭。自然法则是历史的。时间的不可逆转能将混乱变得有序。

从生物学的维度来审视人类时间很大程度上与身体的老化过程有关，与我们的生命要经历从出生到死亡这一事实有关①。生物学家认为对时间的质的经验，无论是过去、现在或是未来，还有对美的渴望，是整个生物界共有的特征，而并非人类社会生活所独有。波特曼（Portmann）把生物界的节律次序和定时性定义为一个时间格式塔（Gestalt），贯穿其中的不是生存价值，而是性质表现力。对波特曼来说，过去和未来存在于现在，当代生物学是对生命科学的一种探索，他的生物学时间具有内在性（Innerlichkeit）和非物质性。在人们还没有对某样事物形成足以表达的模式之前，科学不过是用语言和数字来进行表达的辅助手段。

每种技术革新都提供了一种新的人类经验。起初，它是完全陌生的，并且很难理解，但是，我们很快发现其中存在足够熟悉的特性以充当参照点；随后，我们就会探究它、品味它，开始同它达成妥协，并把它吸纳到我们日常生活的模式中。我们学会与它共存。一旦以这种方式得到了确认，它就能成为隐喻传递的基础：那时，我们会依据这个新事物来看待先前熟悉的事物。我们获得了一种新的理解工具。

互联网的模式是每个人只需轻击鼠标就能与地理距离遥远的人“同在”②，信息从一个点到另外任意一点只需要几步，这样的网络具有自我管理的特征：“几百万个互动同时进行，每一个行为都改变了其他行为的状态。”③ 此外，在这些复杂网络中，“大量的组成个体每一刻都在改变自身的状态，互相纠缠，根本无法将个体与其他部分分开研究……这种现象从根本上来看是非线性的”④。

未来依赖于推动社会发展的复杂系统，这些复杂系统运行的过程大多“在后台”进

① Giddens, A.. The Constitution of Society: Outline of the Theory of Structurution [M]. Cambridge, Polity Press, 1984.

② Buchanan, M.. Small World: Uncovering Nature's Hidden Networks [M]. London: Weidenfeld, 2002: 118.

③ Strogatz, S.. Sync: The Emerging Science of Spontaneous Order [M]. Harmondsworth: Penguin, 2003: 34.

④ Strogatz, S.. Sync: The Emerging Science of Spontaneous Order [M]. Harmondsworth: Penguin, 2003: 286.

行，人们对于自己是系统的组成部分这一点是忽视的。只有当干扰性的事件发生时，人们才能意识到自身对这种系统的依赖性，如手机没电、记错密码等。

系统创新涉及无数相关要素的共同演变。技术常常是在发展中的，并与未来新系统中的其他要素同步作用产生预期的或者超出预期的结果。这样的系统也是在发展中的，其组织结构或者作用都不是预先决定的。许多“旧”技术也并没有消失，而是通过路径依赖继续存在，如纸质媒介在高科技感的办公室中仍然发挥着重要作用。

“网络”对于复杂系统来说也很重要。曼纽尔·卡斯特（Manuel Castells）认为网络“构成了我们社会新的形态学，网络化逻辑的扩散从根本上改变了生产、经验、权力和文化进程的运作和结果……网络社会的特征是社会形态学优先于社会实践”①。

卡斯特在《认同的力量》一书中认为，信息技术革命催生出一种新的社会模式，即网络社会。“作为一种社会历史趋势，信息时代占支配地位的功能和过程均是围绕网络逐渐构成的，网络构成了我们社会新的社会形态。”②

“网络化所形成的信息高速公路，打破传统的时空限制，将距离几乎缩小到零，并通过脱域机制（disembedding mechanism）把社会关系从地方性的场景中抽离出来，并在无限延伸的全球时空地带中再嵌入。”③ 网络化加剧了信息技术对社会经济、政治、文化及其他各方面的功能和作用，网络社会把知识和信息视为社会的经济、政治、文化及其他各方面发展和变革的基础，把社会的信息化看成社会发展的主导趋势和基本动力。

卡斯特的网络空间理论集中体现在他的《信息时代三部曲：经济、社会与文化》中。他指出，网络空间是一个流动的空间，经由信息流动形成共享时间的社会实践的物质组织，是一种特殊的空间形式。我们社会里的支配性过程的物质支持应该是支撑这种流动，并且使这些流动在同时性的时间中接合。④ 卡斯特描述的流动空间两大特征是支持流动和瞬时同步。“无时间的时间……我们社会主导的暂时性，一旦赋予内容特征就发生，也就是，信息范式和网络社会促使有序的系统动摇。”⑤ 卡斯特认为，流动的空间产生了真实的虚拟性文化，空间的虚无化所造成的非时间性、非地点性带来了历史的丧失，生活世界意义系统被破坏。当下性即历史性，瞬间即永恒，表象即实质，能指即所指。⑥ “流动的

① M. Castells. The Rise of the Network Society [M]. Oxford: Blackwell, 1996: 469.

② 吴冶平. 空间理论与文学的再现 [M]. 兰州: 甘肃人民出版社, 2008: 195.

③ 黄少华. 论网络空间的社会特性 [J]. 兰州大学学报 (社会科学版), 2003 (3): 65.

④ [英] 曼纽尔·卡斯特. 信息时代三部曲: 经济、社会与文化 [M]. 夏铸九, 等, 译. 北京: 社会科学文献出版社, 2003: 505.

⑤ M. Castells. The Rise of the Network Society [M]. Oxford: Blackwell, 1996: 464.

⑥ 徐忆, 宁云中. 卡斯特的网络空间理论与“超文本”文学表征 [J]. 求索, 2013 (1): 169.

空间……打乱了事件的秩序，让事件同时发生，这样来消解时间，从而用永远的短暂来装配社会。"① 后现代的新空间体验让后现代人迷失在时间和空间之中，缺乏认同感，网络对社会的影响更接近"去中心化"，通过多种形式的网络处理后，社会将逐渐形成新的社会认同感。

卡斯特认为，互联网这一新型传播系统正在改变人类文化，他称之为"真实虚拟文化"(culture of real virtuality)。他认为就人们的体验来说，真实总是虚构的真实，因为真实总是通过符号被人们所感知的，而这些符号的编解码和意义生成都带来多元阐释的可能，从而使得文化的表达有异于形式、逻辑和数学的推理。正如他在《网络社会的崛起》一书中提及的"当电子传媒的批评者指责这一新的符号环境没有表征'真实'时，他们指的其实是一种荒谬的、'未经编码'的真实经验的原始概念，它从来就没有存在过。所有真实都是通过符号得以传播"②。

卡斯特的网络空间理论显示了互联网作为权力关系重组的资源，势将规范出新的行为准则，从而改写社会各支配集团的权力流变分配过程，进而改变社会结构本身。为此，网络成为一种"真实虚拟文化"，它将从印刷到多媒体的一应传播模式尽收网中，整合遍布全球的一切交流媒介，并使之互动。如果说"真实虚拟文化"多少还具有乌托邦色彩，那么"流动空间"和"地方空间"的两分理论，毋宁说就是改写了后工业社会中的阶级关系，勾画出精英空间和普罗空间的鲜明界限。③

关于未来研究，复杂性理论方法在许多学科领域都已出现。这是社会科学中的一种新兴模式。复杂系统方法提出未来不能被简化为个人因素的作用结果，也不是社会结构发展的必然结果。复杂性理论避免了个人主义和社会结构方法的局限性，同时又兼顾了两种方法所涉及的要素。人们设想会有跨越时空的强大物质和社会系统存在着，并一直延伸到遥远的未来；但这些系统的特征是创新性、不可预测性和颠覆性。

第二节 预见数字艺术未来：以科幻文本为载体的思想实验

艺术从产生的开始就与人类的想象密切相关，人类自身的演化过程也始终伴随着人类对于未来的想象，想象与现实的碰撞、现实对想象的逼近贯穿着人类发展史。对于未来的

① M. Castells. The Rise of the Network Society [M]. Oxford: Blackwell, 1996: 467.
② M. Castells. The Rise of the Network Society [M]. Oxford: Blackwell Publishers, 2000: 404.
③ 陆扬. 解析卡斯特的网络空间 [J]. 文史哲, 2009 (4): 144.

想象和期待不仅折射着人们对现实的认知，也是人类社会发展进程的催化剂。以人工智能技术为例，起初的许多科幻电影充斥着对这种技术的膜拜和对应用场景的想象，如今正逐渐成为现实。科幻文本（科幻小说、科幻电影等）展现了人类对于未来的构想，也构思了技术赋能的未来创新场域。

许多现象无法直接观测，理想的实验条件在现实中难以达到，人类发现单纯使用传统的物质实验方法限制了新的科学理论和结论的产生，因而基础科学的研究方法亟待创新。要想拓展科学前沿，科学研究方法就必须创新。

一、科幻文本及其未来向度

在近现代历史转变中，想象力无疑是重要的东西。最能代表想象力的就是科幻小说、科幻戏剧、科幻电影和科幻游戏。在基础科学、科学发明、科学哲学和科幻艺术之间存在着相互刺激、启发和推动的关系。①

与其他文学模式相比，科幻与未来有着更为密切的关系，涉及更多对于时间方面的描写，科幻是关于变革的文学，而变革就意味着人们对于当下的认知要涉及过去，也要对未来充满期待，而这样时间维度的审视无疑在塑造当下本身。

科幻已经成为流行文化的典型符号。人们对于科幻的兴趣不仅仅源于商业价值层面的考量，更重要的是它对社会构成的冲击性和变革动力。科幻体现着对这个时代的最为超前的感受和刻画，也引领着文化的发展方向。

（一）经济视角下的科幻文本分析

随着计算机技术、信息技术的迅猛发展，科幻文本中对于科技力量的展现日益直观，同时也涉及人们颇为关心的经济系统。元宇宙经济系统的形成也正是因为元宇宙中人类实践的特殊性。元宇宙具备完整、自洽的经济体系。从数字产品的属性来看，应当遵循和传统经济学相似的供需规律。元宇宙中的数字商品，完全是在元宇宙中制造和消费的，是脱离物理世界的单独存在，但其涉及的数字产品的生产、分配和流通的全新秩序将是人们关心的话题。以美国科幻电影《头号玩家》为例，火爆游戏《绿洲》的设计者哈利迪始终面临着产品归属的危机。硬件生产厂家企图独霸这款游戏，但哈利迪为继承者设定了必要条件，即找到自己在游戏中所设置的彩蛋，而前提是必须先获得三把钥匙，线索就在哈利迪的个人经历中。贫民玩家韦德通过了解哈利迪的身世，找到了彩蛋，在朋友们的支持

① 朱嘉明．未来决定现在［M］．太原：山西人民出版社，2020：150.

下，战胜了迫害他和伙伴的硬件生产厂家，最终掌握并与其他顶级选手分享了《绿洲》的控制权。在这部科幻电影中，我们可以看到主人公韦德作为一个靠打游戏为生的新型劳动者，也是产业发展背景下的一种新型劳动者，最终获得了游戏的所有权。

许多科幻电影都描绘了新的经济秩序对人的影响。而涉及对数字艺术未来的探讨时，当人们预见到未来的经济生产、消费和流通的新特性，也引发了人们在当下及未来数字生产领域中更多地关注到数字经济、虚拟经济、创意经济、数字娱乐产业、可持续发展与经济增长方式转变等问题，当然也可以在这个基础上去丰富数字艺术作品创作的内容。元宇宙经济会不会为人类社会带来新的生产危机？传统意义上的生产危机都是以“人”为主体的，针对人所从事的、旨在满足人的需要的生产所面临的危机。此外，未来是否还存在其他意义上的生产危机？例如，未来物理世界的人类不需要从事体力劳动生产，是否会带来身体机能的退化？机器人替代了人类的动作岗位，是否会带来意想不到的负面效应？诸如此类的议题不仅适合于在科幻语境下加以讨论，也是我们在进入元宇宙之前必须思考的问题。

除去对生产环节的考虑，元宇宙中的资源分配环节也颇为重要，科幻电影以其超越现实的想象揭示了分配危机的成因、表现与对策，值得我们研究。资源分配是生产与消费之间的联系纽带，因此分配危机的存在既可能导致生产与消费的脱节，也可能导致整个社会运行的脱轨。人力、物力、财力、精力、时间、空间、岗位、注意力等对象的分配都属于资源分配的范畴，未来科幻电影的创作也可能将以上这些作为对象进行刻画。尽管在人们的设想中，元宇宙中的社会群体多以自给自足形式存在，但仍然需要对产品和资源进行分配，这是因为人们的年龄、性别、技能水平不同，在生产和获取产品方面必然存在差异。而未来元宇宙中人类将如何重新定义分配？如何对数字货币和其他资料进行分配？未来是否可能存在更多被分配的新对象？谁来掌管分配？社会为保证分配的公正性，应当遵循哪些原则、实行哪些措施？

而从流通方面来看，未来数字艺术可能需要思考的问题在于：一是未来在满足数字艺术产品流通本身的需要方面会出现哪些新的角色、举措、模式、思维、效益和理念；二是未来社会可能出现什么与数字艺术品流通相关的新问题、新矛盾和新冲突，可能的对策有哪些。科幻电影中的描绘多集中在以信息科技为背景兴起的电子商务和数字货币等所起的作用，但是面对元宇宙可能带来的新影响，数字经济与实体经济的未来走向如何成就未来世界经济格局，虚拟资本如何在世界各国之间流动，可能伴随着怎样的金融风险或流通危机，等等，诸如此类在目前的科幻电影中较少涉及的问题，却恰恰是值得我们思考的，也是未来科幻电影可能的议题。

科幻作品的重要意义在于引发观众对于现实的思考，从未来的可能场景中反思当下的现实和科技加持下的未来，从经济学的角度预测元宇宙与数字艺术产品未来的可能样态和可能面临的危机，是理性看待元宇宙的必要视角。

（二）科技视角下的科幻文本分析

无论是科幻电影还是科幻小说，都与科技密切相关。科幻文本的设计需要考虑以科学知识作为参考系，也可以将科学、科学活动作为反思对象，许多科幻文本中都以科学危机为主题，可能涉及的问题有科学与人的关系，如科学对于人类而言意味着文明的进步还是倒退？科学更好地发挥了人类的创造性还是造成了对技术的过度崇拜甚至依赖？科学解决了问题还是创造了新的困境？

从科学的起源上说，科学源于人们认识自然界的需要。当人们无法简单通过生活经验或常识来解释现象和应对危机时，人们就从理论角度去探索人与自然的关系，这就是科学。美国哲学家杜威（John Dewey）认为科学的发展改变了两种对社会精神生活起压迫作用的世界观：一种将自然看作毫无秩序和不易控制的东西；另一种认为自然虽然遵循一定的规律，但人类对它无能为力。① 人们为了应对可能的危机求助于科学，科学也可能带来新的危机。

从自然的角度看，人类之于浩瀚的宇宙而言不过是“沧海一粟”。人类对于自然的认识是非常局限的，已知的越多，未知的更多。因为科学发展带来的新发现可能导致科学本身的地位受到挑战。

科学所能达到的水平很大程度上受制于所使用的工具。新工具的发明和使用可能拓宽人类的认知，如显微镜的发明，也有可能构成新的挑战。同理，如果元宇宙是人类制造的一个工具，就必然受到当下人类智能的限制，如果当下的人类智能是有缺陷的，元宇宙必然有缺陷，且只能更多，不会更少。

科学研究究竟会得出什么样的结论，也有赖于人们采用的研究方法。特定的研究方法有其适用范围，分学科的研究有益于特定领域内的研究的开展，但却不利于人们对于世界的整体把握。研究方法、研究工具的局限性和变革需求是科学发展的制约因素。科学的产生源于社会的需要，其存在也需要社会资源的支撑，同时也对社会的存在和发展具有重要意义。科学是一把双刃剑，历史上，如果社会意识形态将宗教、人文或伪科学视为主导，那么，科学本身的发展就会受限。反之，若社会片面强调科学，让它盲目发展，也可能导

① 袁刚，孙家祥，任丙强．民治主义与现代社会——杜威在华讲演集［M］．北京：北京大学出版社，2004：439-458.

致危机。

二、思想实验在科学研究中的价值体现

实验是人们从事科学研究的一种有效方法，它“既是研究的起点，也是最后的裁判者”①。纵观科学发展史，人们总是努力去寻找世界可能的规律和确定性，尤其是近代科学形成之后，牛顿经典力学的成功进一步为人们呈现了世界的确定性，在此过程中，实验是最重要的手段之一。特别是对于自然科学而言，实验是一种用来检验科学假说的最重要的实践形式，但是，实验对假说的检验既是确定的又是不确定的。因为，实验结果对假说提供的某些肯定或否定的证据是在一定程度上而言的，对于两个直接对立的假说，实验能起到一定的判决作用；但从逻辑角度分析，实验检验也存在不确定性，例如，倘若由一组前提推得的结论为假，但从逻辑上不能断定哪一个前提为假，这就是不确定性的一种表现。从历史的角度分析，实验本身也是历史的、不断发展的，如实验的工具、仪器在不断更新，数据处理和计算方法也在不断优化，都是为了保证实验结果具备更高的准确度。实验所涉及的科学知识也同样在发展，所以人们对于实验结果作用的认知也始终在变化。简言之，任何实验都有其局限性。

“思想实验”并不是真正的实验，而是科学家们在头脑中设计和构造出的一套纯粹理想化的实验程序。思想实验中的仪器设备、实验对象、操作步骤等都可能是在现实的基础上虚构出来的。因此，“思想实验”又称为“抽象实验”“假想思想”“理想实验”等。而这样“虚构”的思想实验其实由来已久，在人类智能史上具有革命性的意义。古代有许多科学家都在数学传统的影响下从事思辨工作，但也有些科学家重视经验的积累，而强调观察和实验。但这种实验与培根科学中的实验不同。比如，亚里士多德认为物体之所以可以保持运动，是因为存在一个不断做功的推动者，所以对于石头从石炮中被射出来这一现象，亚里士多德这样解释：石头不是自动的，石头离开石炮后，为了防止形成真空，空气就从石头后面灌进来，从而维持石头继续向前运动的推动力。这是亚里士多德根据平时观察到的经验现象，加以思维推想，在思想中完成的实验。为了做出这个解释，亚里士多德无须拉来一门石炮进行演示、观察和实验记录。即使亚里士多德真的用石炮做了实验，在当时他也无法确定是否真的是从后面灌进来的空气在推动着石头继续向前运动。古代科学家在数学传统思维的影响下，同时又受到客观条件的制约，所以他们的实验多表现为隐性

① ［英］W. C. 丹皮尔. 科学史及其与哲学和宗教的关系［M］. 李珩，译. 桂林：广西师范大学出版社，2001：10.

的实验，也就是思想实验。例如，爱因斯坦的宏大物理体系，就建立在他从16岁起开始构造的一个思想实验之上：如果有人跟着光跑，当他的速度达到光速时，他将看到什么？基于思想实验的有效运用，阿基米德向世人豪迈地宣称：只要给我一个支点，我就能撬起整个地球。

思想实验的典型特征是经验与思维并重，并结合使用，其在古代科学中有许多应用，而近代科学实验讲究使用科学仪器、改变条件，注重物质实验。关于思想实验和物质实验这两种实验的关系，马赫认为“物质实验是思想实验的自然继续，一旦难以或不能抑或完全不能通过思想实验进行决定时，就会进行物质实验……通过物质实验有意地扩展自我活动的经验和有计划地观察总是在思想指导下进行的，并且永不会与思想实验有明显的区别和脱离”①，即物质实验与思想实验并不存在严格的界限，且物质实验是作为思想实验的补充存在。

回溯科学史，近代之后科学所取得的辉煌成就很大程度上归功于实验方法的有效运用，“实验方法是近代科学从自然哲学母体中独立出来的催化剂，同时也是推动近代科学迅猛发展的一个最基本、最重要和最普遍的方法”②。这里的“实验方法”仅指物质实验。直至20世纪初这一状况发生显著的变化，根本原因是爱因斯坦相对论的推动和量子力学的成功。在现代科学中，由于完成物质实验所必需的条件难以满足，所以思想实验越来越无法替代。物质实验逐步退位，思想实验越来越多地在科学活动中发挥作用。

无论是思想实验还是物质实验，人们通过实验过程发现实验对象发生的变化，进而寻找这类实验对象具有的共性或总结某种规律，或者说，人们都“看”到了实验对象连续变化的“图像”，物质实验中的“图像”是经验真实的，思想实验中的“图像”是经验虚构的，是思维的产物，因而当我们要考察思想实验本体时，就必须对人们在思想实验中“看”到的这组“图像”的本质进行研究。

思想实验中的研究对象并非特指某一个真实存在的物质实体。但在物质实验中，研究对象则是以物质实体方式存在的真实事物。思想实验中的“图像”是一组科学意象，在实验过程中“图像”的连续变化实则是科学意象的不断转换。

何为“科学意象”？比如，当我们在谈论“猫”时，我们的头脑中就会显现出猫的形象，但事实上我们当时并没有真的看到猫，而且它也不是指某一只特定的具体的猫，它是事物在人们的大脑中的一种映像，代表着一类事物，这种映像就是“意象”。虽然这里的

① ［奥］恩斯特·马赫．认识与谬误［M］．洪佩郁，译．北京：东方出版社，2005：182-183.

② 钱明，钱兆华．实验方法在近代科学诞生及发展中的作用［J］．江苏大学学报（社会科学版），2007，9（5）：15-19.

“猫”是一种自然界中真实存在的事物，但也属于“意象”的范畴。思想实验中那些自然界中不存在的事物自不用说，也属于意象范畴。

1871年，英国物理学家詹姆斯·麦克斯韦为了说明违反热力学第二定律的可能性而设想的麦克斯韦妖（Maxwell's demon），是一场著名的思想实验。麦克斯韦妖是在物理学中假想的妖，能探测并控制单个分子的运动。当时，麦克斯韦意识到自然界中存在着与熵增加相拮抗的能量控制机制，但他无法清晰地说明这种机制，于是诙谐地假定一种“妖”，能够按照某种秩序和规则把做随机热运动的微粒分配到一定的相格里。麦克斯韦妖是耗散结构的一个雏形。

薛定谔的猫（Schrödinger's Cat）是关于量子理论的一个思想实验。薛定谔尝试用一个思想实验来检验量子理论隐含的不确定之处。该实验设想在一个封闭的匣子里，有一只活猫及一瓶毒药。当衰变发生时，药瓶被打破，猫将被毒死。按照常识，猫可能死了也可能还活着。毒药瓶上有一个锤子，锤子由一个电子开关控制，电子开关由放射性原子控制。如果原子核衰变，则放出阿尔法粒子，触动电子开关，锤子落下，砸碎毒药瓶，释放出里面的氰化物气体，猫必死无疑。原子核的衰变是随机事件，物理学家所能精确知道的只是半衰期——衰变一半所需要的时间。如果一种放射性元素的半衰期是一天，则过一天，该元素就少了一半，再过一天，就少了剩下的一半。物理学家却无法知道，它在什么时候衰变，但知道它在上午或下午衰变的概率——也就是猫在上午或者下午死亡的概率。如果我们不揭开匣子的盖子，根据我们在日常生活中的经验，可以认定，猫或者死，或者活。这是它的两种本征态。如果我们用薛定谔方程来描述薛定谔猫，则只能说，它处于一种活与不活的叠加态。我们只有在揭开盖子的一瞬间，才能确切地知道猫是死是活。此时，猫构成的波函数由叠加态立即收缩到某一个本征态。

量子理论认为，如果没有揭开盖子观察，人们永远也不知道猫是死是活，它将永远处于既死又活的叠加态，这使得微观不确定原理变成了宏观不确定原理，客观规律不以人的意志为转移，猫既活又死违背了逻辑思维。薛定谔挖苦说，按照量子力学的解释，容器中的猫处于“死-活叠加态”——既死了又活着。要等到打开容器看猫一眼才决定其生死（请注意，不是发现而是决定，仅仅看一眼就足以使其致命）。只有当你打开匣子的时候，叠加态突然结束［数学术语称之为“波函数坍缩”（collapse）］，我们才知道了猫的确定态——死，或者活。哥本哈根诠释（Copenhagen Interpretation）是量子力学的一种诠释。根据哥本哈根诠释，在量子力学里，量子系统的量子态，可以用波函数来描述，这是量子力学的一个关键特色。波函数是个数学函数，专门用来计算粒子在某位置或处于某种运动状态的概率，测量的动作造成了波函数坍缩，原本的量子态概率地坍缩成一个测量所允许的量子态。哥本哈根的概率诠释的优点是：只出现一个结果，这与我们观测到的结果相符合，但有一个大的问题，它要求波函数突然坍缩，可物理学中没有一个公式能够描述这种坍缩。尽管如此，长期以来物理学家们或许出于实用主义的考虑，还是接受了哥本哈根诠释，付出的代价是违反了薛定谔方程。

再比如爱因斯坦著名的思想实验——“追光实验”，是其狭义相对论的基础。爱因斯坦在 16 岁时，开始思考如果追逐空间中的一束光，会有什么结果。爱因斯坦推断，如果能追上光，就意味着空间中的光像冻结了一样。但是，光不会被冻结。因此，光的速度不会慢下来，仍然以光速运动。那么，即使追上了光线，观察者也会发现光速不变，出现变化的是其他东西如时间。

在这几组实验中，我们进行这样的对比：麦克斯韦妖的思想实验中的那个能识别分子踪迹的生物与自然界中的某种生物，薛定谔的猫与我们在生物课上观察的猫或任何一只家猫，爱因斯坦追光实验中的光柱与迈克尔逊干涉仪实验中的光束……这些思想实验和物质实验看似在讨论同样的事物，物质实验中的事物在思想实验中也同样存在，但二者的研究对象有着本质的不同。思想实验中的研究对象是以意象的方式存在，这种实验本体的意象化存在方式使得思想实验具有了物质实验所无法具备的优势。此外，与意象化存在方式相关的是，思想实验的研究对象常常是一种抽象的存在，因而常表现出超现实的特征。例如在麦克斯韦妖的思想实验中，人们关注的不是自然界中生物的各种性状，而是可分辨、追踪冷热不同的分子踪迹的“特异功能”。又如薛定谔的猫的思想实验，主要意图是想通过猫的既死又活的叠加态来说明量子力学的不完备性，所以思想实验中的许多研究对象以科学意象方式存在，且多非现实世界中的真实存在。

思想实验和物质实验都在科学思维的支配下进行。但由于操作对象的不同，物质实验的实验对象为物质实体，可能受到实验条件的限制而导致与构思状况未能完全符合；而思想实验的实验对象是科学意象，其科学思维的运作对象和思想实验的运作对象都以意象化方式存在，是同一的，因此二者完全符合。很多思想实验的实验条件本就是理想化的，不会受到各种现实因素的制约。

事实上，向科学史的源头追溯，人类长期以来都在寻求世界的简单性。关于“宇宙是什么样的”这一问题，美索不达米亚人认为天和地就是两个扁盘，埃及人将宇宙想象为一只长方形盒子，而古代中国则流传盖天说。事实上，在古代，天文观测已然兴起，如“夜观天象”，但古人“对于例如宇宙空间特性等问题的看法始终是同他们的科学分开的”①，

① ［英］斯蒂芬·F. 梅森. 自然科学史［M］. 周煦良，全增嘏，傅季重，等，译. 上海：上海译文出版社，1980：10.

这一时期的宇宙观大多是基于对世界简单性的追求而做出的假说。

科学进入现代以后，随着科学工具的发展，人们的认知也不断拓展，渐渐发现世界是无序的、不确定的，伴随着太多的偶然性和随机性，关于宇宙复杂性特征的描述越来越多地出现在对世界体系的说明中，这与经典科学原本对世界简单性的信念截然相反。

从亚里士多德时代开始，人们对宇宙的思考逐渐趋于理性，主张基于经验而非主观想象。亚里士多德认识并接受复杂性的存在，他说："自然界里不是一切事物皆运动；也不是一切事物皆静止；也不是有些事物永远运动，其余事物永远静止；而是有这样一些事物：它们在这个时候运动着，另外的时候不在运动。"① 但他仍然试图为这种永恒运动着的复杂世界寻找一个简单的解释，于是他设想"有一个或多个永恒的不动的第一推动者"② 在统率着整个宇宙。基于这个"第一推动者"理论，亚里士多德构建起一个以地球为中心的宇宙系统，并影响了整个世界长达2000年之久。

人类的宇宙观到今天已经变革多次，但科学家始终在寻求一种统一的理论去解释所有复杂现象。哥白尼的"日心说"虽然与亚里士多德的理论全然不同，但也是企图对这个世界给出一个简单的说明。牛顿希望"其他的自然现象也同样能由力学原理推导出来，有许多理由使我猜测它们都与某些力有关"③，他还希望能将力学原理向微观世界和宏观世界继续推演，证明整个世界的运行都遵循力学原理，这也是在寻求统一的理论以解释自然世界。18世纪法国著名数学家、天文学家拉普拉斯（Pierre-Simon Laplace）根据牛顿的理论，写成并发表了《宇宙体系论》，拉普拉斯坚信对于世界的终极解释终将由物理学原理完成，只是时间问题。在《宇宙体系论》这部著作中，拉普拉斯提出了太阳系起源的星云学说，论述了天体运动的规律，并从数学上做了证明，更值得注意的是，拉普拉斯在这本书中用力学理论消解了上帝的作用。《宇宙体系论》是天文学史上的一本重要著作，对19世纪以后的科学发展产生了重大的影响。爱因斯坦也几乎花费了整个后半生的精力去寻求一个大统一理论，并以之统一相对论、量子力学和牛顿的经典力学理论，因为他无法认同量子力学对世界所做的概率说明，一直期望着建立一个新的物理学理论基础，"它所使用的基本概念是大大不同于迄今所考查的场论的概念"④。

由于可以进行理想化的条件设置，思想实验有着诸多优点。从此意义上看，在本体论、认识论和方法论三个层面上，思想实验将成为未来科学探索活动的主要研究手段。

① ［古希腊］亚里士多德．物理学［M］．张竹明，译．北京：商务印书馆，2009：246.

② ［古希腊］亚里士多德．物理学［M］．张竹明，译．北京：商务印书馆，2009：242.

③ ［英］牛顿．自然哲学之数学原理［M］．王克迪，译．北京：北京大学出版社，2006：2.

④ ［美］爱因斯坦．爱因斯坦文集（第一卷）［M］．许良英，李宝恒，赵中立，等，译．北京：商务印书馆，2010：501.

物理学家霍金（Stephen William Hawking）在其2010年的著作《大设计》（*The Grand Design*）的第三章“何为真实”（*What is Reality*）中讨论了外部世界的真实性问题。他引用了一个例子：意大利蒙扎市议会禁止宠物的主人把金鱼养在弯曲的鱼缸里。提案的负责人解释此提案的部分理由是，因为金鱼向外凝视时会得到实在的歪曲景色，因此将金鱼养在弯曲的鱼缸里是残酷的。据此，霍金提出的问题是：我们何以得知我们拥有真正的没被歪曲的实在图像？难道我们自己不也可能处于某个大鱼缸之内，一个巨大的透镜扭曲我们的美景？金鱼的实在的图像和我们的不同，然而我们能肯定它比我们拥有的更不真实吗？金鱼仍然可以表述制约它们观察到在鱼缸外面物体运动的科学定律。例如，由于变形，我们观察到的在一条直线上运动的一个自由物体会被金鱼观察成是沿着一条曲线运动。尽管如此，金鱼可以从它们变形的参考系中表述科学定律，这些定律总是成立，而且使它们能预言鱼缸外的物体的未来运动。它们的定律会比我们参考系中的定律更复杂，但简单性只不过是口味而已。如果一条金鱼表述了这样的一个理论，我们就只好承认金鱼的风景是实在的一个正确的图像。

所谓真实世界的图景不是唯一的，金鱼眼中看到的和人类眼中看到的同样有效。事实上，这不仅仅属于物理学的命题，更是一个具有普遍哲学意义的基础性问题。而霍金的阐释颇有《庄子·秋水》中的“子非鱼，安知鱼之乐”的韵味。人类研究物理已经历数百年。仰望星空，我们是否只是身处一个更大的金鱼缸之中呢？在金鱼缸思想实验中，霍金描绘了一个多视角下的不同的世界。在这个世界里，用金鱼的眼睛和头脑，对金鱼的世界进行观察、分析、描述，并总结出一套和人类社会中一样的对世界进行说明的理论，只是金鱼的视角和人的视角有所不同而已。这看起来似乎并不复杂，但用物质实验的方法对金鱼的世界进行观察、分析、描述并总结出理论，人类却无法做到，因为我们不能在金鱼的世界中生活，无法提供对金鱼的世界进行考察的条件。虽然，从本质上看，物质实验已经是一种条件优越化了的探索世界的手段，但在科学活动的实际中，物质实验无论怎么往优越的方向努力，都总会受到物质条件的约束。

库兹韦尔强调计算和技术力量的增强将带来加速增加的回报，不断出现的剧变将导致“奇点”的来临，这一刻，人类生物学和基因学、纳米技术以及机器人技术互相融合，库兹韦尔描述了奇点之后的状况，认为人类和机器已无分别。当奇点到来时（预计2045年），基于计算机的人工智能将大大超越人脑，因此实际上已经出现了一种新的物种，这已经不能说人类是进化的终点。

思想实验的实践在当代哲学方法论中起着核心作用。许多哲学家把思想实验视为他们检验关于属性和关系的本质理论的主要甚至是唯一的程序。这个测试过程包括用想象的思维来思考假设的情况，然后对这些情况的属性和关系进行直觉判断。与直觉相符合的理论被视为支持直觉的证据；冲突被视为反对理论的证据，甚至可能被视为对理论的证伪。

三、科幻文本中的元宇宙

如果我们尝试将元宇宙作为一个哲学概念来加以思考，可以将其视为哲学上的思想实验。不同之处在于，元宇宙制造了完全的新的世界。哲学上的很多思想实验，多是情景性的，如电车的困境，设想发生在现实中，虽然可能并不一定能发生；还有一些思想实验是意识中、思想中的，如“缸中之脑”。元宇宙作为思想实验的特点，一是世界性，元宇宙包括了内在的完整性、自足性等；二是具身性，元宇宙所谓的具身性能够生成“在场”的感觉。其颠覆性在于与文本、图像等不同，带来沉浸感。所以当我们将元宇宙作为思想实验，其已有条件与以往的根本区别在于，元宇宙创造了另一个世界，与现有真实世界平行的一个真实世界。

元宇宙与我们的真实世界（real world）或物理世界的关系究竟如何？是二元对立吗？这是一个逻辑上存在的问题。元宇宙是一个平行世界吗？是现实世界的延展吗？是人类对于理想世界的描绘吗？还是一个完全相反的糟糕的世界？我们不能先行否定任何逻辑下的可能性。元宇宙与真实世界相比，其可能具备的特征已经存在很多描述和刻画，人们憧憬元宇宙比真实世界更丰富，提供更多的可能性，人们甚至可以利用元宇宙这个工具去建造一个新世界，这个世界可以与物理世界设置不一样的规则。这样的新世界对真实世界的影响如何？笛卡尔提出我们是以一种认知的方式来把握这个世界，来把握对象，那么他所认知的对象世界有可能完全是幻想的，无论是海德格尔提出的 being in the world，还是梅洛·庞蒂关于身体的论述，从这些角度来看，元宇宙这一概念仿佛都能经受住哲学的检验。

其实，我们已经与元宇宙的概念接触很久了，主要的渠道是影视作品、小说，以及游戏。比如 2009 年美国著名导演詹姆斯·卡梅隆的经典电影《阿凡达》，电影名称来源正是《雪崩》中提出的“网络分身”（Avatar）。Avatar 的原意是“化身”，在印度教和佛教中特指化作人形或兽形的神。如今，电脑游戏或聊天室中玩家使用的虚拟身份，也叫 Avatar。

（一）技术的隐喻性体现

从历史发展来看，人类曾呈现出对技术的高度崇拜，因而科幻常常与技术演变相伴，技术成为科幻创作的核心指标。所谓的技术可以指代工具或者器具，也包含信息的传输。许多科幻作品的主题就是审视人类与人类自身的发明创造之间的联系，有时科幻作品会歌颂科技的进步，有时又呈现出否定的态度，如对于技术恐惧症的描述，源于一种对人类被替代的可能性的担忧。

20 世纪 70 年代，计算机好似大型操作台被放置在固定的位置，之后随着电子控制系统的日益小型化和普及，计算机在科幻作品中的呈现不再是简单的物件，而是作为复杂的信息交换网络的一部分。1999 年的电影《黑客帝国》（*The Matrix*）描绘了一个元宇宙成为现实的世界，以反乌托邦方式呈现，整个人类群组都生活在元宇宙中，他们甚至不知道自己生活在其中。电影描绘了被机器所支配的未来，人类沦为机械能量消耗的来源。机器将人们的记忆抹去，让人们温顺地生活在虚拟的“黑客帝国”中。小部分人逃离了“黑客帝国”，组成一股抵抗势力，等待那个拯救人类的使者出现。抵抗势力中的“皮尔斯”白天是一名普通的公司职员，晚上变身为黑客“尼奥”（Neo）。结果是尼奥从虚拟世界中觉醒，开始自由操纵“黑客帝国”。当我们在理解元宇宙概念的基础上回看这部电影，就会发现该电影的世界观更容易被接受，主角尼奥其实拥有了“元宇宙管理员”的能力，他可以修改元宇宙中的物理法则。电影描述的元宇宙类似一座监狱，禁锢着人们的思想，如同麻醉剂一般让人们忘记了残酷的现实，其中的人是没有选择权利的，只能将虚拟现实视为现实而生存，因此缺乏认知现实的能力。值得注意的是，片名“Matrix”具有两重含义，一是指电子网络，二是指它的词源含义，即“母体”或“子宫”，影片主角的身体随情节变化而变化，其身体就是自身的技术化成果，所以该电影及其续集还阐释了信息技术影响下的人体意象。

（二）技术的直观展现

改编自恩斯特·克莱恩的同名小说、2018 年上映的电影《头号玩家》直观地向人们展示了元宇宙技术，电影中的人们使用头戴式现实设备，以虚拟化身进入虚拟世界，生活在元宇宙中。电影发生的时间设置在 2045 年，城市掌握在各个大企业手中，现实世界令人失望，人们将希望寄托于一个名为“绿洲”（Oasis）的虚拟空间。在这个空间里，任何人都可以以自己喜欢的虚拟化身去到任何地方、做任何事、抱有任何幻想，以逃避惨淡现实。主人公韦德是一个在现实世界中毫无存在感也不合群的人，对他来讲，绿洲是唯一的人生乐园。在“绿洲”里打发时间的人不止韦德。绿洲有自己的经济体系，其中一个名为“IOI”的大企业在“绿洲”中提供和销售装备、道具，获取了巨大利益。影片中登录“绿洲”的虚拟现实设备与我们当前的虚拟现实设备非常接近。

电影中的“绿洲”创始人詹姆斯·哈利迪在弥留之际设置的游戏规则是：完成隐藏在虚拟世界中的三个任务的人将赢得“绿洲”的运营权和巨额遗产，于是主人公韦德与许多人一样，每天在其中寻找任务的谜底。IOI这样的大企业则有组织地雇佣大量人员去寻找谜底，企图取得“绿洲”的所有权以获取巨额财富。“绿洲”是一个超越国界的大型虚拟世界，接近人们对于元宇宙的构想，那么元宇宙究竟由谁创造？由谁管理？由谁制定或修改规则？影片中给出的答案是：“绿洲”的创建者哈利迪并不希望“绿洲”变得商业化，所以设置了一个装置，不把“绿洲”的运营权转让给有商业意图的人，而是将其转让给了善良的主人公韦德。

这部电影引发了人们关于元宇宙的更多想象，名为“绿洲”的VR游戏就是元宇宙的直观展现，在元宇宙概念流行的当下也引发了人们的思考。首先，当下人们是否可能打造类似“绿洲”的身临其境的虚拟世界元宇宙，带来高度的真实感和沉浸性？在逼真程度的直观展现层面，目前能够代表当下虚拟现实游戏较高水平的要属2020年3月发售的《半衰期：爱莉克斯》（*Half-Life*：*Alyx*）。这款游戏的故事背景是人类抵抗外星人入侵。该游戏与电影《头号玩家》所呈现的世界观有很大不同。单从技术层面而言，要想在该游戏中获得较好的体验，对电脑和VR设备的配置要求较高，单游戏文件本身就达到48G。玩家之所以给予这款游戏极高的评价，是因为这款游戏呈现的图像细节、感官体验比以往的VR游戏更精致，玩家可以直接触摸与操控游戏中的任何物体，但在真实触感和空间控制上仍存在局限。虽然目前的一些VR设备已经可以部分实现触感的传递或者对于运动的感知，但无论是从功能还是从商用价值角度来说，其与《头号玩家》中呈现的装备和效果都有着较大距离。现实中当平台确保了一定数量的用户，就会更多转向对商业价值实现的关注，利用用户的个人信息，借助算法推荐，推送广告，获取收益。元宇宙作为一种可能的未来，其所有权问题或将成为核心问题之一。

对于如何提高未来元宇宙中的真实感这一问题目前尚无统一定论。目前从技术的可行性与安全性来看，手套与VR眼镜的组合形式看似更可能成为VR设备的未来样貌，“脑机接口”也是一种可能的形式，尽管有学者明确反对。对于元宇宙与人类未来更关键的问题是：我们是否真的需要去模糊虚拟与现实的边界？对于真实感的过度追求是否会带来难以预料的负面影响？这些问题都需要从哲学、宗教、伦理、法律、经济等角度进行全方位审视。

在许多科幻电影中，关于技术恐惧的故事主题屡见不鲜，如《终结者》中操控一切、追杀人类的机器人，《黑客帝国》中讲述的人工智能控制“现实世界”的故事等。电影《失控玩家》呈现的则是人工智能和人类较为“友好”的关系，尽管其中也有真实世界的焦虑和虚拟世界的主动退让，但其较为直观地展现出人和人工智能之间除了对立冲突之外的另一种可能。

《失控玩家》中的“自由城”是一个虚拟的游戏世界。人们对现实世界感到失望，因而选择在数字世界中重构了一个家园，这里具备理想中的经济系统和文明系统，人们拥有自己的数字身份，这与目前所提及的元宇宙概念已经非常接近。玩家通过游戏入口，选择自己在游戏中的角色形象，佩戴好眼镜，便可在“自由城”中自由行走和做任何事，获得相关体验和一定快感。玩家甚至可以通过抢劫、枪战、杀戮来获取能量值，得到“自由城”中流通的货币，获得身份的升级。但当安托万的铁锤砸在服务器上的那一刻起，“自由城”以及生活在其中的真实和虚拟的生命全部烟消云散。

英剧《黑镜》第二季第1集《马上回来》（*Be Right Back*）”讲述了一个发人深思的关于“死而复生”的科幻故事：有一对情侣 Martha 和 Ash，他们搬到 Ash 父母居住的远离尘嚣的小镇生活。Ash 是一位社交网络狂人，时常沉迷于网络以至于忽视现实生活中伴侣的感受。一天，Ash 在归还搬家租赁的货车时发生了车祸，Martha 悲痛万分。在 Ash 的葬礼上，朋友告诉了 Martha 一种和死去的人建立联系的方式，就是利用 Ash 在社交网络中留下的所有信息、状态、更新等数据，创造出一个新的 Ash，从而帮助她减轻伤痛。Martha 收到了一封署名 Ash 的邮件，她非常震惊，开始对这个想法感到不适，并且一点儿也不希望牵扯进 Ash 的网络世界中，但她很快发现自己怀孕了。于是她回复了那封邮件，借助对话人工智能她听到了“真实”的丈夫的声音，接着又使用了升级服务，一个与丈夫有着相同声音、外貌、表情的机器人来到她的身边。随后她的心情从起初的欣喜、激动转变为疑惑、愤怒，这个拥有丈夫的外貌和心智的 AI 有机体让 Martha 陷入了情感的困境，他太完美了，是 Ash 的完美的模仿者，但真正的已经死去的 Ash 是有缺陷的。这个故事将一个伦理问题摆到人们面前：我们要怎样面对这样的 AI？故事的结尾发人深思：女主角与复制其夫的仿真机器人继续生活多年，机器人独自生活在阁楼上，只有周末时才与女主角及其女儿共度。所以，未来那些具有多重自我的主体和所谓“化身”，是否会挑战当下我们对于何为“真实的人”的认知？人们将如何面对逝去的生命和延续下来的数字生命、数字人格？

类似的，《黑镜》第三季第4集《圣朱尼佩罗》中描述了元宇宙与人类数字永生的未来场景：科技已经发展到人们能将意识上传到元宇宙，并在死后进入其中实现意识永生的层面。人们在元宇宙里可以体验任何时代和场景，可以自由进行无异于现实的交互。一个老人在体验虚拟世界的过程中被深深打动了，于是身患绝症的她申请在现实世界里安乐死，然后在虚拟世界里永生。在设定的故事背景下，患有绝症或阿尔兹海默症的人们每周都有机会去一次不同年代或是不同时期的圣朱尼佩罗。这些人被称为游客，而不用离开的人则是已经在物理世界中去世了的永久居民。在故事设定的时间里，人们发明了一个医疗科技系统，在人年老的时候，可以选择什么时候离世，然后到达圣朱尼佩罗，以自己年轻的身份，在这个世界里生活，这里的永久居民是死亡后的自己。而没有选择到达这里的人只能永久离世，带着亡去的身躯在土壤下永息，就像凯利的丈夫和女儿一样。在这个世界里，游客做自己想做的事，生活奔放而狂野，真实而自我。患病的人们在这里缓解病痛，寻找缺失的记忆。主人公约克夏在年轻的时候因为性取向的问题而不被父母理解，她21岁时发生车祸，在医院的病床上度过了几十年，于生命弥留之际选择来到圣朱尼佩罗。她年轻的时候一直深受束缚，来到这里，她有机会按照自己年轻时的设想生活。后来她认识了凯利，并爱上了她。凯利现实中的女儿因早逝而错过了圣朱尼佩罗，后来逝世的丈夫也因选择陪伴女儿而没能来到这里，拒绝了这个世界，凯利因此没有办法答应约克夏而选择永远活在这里。两人在现实里见了面，约克夏身体不能动弹地躺在病床上，凯利也是白发苍苍的老人，最终她们都选择在圣朱尼佩罗这个虚拟世界里以年轻的身体度过两人生活。

（三）赛博朋克小说

赛博朋克小说最早出现于20世纪80年代，其所描绘的技术对人类生活的深度介入是这类小说最显著的标志之一。1984年威廉·吉布森（William Ford Gibson）在小说《神经漫游者》（*Neuromancer*）中首次提及“赛博空间”一词。该小说有两条主要的故事线：一是主角凯斯与莫利的关系，二是凯斯设法消除神经系统中的毒素。“系统”这个词富有深意，处在不断的动态变化中，从人体、犯罪网络直至矩阵，系统的复杂性在各个层面激增，这也造成了小说情节的复杂性。

小说第一幕场景是以酒吧为背景，装着假肢和钢牙的酒保为开篇定下了基调，即小说中的每个角色都是某种意义上的赛博格或者曾经受到过某种侵害性手段的伤害。主人公凯斯的神经系统就曾被毒素败坏，基本不具备运动能力，于是他常常陷于关于矩阵的梦境，回忆自己是计算机黑客的岁月。莫利则通过手术植入了眼镜，在十指末端植入了可缩回的致命刀刃。虽然国家之间存在名义上的差别，但是吉布森已经描绘了全球主义的基本样貌以及计算机控制的跨国企业集团和高科技文化构成的后现代未来世界的可怕图景。小说中角色的身体受到了假肢、药物、电子数据等的“入侵”，他们的文化和生活被技术重新塑造。在这个意义上，吉布森用生动、惊险的故事情节向人们揭示：电脑屏幕之中另有一个真实的空间，这一空间人们看不到，但知晓它的存在，这是一种真实的活动的领域。这个空间不仅包含人的思想，而且包括人类制造的各种系统，如人工智能系统和虚拟现实系统等。

将近20年以后的影片《黑客帝国》所描绘的网络虚拟空间，其核心框架正源自《神经漫游者》这部经典科幻小说，《黑客帝国》可以视为吉布森所描绘的网络空间的直观视觉展现。

当人们随时随地都可以接入网络，数据来源的概念就成为一个重要的问题。而在吉布森2003年的小说《模式识别》中就描述了凯西（凯斯的女性版本）调查因特网上神秘视频剪辑的来源的过程。吉布森在《模式识别》中把叙事的重点放在了诠释学上，重点描述数据阐释的问题，涉及数据的隐写和加密，暗示俄国黑手党可能跟这些视频有牵连。

赛博朋克形成期的一个关键人物是尼尔·斯蒂芬森，他在解释1992年的小说《雪崩》的书名含义时说，雪崩是指没有信号时电视屏幕上出现的雪花，但同时也指吸食可卡因后毒品效果消退并导致情绪低落。雪崩在小说中作为一个隐喻的概念存在，具有双重含义：一方面指毒品，另一方面指电脑病毒。小说背景设定在21世纪初期的美国的洛杉矶。此时美国已经崩溃，美国联邦政府将大部分权力给予了私人企业家和组织，将国家安全交付给了雇佣军队，公路公司之间也通过相互竞争来吸引司机驶上他们的路，政府剩余的权力只是做一些繁琐的工作而已，社会的繁荣安定与他们无关。政府大部分的土地被瓜分，取而代之的是一些自给自足的个人领地。小说主角弘（Hiro）是一名计算机黑客，同时也是为黑手党送披萨的快递员，在工作中他遇到了一位名叫Y.T.的女孩，他们决定合伙进行情报工作。他们发现了一种名叫“雪崩”的药物，这种药物实际上是一种电脑病毒，这种病毒不仅能在网络上传播，还能在现实生活中扩散，造成系统崩溃和头脑失灵，这种病毒是五旬节教会通过其基础设施和信仰体系进行传播的。在Hiro和Y.T.的深入调查下，他们发现这种病毒与古代苏美尔文化有着莫大的联系。

通过这部小说，斯蒂芬森区分了虚拟的现实和实在的现实。他创造了一个并非以往想象中的互联网——虚拟实境（Metaverse），而且它是和社会紧密联系的三维数字空间，与现实世界平行。在现实世界中地理位置彼此隔绝的人们可以通过各自的“化身”进行交流娱乐，化身们聚集在一家名为黑太阳的虚拟夜总会中，这是一个神秘的、隐秘的内部组织。斯蒂芬森从印度教中借用“化身”这个词，用它来指代网络中虚拟的人格，而他笔下的“大街”和吉布森描写的“斯普罗尔”一样，是无数“化身”占据的虚拟公路。

艾萨克·阿西莫夫（Isaac Asimov）是科幻艺术领域中里程碑式的人物。他创作了科幻小说《基地系列》（*Foundation*），且提出了著名的“机器人三定律”①。伴随着人工智能的突破、元宇宙的实现和“后人类社会”的来临，阿西莫夫的“机器人三定律”的历史价值将更凸显。

赛博朋克小说对电子系统与现实世界关系问题的探讨是当代文化的重要侧面。这些小说展现了后机械时代的幻象，对难以视觉化的技术形式进行刻画。这些视觉化的策略成为科幻小说与科幻电影之间的重要联结点。联结是人们讨论科幻作品时的一个重要主题，它体现了人格与技术的不可割裂。澳大利亚科幻作家格雷格·伊根（Greg Egan）创作的科幻小说的核心主题是电子技术和人类身份之间的关联，1994年他在小说《置换城市》（*Permutation City*）中描写了这样的场景：在不远的未来，人类思想已经可以被扫描并上传到VR世界，成为一个电子复制体（Copy）。

赛博朋克是“控制论、神经机械学”与“朋克”的结合词。相关故事背景大多描绘在未来，建立于“低端生活与高等科技结合”的基础上，拥有先进科学技术，再与一定程度崩坏的社会结构做对比。从视觉效果来看，赛博朋克多具有街头的霓虹灯、街牌标志性广告以及高楼建筑等元素，通常搭配色彩以黑、紫、绿、蓝、红为主。故事框架常设定为社会秩序受到政府或财团或秘密组织的高度控制，而主角利用其中的漏洞做出某种突破。赛博朋克电影的情节通常更尊重信息技术的具体设定，围绕黑客、人工智能及大型企业之间的矛盾而展开，背景设在不远的将来的一个反乌托邦地球上。

雷蒙德·库兹韦尔（Raymond Kurzweil）将“奇点”作为一个隐喻：当智能机器的能力跨越这一临界点之后，人类的知识单元、链接数目、思考能力，将旋即步入令人眩晕的加速喷发状态——一切传统的和习以为常的认识、理念、常识，将统统不复存在，所有的智能装置、新的人机复合体将进入“苏醒”状态。肯·麦克劳德的《牛顿的觉醒》（2004）和查尔斯·斯特罗斯的《渐速音》（2005）等小说对这一技术发展的高潮已经做出了科幻的预言。

（四）科幻游戏

科幻游戏作为科幻文本的一种重要类型，其发展过程、社会影响为我们当下的元宇宙展望和研究提供了重要的素材。20世纪80年代起科幻游戏历经电视、互联网和移动互联

① 阿西莫夫“机器人三定律”：第一定律，机器人不得伤害人类，或坐视人类受到伤害；第二定律，除非违背第一定律，否则机器人必须服从人类命令；第三定律，除非违背第一或第二定律，否则机器人必须保护自己。“机器人三定律”提出时，机器人尚不存在。1985年，阿西莫夫将“机器人三定律”扩展为“机器人四定律”。

网的媒体变迁，引发广泛而深远的影响。太空类科幻是科幻游戏中最重要的类型之一。美国于1994年首次发布“魔兽争霸”系列的第一部作品《魔兽争霸：人类与兽人》，2016年《魔兽》电影上映，这20多年的历程也是“魔兽”文化从内容生产、视觉呈现到存在形式的变化历程，从科幻小说、传统电子游戏到大型多人在线角色扮演游戏（Massively Multiplayer Online Role-Playing Game，MMORPG）和跨平台媒体呈现的不断演变，直至形成当下影响广泛的“魔兽”文化体系。

在现代游戏理论中，最有代表性的是弗洛伊德代表的“心理分析学派”，主张游戏的目的是实现愿望的满足。在弗洛伊德那里，现实世界的自我的同一性，是通过对我们身体里的力比多的压抑、自我对本我的控制来实现的。弗洛伊德说：这整个决断的经过是动作者自我（Ego）所充分认识的。假使这同样的冲动受到压抑，结果将大不相同。冲动的力量仍然存在，但在记忆上会不留痕迹；自我虽无所知，而压抑的历程仍可完成。① “通过自我典范的建立，自我已经控制了奥狄帕斯（即俄狄浦斯）情结，同时还使自己掌握了对本我的统治权。自我基本上是外部世界的代表，现实的代表。”② 如此看来，电子游戏打造的虚拟世界为这种被压抑的本我的状态带来了转机，正如弗洛伊德强调的那样，“冲动的力量仍然存在”，在一定的时刻会试图逃脱自我的控制。

游戏反映了无意识的梦想、欲望和愿望，但它们也在构建这些无意识假设中发挥着作用。到目前为止，这与其他形式的媒体没有什么不同。然而，游戏在这种构建中有一个特殊且更独特的角色：通过让我们体验自己的梦想、欲望和愿望，将梦想、欲望和愿望自然化。此外，正如我们所强调的那样，因为欲望和愿望可能是无意识的，所以游戏能够预测并构建未来的梦想。③

创造不可能的世界，这是游戏作为虚拟世界的价值所在，这个虚拟世界与我们的现实世界以悖论式和褶皱式的方式叠加在一起④，成为一个异托邦世界（heterotopia）。⑤

科幻文本多把现实生活表现为一种精巧的电子模拟，遮蔽了“真实”，真实与虚幻、公共与隐私、人类与机器的二元对立处于不稳定的状态，这也正是科幻文本的魅力所在。二元对立的界线被不断打破，使得受众再也无从把握纯粹的真实。

---

① ［奥］弗洛伊德．精神分析引论［M］．高觉敷，译．北京：商务印书馆，1984：232.

② ［奥］弗洛伊德．自我与本我［M］．林尘，等，译．上海：上海译文出版社，2011：227.

③ Alfie Bown. The Playstation Dreamworld［M］. Cambridge：Polity Press，2018：77.

④ 蓝江．宁芙化身体与异托邦：电子游戏世代的存在哲学［J］．文艺研究，2021（8）：92-102.

⑤ “异托邦”是福柯提出来的一个概念，以区别于虚无缥缈的并不存在的乌托邦。与乌托邦不同，异托邦是存在的，但它的存在依赖于我们的想象力。Cf. Michel Foucault. Dits et écrits 1954—1988［M］. Paris：Gallimard，1994：756.

第三节　媒介考古学方法的引入：回到游戏文本的考察

一、虚拟媒介考古学方法的引入

媒介考古学建立在福柯的方法论基础之上，并从精神分析和20世纪早期的文化理论中获得启发，其中包括文学的主题理论。媒介考古学在审视历史对象时，与当下对话，且批判当下。麦克卢汉的观点为媒介考古学家带来诸多方面的影响，其中最重要的是强调各种媒介之间的时间上的连接、转化和融合。埃尔基·胡塔莫对“主题”进行了理论和历史层面的语境化研究并将其应用于各种媒介形式之中，从“窥视媒体”（peep media）、移动全景到移动媒介，识别主题，分析其轨迹与转换形式，并进一步解释制约它们在时空中“变幻”的文化逻辑。确定媒介文化依赖于已知事物的方式，如同确定其如何体现和促进前所未有的事物一样重要。事实上，这两个方面是相互联系的，新事物可能被那些存在数百年之久的规则“修饰”，而旧事物也可能为文化的创新和重新定位提供“模板”①。

各种媒介技术和艺术最终都服务于在虚拟空间中建构梦想和再现现实，并通过模拟和复制感官体验来实现对物理性肉身的自我超越②。“虚拟媒介”（imaginary media）这一术语不仅意味着将人类的想象力视作一种奇异交流方式的发生场所，也意味着媒介这一观念在心灵理论和大脑理论中的延伸。在这个意义上，媒介操控着人类及其文化的策略和技术。荷兰学者埃里克·克塔滕贝格（Eric Kluitenberg）讨论了虚拟媒介的概念化方法，认为挖掘过去的媒介文化不仅对媒介文化自身十分重要，对于开创一个创新型的关键性未来也同样重要。可见，众多媒介考古学的学者都注重档案资料的发现和历史叙述的重建，都与新兴媒介的实践联系密切。人们对虚拟媒介的期望通常超出现实媒介真正可以达到的程度。虚拟媒介的想象性往往交织在纯粹想象和现实存在的媒介机器之间，描述了意义和测定方法都高度复杂的领域，由此技术想象和现实技术发展之间的界限变得日益模糊了，虚拟媒介与现实媒介机器之间几乎可以无缝转换。当下人们热议的“虚实融生”的“元宇

① ［美］埃尔基·胡塔莫，［芬兰］尤西·帕里卡．媒介考古学［M］．唐海江，译．上海：复旦大学出版社，2018：14，47.

② 周逵．虚拟现实的媒介建构：一种媒介技术史的视角［J］．现代传播（中国传媒大学学报），2013（8）：29-33.

宙”恰恰符合“虚拟媒介”的种种特征。作为一个尚未到来的世界，元宇宙已经引发许多热议，从概念到样态，人们对元宇宙甚至给出了不少颇为具体的描绘，这样的现实正贴合了罗伊·阿斯科特（Roy Ascott）所言的“未来即当下”①。

如果要从对元宇宙这一虚拟媒介的批判性审视中获得启示，以改善媒介和技术发展的未来前景，或者说避免出现负面影响，就必然要保留媒介的乌托邦式潜力，即探寻媒介在未来发展中的优势所在，这一问题对于虚拟媒介考古学而言至关重要。因此，想要努力为元宇宙建构一种“理论”，进一步辨析概念本身或将有所助益。在对元宇宙的初步考古中，发掘元宇宙这一概念或观念的多重含义，从媒介史角度，借助媒介考古学方法审视元宇宙，揭示元宇宙与实际的媒介文本之间、已实现的游戏文本与渴望的元宇宙之间持续进行的相互作用过程。

二、检视游戏文本：元宇宙理念下的虚拟空间及其社会价值

借助虚拟媒介考古学研究元宇宙的话语方法，旨在说明特定的话语类型是如何发挥作用并塑造媒介的可能未来。虽然现有的游戏文本并未达到人们想象中的水准，但业已实现的游戏文本的构成及其变革能力却值得关注，其在社交与经济活动中已经展现出超乎想象的变革能力，在探讨元宇宙及其数字虚拟空间的未来发展中，虚拟媒介考古学的研究可以帮助人们提升对元宇宙和现实游戏文本相互作用的敏感性。疫情给人类的社交、工作和生活带来的影响仍在持续，元宇宙虚拟现实平台中呈现的用户社交和其他行为的活跃现象越来越引发人们的关注。尼尔·斯蒂芬森在1992年出版的科幻小说《雪崩》中提到的“元宇宙”，是一个沉浸式的三维虚拟世界，它以现实世界为基础，但没有物理限制，允许人们使用化身进行互动②。元宇宙作为一个数字虚拟空间使得用户能够通过化身参与社会、经济和文化活动。该小说问世后，技术的发展使得虚拟世界在现实生活中得以实现，更复杂、更广泛的元宇宙概念应运而生。随着人们社交行为的日益线上化，内容创作呈现出更多数字化的趋势，而基于元宇宙理念、元宇宙平台的公共设施、公共场景、虚拟演唱会等成为数字空间实践的新形式。早期的元宇宙平台“第二人生”于2003年启动，并建立了各种设施，如教室、图书馆和医院。人们在其中进行教学互动，参与竞选活动。2020年4月，美国歌手特拉维斯·斯科特举办了一场化身演唱会，观众达1230万人，古驰

① ［美］罗伊·阿斯科特．未来就是现在：艺术，技术和意识［M］．周凌，任爱凡，译．北京：金城出版社，2012.

② Neal Stephenson. Snow Crash［M］. New York：Penguin Random House，1992：14-15.

（Gucci）品牌在元宇宙平台上销售手袋产品。个人和企业都对元宇宙打造的新数字场景以及由此生发的经济活动带来的新市场充满期待。

我们提出重新回到游戏文本，最突出的目的是使人们认识到游戏潜在的社会价值与社会功用。好的游戏直接影响并塑造了当代社会的情感结构，定义了全新的认识世界的渠道和方式①。社会心理学家乔治·赫伯特·米德认为游戏是人类建立自我过程中的重要机制，社会行为本身就是人类通过共享符号系统进行传播的互动过程，而游戏也同样是通过符号进行的意义交换②。元宇宙与游戏关系密切，元宇宙实现的核心就是要打造基于现实世界的虚拟世界，元宇宙的展现方式与游戏产品形态非常相似，虚拟数字世界的搭建需要游戏技术的支撑。游戏不仅为元宇宙提供了展现的方式，也提升了用户体验，主要体现在沉浸感、多元化和交互性上。目前，Roblox、《堡垒之夜》等代表性游戏平台和游戏已经在市场上得到认可，致力于提升用户更多元的泛娱乐体验。游戏是元宇宙搭建的底层逻辑。在技术层面上，通过技术上的拆分，元宇宙概念游戏大致分为两类：一类是结合交互技术或显示技术的，呈现方式以虚拟现实为主，意在提高玩家虚拟身份认同感和游戏沉浸感的 VR 游戏；一类是结合区块链技术，融入 Di-Fi（去中心化金融）、NFT（非同质化货币或数字艺术品）为游戏提供价值传导的区块链游戏。

随着科学技术的进步，游戏已然成为数字文娱产业的重要内容之一。游戏产业的发展速度与附加价值不断提升，有力带动了数字文娱产业链的发展。随着元宇宙这一概念受到广泛关注，世界各国加大了对电子游戏的研发投入力度。他们致力于研发更丰富的游戏内容、提供更完善的游戏平台和性能，以满足游戏玩家日益多样化和个性化的数字娱乐需求。在人类儿时，游戏也是大自然赐予的一种学习方式，只不过后来随着商业游戏的异化，游戏的学习和教育功能逐步被大众忽视。元宇宙是整合多种新技术产生的虚实相融的新型互联网应用和社会形态③。从多主体、广视角、宽领域加强元宇宙与数字经济的深入融合，对建设数字中国具有重要意义④。游戏是元宇宙的雏形，集艺术、科技、文化等多重要素于一身的游戏也将在未来元宇宙的发展中发挥至关重要的作用，充当引领者拉动上游产业、带动相关产业相继进入元宇宙时代。近年来，游戏产业已经成为数字娱乐产业的

---

① 喻国明，林焕新，钱绯璠，等．从网络游戏到功能游戏：正向社会价值的开启［J］．青年记者，2018（15）：25-27.

② ［美］乔治·H. 米德．心灵、自我与社会［M］．赵月瑟，译．上海：上海译文出版社，2005：58-72.

③ 沈阳，向安玲．把元宇宙同科幻和泡沫区分开［N］．环球时报，2021-11-30（15）.

④ 钟业喜，吴思雨．元宇宙赋能数字经济高质量发展：基础、机理、路径与应用场景［J］．重庆大学学报（社会科学版），2022（5）：1-10.

核心及重要组成部分，网游用户的数量持续攀升，市场规模也在不断扩大。在开启元宇宙未来的过程中，游戏元素的融入将为传统产业的数字化转型带来新的契机。

麦克卢汉在阐述电子媒介的革命性意义时指出，电子媒体延伸了人的身体，改变着人的时空概念，“时间差异和空间差异已不复存在”①。大众传媒最直观地制造出了超现实空间，过度关注媒体信息与现实之间的区别已无意义。艺术的起源、形式表现与人类所处的技术水平关系密切。游戏融合了音乐、戏剧、影视等许多其他艺术的功能，同时互动和沉浸是其区别于其他艺术形式的重要特征。元宇宙理念下的数字虚拟空间发展不等同于简单机械的“游戏化”过程。游戏化是指在非游戏情境下，通过游戏设计将游戏元素与原本的功能整合为一体的思维方式，其本质是一种面向问题的思维模式，而数字虚拟空间则体现了游戏化理念在具体行业跨界融合并实体化为可供体验的内容、产品或服务。

三、元宇宙虚拟空间的未来样态：底层逻辑、内容生成与经济体系

在元宇宙发展背景下，数字虚拟空间将呈现出跨界、多元化、场景化的趋势，这也是其区别于普通游戏的主要特征。首先，元宇宙虚拟空间的建立并非纯粹为了满足玩家的娱乐需求，而旨在为人们的教育、工作、医疗、生产、商业等提供便利。其次，多元化也是元宇宙虚拟空间的典型特征，涉及社会的各行业，取材广泛，用户生产力的激发也使得其内容更加丰富多元。最后，元宇宙虚拟空间的第三个特征是场景化，基于为现实行业服务的目的，其开发必须与具体的应用场景深度结合。

（一）数字虚拟空间：基于元宇宙底层逻辑的活动场域

游戏是元宇宙搭建的底层逻辑，但元宇宙在游戏的基础上会有更多拓展。首先，元宇宙和游戏一样，都会打造虚拟世界。游戏通常会通过打造地图和场景，搭建一个虚拟世界，但这个虚拟世界通常是有边界的，而元宇宙最终会在这个基础上持续拓展，其能够承载的内容体量将不断增大，更接近无限游戏。其次，元宇宙和游戏一样，会分配给用户虚拟身份，支持虚拟形象的个性化打造，这些虚拟身份在元宇宙中被称为“化身”，用户可以借助“化身”进行娱乐、社交和交易等。用户一旦拥有更好的游戏体验和社交体验，其黏性就会增强。最后，游戏引擎是元宇宙打造沉浸式虚拟世界和数字场景的重要基础。元宇宙将具备大规模实时交互和渲染的数字场景的能力，这种快速处理能力也将提供给用

① ［加拿大］马歇尔·麦克卢汉．理解媒介：论人的延伸［M］．何道宽，译．北京：商务印书馆，2000：21.

户，让用户具备条件进行内容分析，游戏引擎在其中发挥重要作用。目前游戏行业的虚幻引擎5、Unity 3D都已经可以实现高质量虚拟人物和数字场景的制作，未来游戏引擎的高度发展将继续推动元宇宙数字空间向前发展。如今，虚拟空间变得比真实空间更加“真实”，变成了“超空间”。“在鲍德里亚看来，迪士尼乐园中的美国模型要比社会世界中的真实美国更为真实，就好像美国正在变得越来越像迪士尼乐园一样”①。

（二）提升内容体验：激发元宇宙用户的创造力，丰富内容供给

当下，对于真实场景的数字化复刻是元宇宙数字空间的主要目标之一，而沙盒游戏对于用户创造力的激发无疑最大限度地丰富了数字空间的内容供给。参与一直是公共空间的核心要素，设计师始终明白，如果公众能改变环境，环境会变得更有吸引力和亲和力②。作为代表性的元宇宙平台，Roblox于2006年推出服务。ComScore是美国知名的互联网统计公司、互联网流量跟踪分析公司和市场调研公司，根据ComScore的数据显示，从平均月访问量和使用时长来看，Roblox被视为18岁以下用户的最佳在线娱乐平台之一。Roblox支持块状的虚拟形象，用户可以使用加密货币Robux装饰和操作虚拟形象和地图。超过5000万款游戏可以在地图上玩，任何人都可以通过“Roblox Studio”设计、开发和分享游戏。Roblox为个人开发游戏提供各种资源，帮助用户建立自己的空间。2011年正式发售的《我的世界》是一款沙盒游戏，其与射击或动作类游戏的玩法完全不同，玩家随心所欲以堆叠方块的形式创造自己的世界，有点类似于拼搭乐高积木。该游戏中没有制作精良的高逼真度画面，角色和场景都以积木形式呈现，音效也比较初级，人物和背景与当下流行的游戏相比，显得非常原生态。没有玩过这款游戏的人很难理解它的魅力所在，但这款游戏深受儿童欢迎，因为玩家在其中可以打破边界，它迎合了儿童的探索欲和创造欲。其游戏模式是开放的，甚至允许玩家在其中创造建筑物与艺术作品。其游戏内容包括采集矿石、与敌对生物战斗，以及收集游戏中的各种资源来合成新的方块与工具。并且，这款游戏的玩家群体不限于儿童，许多成人玩家在其中建造了自己设计的一些充满奇思妙想的建筑，对真实世界中的著名建筑进行了二次创作，如泰姬陵、埃菲尔铁塔等。正是基于数字空间，即使人们不出门，也可以游览、研究甚至搭建这些知名建筑。

人们对于创造虚拟建筑或复刻真实世界场景的需求在不断攀升，尤其是在新冠肺炎疫

---

① ［美］凯尔纳，贝斯特．后现代理论：批判性的质疑［M］．张志斌，译．北京：中央编译出版社，2004：154-155.

② ［澳］斯科特·麦夸尔．地理媒介：网络化城市与公共空间的未来［M］．潘霁，译．上海：复旦大学出版社，2019：81.

情蔓延期间，许多大学生在现实世界中的出行受到限制，宾夕法尼亚大学、伯克利音乐学院、奥伯林学院等几所学校的学生在《我的世界》元宇宙中，重新搭建出了自己的学校，玩家的创造力被充分地发挥，他们修建了大学校园的操场、图书馆、授课厅等公共空间，甚至还包括学生宿舍与流动餐车。疫情影响下，学生无法在真实世界中社交，于是他们在《我的世界》中创造了一个复刻真实世界校园的镜像世界，在其中社交、游戏甚至举行毕业典礼。日本的一些小学生也自发在其中修建了教室、举行了虚拟毕业典礼并分享到推特。

为什么人们热衷于在《我的世界》中创造镜像世界元宇宙？这款游戏不仅借助镜像的世界满足人们的社交需求，还允许用户利用镜像世界的高效性和延展性完成某个自行设定的目标，如学习一种新的语言。尽管《我的世界》在视觉效果方面带给玩家的起初印象并不惊艳，但其在全球拥有大量用户，并深受广大儿童的喜爱，甚至广泛地被运用到教育领域，带给元宇宙研究者们许多启示。从儿童角度分析，比起已经存在或者别人创造的事物，人们对 DIY 的东西往往表现出更高的喜爱程度。对于《我的世界》这款游戏中的镜像世界，孩子们表现出比成人更高的理解能力和掌握能力，而这款游戏之所以能给孩子们带来快乐，也许恰恰是因为在现实世界中他们未能获得充分的实现创意的机会。

Roblox 和《我的世界》最大的共同点是，玩家通过创造游戏（如在创造者所创造的不同世界中“创造并执行任务”和“角色扮演”）来创建自己的各种“故事”。作为一个创意群体，他们试图通过其他平台将自己的游戏作为一种创造呈现给他人。在元宇宙中，用户将自己投射到他们的化身中，以各种方式表达自己，并通过这种方式进行竞争。最终，这种行为让元宇宙作为一个新的游戏空间而存在，同时也确立了自己的文化。

（三）融入消费体验：结合线上沉浸式消费体验生成经济价值

从符号学角度来看，索绪尔在符号层面上取消了物质与精神的对立，罗兰·巴特运用符号学原理对大众文化中的流行消费进行解码时把流行消费不再当作针对实物的行为，而是解码为符号书写行为。这样，作为实体的商品就不再重要，而广泛传播的商品的符号才具有真实的意义。在新的消费文化当中，实物的价值被虚构之物所取代。如此，元宇宙数字空间的充分利用对于数字艺术的经济价值已经经受住了时间的检验。《堡垒之夜》是游戏开发商“英佩游戏（Epic Games）”制作的一款第三人称射击游戏，拥有 3.5 亿的庞大用户群体。《堡垒之夜》作为一款成功的游戏，其内在的经济系统每月产生数以百万计的利润，玩家在游戏内购买衣服、武器和装备。首先，从游戏模式来看，《堡垒之夜》采取免费的游戏模式，只出售装饰性的道具。其优势在于免费有利于在更大规模上扩展玩家数量，快速超越竞争对手，但也意味着较高的风险：只有游戏本身足够吸引玩家，玩家才愿意对装饰性道具付费，从而实现平台的盈利。其次，建造系统是《堡垒之夜》这款游戏的亮点，这一亮点的存在，一方面提升了游戏的复杂程度，另一方面也为游戏增加了更多玩法和可能性。对于玩家而言，虽然建造系统的学习并不困难，但是要掌握和精通也需要相当程度的练习。

目前《堡垒之夜》正在朝着元宇宙前进，特别是近年来它被视为"元宇宙演出平台"。2020 年 4 月，美国流行歌手特拉维斯·斯科特在《堡垒之夜》上举办了一场虚拟音乐会，吸引了 1230 万观众在线观看。这个联动演唱会的案例对于元宇宙未来的价值在于，它让人们看到元宇宙创新了虚拟空间的形式及提供了元宇宙经济的未来可能性。所有参与者可以自由移动，调整视角，同时感受整个世界和音乐一起的律动。沉浸式体验和观众参与程度的提升将是未来元宇宙演出平台的发展方向。在新冠肺炎疫情的大背景下，《堡垒之夜》和特拉维斯的联动向人们展现了可能的元宇宙未来应用场景。而这一切对于"人"的影响，对于文化的影响，都亟待探讨和研究。

结合目前人们对于元宇宙的概念的讨论，游戏《第二人生》被视为具备潜力的元宇宙平台。1999 年，菲利普·罗斯戴尔为了让《雪崩》所描述的世界变成现实，创办了名为"林登实验室"的公司，用计算机创造了虚拟世界《第二人生》，并用自己的虚拟形象登录了这款游戏。游戏中的世界被称为"网格"，就如同人们生活的真实世界，大致由主大陆、海域、外域、岛屿等构成。《第二人生》提出"虚拟世界房地产"的概念及其基本构成要素，这一做法被之后的许多平台效仿。游戏具备虚拟化身和繁荣的虚拟经济系统，在很大意义上接近于今天人们对于元宇宙特征的基本描述。在这个《第二人生》元宇宙中，人们进行社交、表演、旅行、购物、开会、上课等多种活动，也包括房地产交易等经济活动。用户还可以创造和出售自己的数字资产，具体包括虚拟化身的皮肤、盖的房子、制作的各种产品等。此外，游戏给予用户创作权和所有权并设置强大的激励机制，激发了用户的想象力和创造力。但是，这一游戏也浮现了不少问题，如虚拟世界中的暴力事件、数字作品的版权争端、色情内容传播、集体霸凌等。对于这些不良现象，林登实验室采取过相应的措施以净化游戏环境，但是由匿名性和虚拟性导致的上述问题难以避免。从今天来看，数字虚拟世界、未来的元宇宙世界都面临着同样的问题。《第二人生》在游戏用户须知中加入了社群行动准则，涉及禁止不当言论、禁止霸凌、禁止暴力和侵犯他人的空间或领域、禁止公开或分享他人个人信息、未经允许不得盗用他人的身份和内容、不得妨碍他人的游戏体验或威胁社区安全等。未来元宇宙将面临更大的成长空间，拥有更大规模的用户群体，《第二人生》建立的上述原则或能为元宇宙准则的制定提供一定的参考。

德国文化人类学家恩斯特·卡西尔指出，人的本质就是无限的创造活动，而创造的目的就是逼近和造就理想世界①。历史上，人类通过交通工具的使用不断地探索地理空间，通过太空航行拓展着对于宇宙空间的认知，显微镜的发明又带领人类进入了更细微的原子空间。在人与人的交往中，我们创造了社会空间。如今，赛博空间同样如此，电脑网络遍及世界，其硬件和软件揭示了一种虚拟维度，既超越又交织于我们的日常生活世界②。尽管人们期待的元宇宙尚未真正到来，人们对元宇宙的描述更接近一个技术的乌托邦，但这不意味着我们要因此终止对它的探讨。对于元宇宙与现实媒介之间的相互作用，与其提出统一的观点，不如阐明某些启发性事例出现的历史背景与实践形式，这样的检视将阐明元宇宙所具备的最一般的共性。元宇宙由在线游戏演化而来，但从虚拟和现实连接方面来看，元宇宙的虚实连接相较传统网络游戏更强。元宇宙中的活跃度持续上升，用户通过将自身投射到化身上并分享游戏行为从而创造了一种新的游戏文化。元宇宙用户的参与形式、内容生产和消费方式也与以往有很大不同。元宇宙为数字空间的表征形式和经济价值实现都提供了新的可能，用户可以更自由地参与其中，与环境互动，创造自己的故事。抛开对元宇宙概念本身的空洞演绎，回到媒介考古学的视角，重新挖掘游戏本身的丰富内涵，或是窥视元宇宙未来的一种重要途径。

① ［德］卡西尔．人论［M］．甘阳，译．上海：上海译文出版社，2010：57.

② ［荷］约斯·德·穆尔．赛博空间的奥德赛——走向虚拟本体论与人类学［M］．麦永雄，译．桂林：广西师范大学出版社，2010：9.

第四章　元宇宙艺术之思：可能的影响与可选择的未来

作为一种创新思维表达的媒介，元宇宙创造了一种新的伦理生态。元宇宙时代的艺术创作者可以重新诠释历史、感知现在和预设未来。试想在元宇宙的终极阶段，人类试图创建真正没有阶级和种族歧视、没有边界的去中心化的民主世界。生产力的进步、人类生活的幸福指数的提高，都在人们探索和追逐无限时空的过程中实现着，真正的理想的元宇宙最终应实现跨链互通、身份多元、价值共享和去中心化的世界，本章从多个维度探讨元宇宙对数字艺术变革的影响。从 Roblox、Decentral、NFT 等元宇宙代表性平台出发，本研究借助艺术学、社会学、哲学、传播学等多重角度探讨元宇宙对数字艺术的影响，具体体现在：艺术空间（以数字资产连接消费者和创作者的数字艺术生态闭环与传统审美内涵变化），艺术语言（沉浸式互动体验与传播维度变化），艺术程式（数字人、数字场景、NFT 加密艺术的呈现、审美场域和消费方式），艺术观念（AI、UGC、PGC 的创作主体变化，自动化面部捕捉和动作捕捉、AI 用户画像及行为分析等创作工具与设计方法），艺术形式（融合游戏世界观、社交互动和内容的新艺术形式与新技术环境的融合共生），跨界应用（数字艺术内容在影视、文旅、传媒、教育、电商、医疗、系列 IP 打造等领域的跨界应用）。

第一节　艺术观念：技术演进下的艺术创作与审美趣味

对艺术内涵本身的界定和阐释受到特定的历史演进进程、文化语境以及学界观点的影响。第一，艺术的内涵和定义在不同的历史时期有所变化。不同的艺术运动和时代背景塑造了不同的艺术观念和审美标准。例如，文艺复兴时期的艺术强调人文主义、自然主义和透视法，而现代艺术运动如立体主义、抽象表现主义、概念艺术等则挑战了传统的艺术表达方式。历史的发展和变迁对艺术内涵的界定起着重要的作用。第二，不同的文化语境对艺术的理解和阐释影响深远。艺术是文化的一部分，反映着特定社会和群体的价值观、信仰和传统。不同的文化背景和价值体系会导致对艺术内涵的不同解读。东方文化注重内在的意境和哲学思考，而西方文化则更加注重表现和个体表达。文化语境塑造了人们对艺术的审美偏好和理解方式。第三，学术界和艺术批评家对艺术内涵的界定和阐释也起着重要的作用。他们通过研究和讨论，提出不同的艺术理论和观点，解读艺术作品的含义和意义。这些理论和观点会随着时间的推移而发展和变化，受到不同学派和思潮的影响。

技术与媒介在人类艺术发展和演变过程中起着决定性的作用。技术的创新推动了艺术创造的发展，媒介的进步促进了艺术作品的传播，而技术与创意的互动则丰富了艺术创作的可能性。艺术与技术的相互影响推动着艺术的不断演进和发展。第一，技术变革推动艺术创造，技术变革为艺术家提供了新的创作工具和媒介选择，从古代绘画、雕塑到摄影、电影和数字艺术，每一次技术进步都引领着艺术形式的变革和创新。第二，媒介推动艺术传播，媒介在艺术作品的传播过程中发挥着关键的作用。过去，艺术作品的传播受到地理和物理方面的限制，只能通过有限的渠道进行传播，如印刷品、展览和演出等。然而，随着媒介技术的进步，如摄影术、电影、广播、电视、互联网和社交媒体等，艺术作品可以以更广泛、更迅速的方式传播到全球各地。这种媒介的进步和多样性使得艺术能够超越时空和地域的限制，触达更广泛的受众。第三，技术的发展不仅仅是工具和媒介的进步，其与艺术创意也互相影响。艺术家和创作者利用技术工具和媒介来表达他们的创意和想法，同时，艺术的创新也促使技术不断改进和发展。这种技术与创意的互动为艺术创作提供了新的可能性和表达方式。

媒介技术的演进对普通大众的艺术观念和审美趣味产生了深远的影响，同时也为日常生活的真相构建了新的面貌。

媒介技术的演进影响着人们的艺术观念，第一，其体现在艺术创作方式和手段的多样性上。媒介技术的进步扩展了艺术家的创作工具和媒介选择。传统的绘画、雕塑和摄影等艺术形式仍然存在，但数字技术的兴起使得艺术家能够使用计算机生成艺术，利用虚拟现实技术、增强现实技术和互动装置等新媒介进行创作，这种艺术创作方式的多样性推动了艺术观念的拓展和创新。第二，媒介技术的演进增强了受众体验的互动性。媒介技术的进步改变了观众与艺术作品之间的互动方式。传统观众通常是被动的观看者，而现代的媒介技术提供了更多参与和互动的机会。例如，沉浸式虚拟现实技术可以让观众身临其境地参与艺术创作，而互动装置可以让观众在作品中探索、触摸和参与创作过程。第三，从艺术作品的传播与共享角度来看，媒介技术的进步使得艺术作品的传播范围大大扩展。互联网、社交媒体和数字平台的出现使得艺术作品可以迅速传播到全球各地，无论是通过在线画廊、数字展览还是艺术分享平台，艺术作品突破时空限制能使更广泛的观众群体进行分享和交流。第四，媒介技术的发展促进了艺术与科技领域的融合，艺术家利用科技工具和技术创新，探索新的艺术表现形式和概念。例如，数据可视化、人工智能艺术和基因艺术等交叉领域的实践使得艺术观念和审美趣味与科技的发展相互影响和交织。

媒介技术的演进影响着人们的审美趣味。媒介技术的进步带来了更加多样和丰富的视觉体验。高清晰度的显示器、投影技术以及虚拟现实技术和增强现实技术的应用，使得图像和影像的表现力大大增强。这种多样性和逼真度的提升拓展了人们对视觉艺术欣赏和体验的范围，激发了更丰富的审美趣味。媒介技术的发展使得观众与作品之间的互动性得到了提升。例如，通过触摸屏、手势识别和运动追踪等技术，观众可以参与艺术作品的创作和探索。互动性的增强丰富了观众的审美体验，使他们能够更主动地参与和感知艺术作品。媒介技术的进步使得不同媒介之间的融合和交叉成为可能。艺术家可以将传统媒介与数字技术相结合，创造出新的艺术形式和体验。例如，数字艺术作品可以结合绘画、音乐、动画和互动元素，打破了传统媒介的边界，为观众呈现更为丰富和多样化的审美体验。社交媒体平台的兴起改变了人们对审美趣味的塑造和表达方式。通过社交媒体，个人可以轻松地分享自己的审美偏好、观点和作品，与他人交流和互动。这种开放和多元的审美讨论空间促进了不同观点和风格的交流和碰撞，进一步丰富了审美趣味的多样性。媒介技术的演进为审美趣味带来了更多元和个性化的选择，提供了更加丰富和逼真的多感官体验，增强了受众与作品之间的互动性，促进了不同媒介的融合和创新，并通过社交媒体平台扩大了审美讨论的范围。

随着电子技术的突飞猛进，电子游戏具有操作更加自由的互动性，蕴含着更为广泛的艺术韵味和品质，也形成了其自身所具有的更深邃的文化内涵，如蕴藏在游戏过程中的各种人生领悟，或体现出受众对未知世界的无穷探索和追求。电子游戏被各大媒体所关注，影响深远，其最大奥秘就在于其背后隐含了整个人类的文化心理与审美诉求。①

电子游戏作为一种艺术形式，通过故事叙述、美学设计、文化符号和互动体验等方面，反映了人类的情感、价值观、美学偏好以及对参与和自我表达的追求。第一，在故事叙述与情感表达方面，电子游戏常常通过精心构建的故事情节和角色塑造来传达情感和价值观。游戏可以让玩家亲身体验并参与到虚拟世界中的故事中，激发情感共鸣和情绪体验。游戏的叙事方式、角色发展和情节转折等因素都反映了人类的文化心理和审美诉求。第二，在美学设计与艺术风格方面，电子游戏通常具有独特的美学设计和艺术风格。游戏中的世界和角色设计、场景呈现、音乐和声效等都通过视觉和听觉元素来创造独特的艺术

① 林少雄．新编艺术概论［M］．上海：复旦大学出版社，2013：122-123.

表达形式。这些美学设计和艺术风格的选择受到了文化、历史和个人审美偏好的影响。第三，在文化符号与象征意义方面，电子游戏常常使用各种文化符号和象征意义来传达信息和价值观。游戏中的虚构世界、角色特质、道具和背景故事等都可以包含着对特定文化背景和价值观的引用和反映。这些符号和意义的运用在一定程度上反映了人类的文化心理和审美诉求的特征。第四，在互动与参与体验方面，电子游戏以其互动性强而独特，玩家可以积极参与游戏，与虚拟世界和其他玩家进行互动。一方面，互动性带来了个人的体验和参与感，使玩家能够根据自己的意愿和选择来塑造游戏的进程和结局。另一方面，这种互动性和参与体验反映了人类文化心理中对自主性和自我表达的追求。回顾 Roblox 成功的原因，“UGC（用户生成内容）+游戏”的模式是重要原因，这种模式兼容了用户的创造力和付费能力。以往的许多游戏内容都是 PGC（专业生产内容）的，甚至因为玩家的审美力提升，精品游戏对专业化程度的要求也越来越高，但是从玩家对于《我的世界》的热衷程度可以看到玩家的创作需求，Roblox 的成功就是建立在充分洞悉了玩家 UGC 需求的基础上，结合封装模块和平台云服务器等从技术上实现。

传统艺术观念通常基于物质性的艺术表达和观赏方式，而元宇宙作为一个数字化虚拟世界，引入了全新的艺术形式、互动性和参与模式，对传统观念提出了挑战。第一，元宇宙扩展了艺术媒介的范围，它可以包括虚拟现实、增强现实、交互式媒体等数字技术，使艺术的表现形式更加多样化和创新。第二，元宇宙艺术作品具有较强的互动性和参与性，用户不再是被动的观赏者，而是可以与作品进行互动、创造和共同建构。这种互动和参与性打破了传统艺术中的观众与作品之间的界限，使用户成为作品的一部分。第三，元宇宙模糊了虚拟与真实的界限，传统艺术通常在物理空间中进行展示和欣赏，而元宇宙将艺术带入虚拟的数字空间中。这使得虚拟与真实的界限变得模糊，用户可以在虚拟世界中体验和创造艺术，与虚拟艺术品进行互动，拓展了艺术的创作和观赏范围。第四，元宇宙中的艺术创作具备开放性与合作特征，传统艺术通常由独立的艺术家创作，而元宇宙提供了更开放和合作的艺术创作环境。多个艺术家可以共同创作一个元宇宙项目，用户也可以参与其中，形成了更加开放和协作的艺术创作方式。第五，元宇宙为用户带来更个性化的艺术体验，元宇宙艺术作品可以根据观众的需求和兴趣进行个性化定制，为用户带来更丰富和个性化的艺术体验。

以代表元宇宙雏形的沙盒游戏为例，其特点本身就蕴含着元宇宙对艺术观念和审美趣味的影响。游戏中的创造力、多样的艺术风格、社区共享以及虚拟与现实的交织等因素，塑造了玩家对艺术的理解和欣赏方式。这种影响同时也反过来推动了艺术观念的变革和创新。第一，在创造力与自由表达的层面上，沙盒游戏通常提供给玩家广阔的虚拟世界和自由的创造空间。玩家可以自由地建造、设计和表达自己的创意和想法。这种自由和有创造力的表达方式反映了对个体创造性和自主性的追求，同时也影响了艺术观念和审美趣味。第二，沙盒游戏往往拥有庞大的玩家社区，玩家可以分享自己的创造作品和体验。这种社区的共享文化鼓励了艺术创作的交流和互动，玩家可以相互启发和影响，就艺术观念达成共识或促进变革。这也为不同审美趣味的交融和碰撞提供了平台。第三，沙盒游戏中的虚拟世界与现实生活之间存在着交织和互动。玩家可以将现实世界中的艺术元素和观念融入游戏中，也可以从游戏中获得艺术灵感和创造动力。这种虚拟与现实的交织促进了艺术观念的传递和转化。

从设计的主体来看，元宇宙将极大地提升和借助用户创造力，元宇宙时代除了个体创造，还会出现群体创造、AI 创造。在元宇宙时代，基于数字技术和平台逻辑，将出现群体设计。Z 时代用户所具备的学习能力和作为数字原住民所具备的数字素养使得他们能迅速掌握很多专业复杂的设计能力。就设计行业而言，长期以来，从设计到产品是一项团队工作，需要设计师、开发、运营等一系列逻辑严密、繁复的环节才能完成。而元宇宙时代的每个个体设计者都有能力改变自己的状态和认知，打造属于自己的元宇宙世界，设置接近理想的生活状态。因此，设计这项工作的出发点和应用场景与以往有了很大的不同，个体被极大赋能，未来由群体设计共创元宇宙数字艺术生态将成为必然的趋势。未来的元宇宙 IP 除了艺术创作，还将包含世界观的诠释、商业价值、文化传播，持续以 IP 为引擎来驱动企业设计师用户创造内容以及创新产品，推动人类生活从精神层面到物质层面的共同进步。但是这也对元宇宙设计构成了挑战：在元宇宙群体设计的场景下，需要提供更专业、更系统、更丰富、更标准的内容来支撑可持续的设计、绿色设计。

媒介的变革意味着审美沟通中的艺术内容、审美形式出现嬗变，甚至审美主体的审美趣味也会有不同的感受和延伸。①

第二节　艺术空间：数字资产流通构筑数字艺术生态闭环

从元宇宙平台 Roblox 的成功运营来看，元宇宙数字艺术或将改变传统的艺术空间，打造以数字资产连接消费者和创作者的数字艺术生态闭环，带来传统审美内涵的变化（见图 4-1）。

---

① 吴衍发，张文杰．媒介变革对艺术观念和审美趣味的影响与渗透［J］．学术探索，2021（12）：129-133.

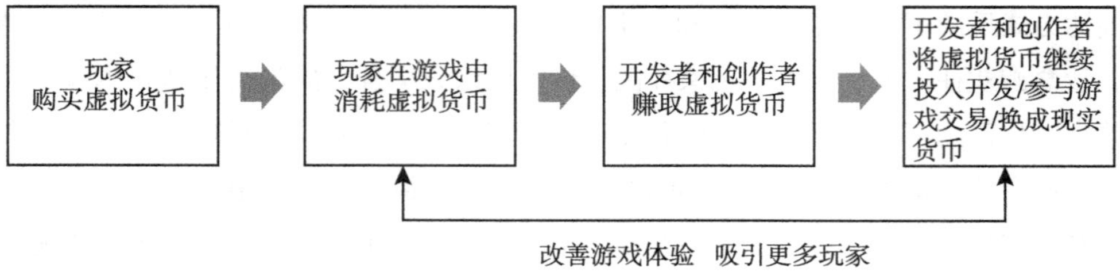

图 4-1　以数字资产连接消费者和创作者的数字艺术生态闭环

Roblox 通过以 Robux 货币为核心的经济体系使整个平台构成有机的、自我运行的生态。Robux 是平台内的虚拟流通货币，这种虚拟货币交换机制与直播平台的礼物打赏机制不同，它不是虚拟物品和现实货币的单维兑换，而是模拟了现实世界，用户可以实现赚取、花费和交易，这些因素导致 Roblox 平台自然而然地形成了庞大的网络效应。玩家可以通过两种方式购买 Robux，一是直接购买，二是购买月度会员（Roblox Premium），还能在兑换 Robux 时享受折扣。开发者可以通过四种机制获取 Robux：①提供付费游戏；②游戏免费，但 Roblox 根据玩家在游戏内的时长，将玩家的每月会员付费分成给开发者们，相当于游戏订阅服务；③开发者之间的内容和工具销售；④通过一个名为“化身市场”（Avatar Marketplace）的面向全社区的交易市场向用户销售商品。

Roblox 的变现模式有两种，一是付费抽成，二是广告。如果用户向开发者（Developers）购买游戏或在游戏内付费，平台分成 30%，开发者获得 70%；如果用户购买的是创作者（Creators）放在化身市场（Avatar Marketplace）上的虚拟商品（如衣服、装饰物），则平台分成 70%，开发者获得 30%。从目前平台用户的花费行为来看，100 美元的内购充值，开发者平均最终能获得 20 美元，平台能获得 55 美元左右（剩下的归 iOS 和 GooglePlay 商店）（见图 4-2）。

此外，Roblox 汇聚大量用户，每位用户每天都在这个平台上花费较长的时间体验多款游戏，广告是一个非常有效的变现手段。目前较为成熟的广告系统是面向开发者的，帮助开发者推广自己的游戏，主要有三种形式：banners（横幅）、skyscrapers（竖幅）、rectangles（矩形）。以 Robux 为竞价单位，每一轮广告投放时长为 24 小时，广告曝光率（显示次数）由该时段竞价系统决定。每个广告形式都有独立的竞拍系统。平台也发力内置广告，据全球知名游戏内置广告平台商 Anzu 透露，将为 Roblox 创作者提供服务。通过合作，Roblox 创作者将能够利用 Anzu 打造原生广告。这些广告将成为游戏的一部分，出现在游戏关卡中，这将为开发者提供额外收入来源，提升货币化水平。与此同时，这也能

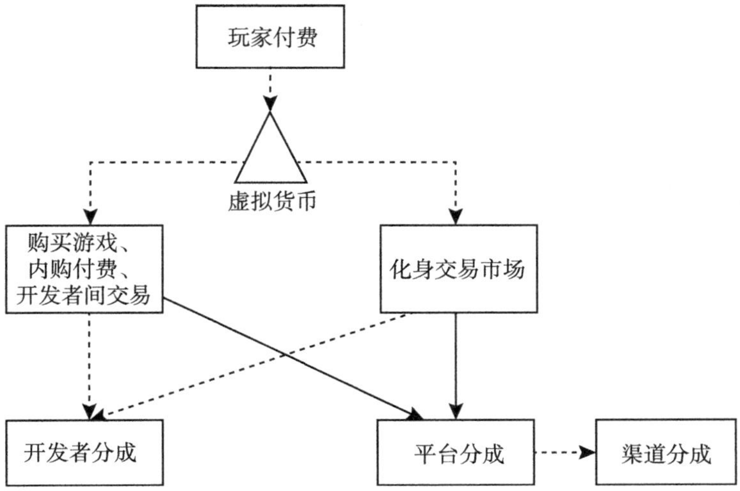

图 4-2　元宇宙平台中开发者从付费体系中分成的基本模式

在不影响玩家体验的前提下，提高玩家参与度。例如，开发者可以在游戏中的虚拟物件（如建筑物或路边广告牌）上放置横幅广告。

Decentraland 是基于以太坊区块链的去中心化的元宇宙数字空间，创始人最初的灵感也是来源于《雪崩》，打造了一个去中心化的虚拟现实（VR）平台。基于区块链的 Decentraland 项目与游戏类项目存在很大的区别。2017 年 12 月它进行了第一批“数字土地”的拍卖，这一次总计拍卖了 34356 块“数字土地”，成交额为价值约 3000 万美元的 MANA 通证（MANA 可以被视为是生态中的流通代币）。但这些通证没有被进行二次分配，而是全部销毁，这就减少了通证的流通量，相当于将对应的价值平均分配给了所有通证的持有者。那些拥有数字土地的人可以控制发布到他们那部分土地上的内容，这些内容涵盖从游戏互动系统到绘画等静态 3D 场景。除了数字土地的交易，持有者还可以在数字土地上创建建筑物、教育系统、娱乐系统等，借此 Decentraland 将应用场景拓展到学习、会议、拍卖、展览等多个领域。

Decentraland 本质上是一个虚拟现实的数字空间，其中的 3D 土地由社区永久拥有，用户可以登录，创建一个化身，然后开始探索，购买土地，建造各种建筑，从游乐场到虚拟电影院和画廊。2021 年 6 月，世界上最古老的拍卖行苏富比宣称其在该元宇宙中的举措，开设有史以来第一个虚拟画廊。2022 年 3 月，Decentraland 举办了全球首届元宇宙时装周（Metaverse Fashion Week）

与其他流行的区块链游戏相比，Decentraland 的不同体现在其去中心化的特点上，由去中心化的自治组织（DAO）来管理。Decentraland DAO 的创建是为了将游戏变成第一个真正的、完全去中心化的虚拟世界，它一直是游戏开发者最初愿景的一部分。这个 DAO 拥有最重要的智能合约，以及组成 Decentraland 的资产：LAND 合约、可穿戴设备、内容服务器、庄园合约和市场。这个 DAO 还拥有大量的游戏原生 MANA 代币，这使它能够自主，同时也使它能够补贴不同的业务和举措。那些参与 DAO 的人（读取所有 LAND 和 MANA 的持有人）可以安排投票来决定不同的问题。

目前 Decentraland 的画面还比较简单（见图 4-3），与真实世界尚存在较大差异，在为用户带来沉浸感体验方面仍存在巨大的提升空间。

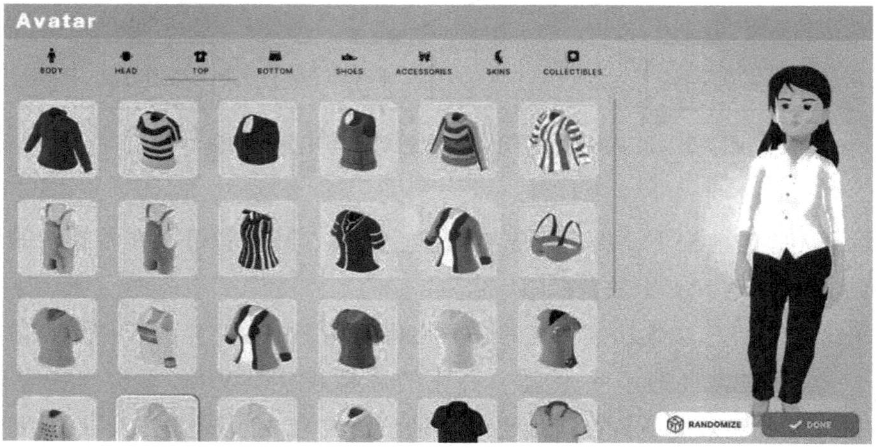

图 4-3　Decentraland 界面

数字藏品是指使用区块链技术，对应特定的作品、艺术品生成的唯一数字凭证，在保护其数字版权的基础上，实现真实可信的数字化发行、购买、收藏和使用。在世界范围内，阿里、腾讯、麦当劳、GUCCI、巴宝莉、央视动漫、奈雪的茶等互联网大厂和品牌纷纷布局数字藏品。依托于区块链技术的数字藏品之所以能引来众多互联网大厂和品牌入局，主要是由于其天然具备实物不具备的优势，有良好的流通性、独立性、安全性、可编程性和不受空间时间约束的应用潜力，为用户和品牌提供了新的“营销视角”。国外的数字藏品多偏金融资产化的应用，未来我国的数字藏品更倾向于朝着文化产业内容输出的方向发展，通过数字藏品传递现实作品、艺术品背后的文化、设计理念和故事，用区块链技术激活现实文化，进而带动文化消费。

第三节 艺术形式：融合游戏世界观与新技术环境的融合共生

元宇宙对于数字艺术的形式影响深远，未来将形成融合的游戏世界观，实现社交互动和内容的新艺术形式与新技术环境的融合共生。单一 IP 或者多个独立 IP 并不能构成宇宙，需要打造系列 IP 并通过各种形态的内容丰富世界观。

图形用户交互界面对文化产生深远的影响，计算机原本仅仅是一种用于计算、图像处理和编辑的专门技术设备，随着 20 世纪 90 年代互联网的逐渐普及，计算机对于文化的意义体现在筛选功能上。当人们日益接受网络媒体、数字媒体，计算机和互联网成为众多文化和艺术产物的载体。电影银幕、电视荧屏、艺术画廊的展墙、图书馆和图书逐渐被网页浏览器的窗口取代，本质上人类文化经历着计算机特有的人机交互界面的筛选。

从符号学视角来看，计算机的交互界面相当于一个符码（code），符码在媒体中承载着文化信息。人们使用互联网访问的文本、音乐、视频等都呈现在浏览器的交互界面上，浏览器的交互界面则呈现在操作系统的交互界面上。文化交流中的符码并非一个绝对中立的传输机制，它影响着所传输的内容。符码不仅影响着信息被接收的程度，也带有一定的模式、逻辑体系或意识形态，所以符码所创建的文化信息也是如此。人机交互界面以特定的方式组织计算机数据，为用户提供了不同的世界模式。

长期以来，交互界面以一种全新的方式介入人们的生活中，并扮演着重要的角色。其中，人们的工作和休闲越来越需要机器参与，而且通过交互界面将融合工作、学习与生活。工作类的应用、生活娱乐类的应用和休闲类的应用所使用的交互机制是一样的。随着互联网技术的发展，人们可以在家中或者办公室随时随地通过网页浏览器工作、学习和娱乐。得益于信息社会的发展，人类作为信息社会中的主体每天会参与到丰富多元的活动中：分析和处理数据、运行各种程序、网上冲浪、玩电子游戏、看网络视频、听音乐、买卖股票等，这一切都依赖于人机交互界面。

从符号学的视角来看，倘若人机交互界面已经成为信息社会重要的符号学符码和元工具，这将如何影响艺术对象的功能呢？如今，人们常常为同样的内容建构不同的交互界面，比如，关于一本书的介绍，可以呈现为图像，也可以呈现为短视频或者可交互的动态导航页面。数字艺术作品可以分解为两个层面：内容层面和交互界面。这样的划分意味着数字艺术作品的内容将独立于其媒介形式，或者说独立于符码。作品的内容在物质形式产生之前就已经存在，而交互界面则体现了作品的形式、物质性和用户体验，交互界面的变化将对作品产生重要影响。数字艺术作品的内容与交互界面之间的联系是特定的，之所以采取某种交互界面，是为了更好地契合和表现作品内容，从这个意义上说，内容和交互界面融合成一个不可分割的整体。

前面探讨了元宇宙与游戏的深刻关联。在元宇宙中，将存在一个融合的游戏世界观，其中的数字场景就是使用实时动态生成数据的数字艺术作品，这种数字艺术形式挑战了前面论述的“内容先于交互界面存在”的观点，因为在动态数字艺术作品中，数据是实时生成的，一如《头号玩家》中展现的数字游戏场景一般。这种同步生成的数据有多种多样的实现方式：正式语言系统、人工智能和人工生命编程，但是这些方法的原理都是相同的——程序员建立初始条件、规则和程序，控制计算机程序生成数据。

在中国，元宇宙数字艺术的未来发展受到许多因素的影响。要打造出类似 Roblox 的元宇宙平台在中国仍存在一定的难度，主要原因有：第一，用户认知和使用习惯不同。中国少年儿童的学业压力相对较重，家长对游戏产品的认知仍然偏向娱乐化，国家政策对游戏内“未成年人防沉迷系统”的监管也较为严格。第二，玩家的游戏类型和风格喜好不同。欧美玩家整体更偏爱休闲风格的游戏，而中国玩家中接触网游较早的人习惯于大型多人在线角色扮演游戏（Massive Multiplayer Online Role-Playing Game，MMORPG），年轻用户则热衷于二次元，即使是时间碎片化的轻度游戏也是偏向放置类、MOBA（多人在线战术竞技游戏）等，这些都是相对来说开发难度较高的游戏。第三，中国游戏内容监管政策较美国更严格。由于目前还没有较大的 UGC 游戏平台出现，因此尚不确定国家是否会对 UGC 游戏要求版号审批，尤其是未来 UGC 游戏涉及付费、内购等环节。第四，中国游戏 UGC 开发氛围和环境不确定。国内的编程教育较发达国家晚、普及度低，个人游戏开发者较少；游戏文化不够繁荣，对游戏改造、添加自我创意的兴趣比较低，例如《Mine Craft》游戏中暮色森林、格雷科技等知名 MOD（模组）都是国外开发者的作品，而国人创造的游戏 MOD 很少。对于国内的 UGC 游戏开发，玩法设计的大环境形成可能需要比较长的时间。

第四节　艺术语言：沉浸式互动体验与传播维度变化

元宇宙提供了更广阔、更丰富的虚拟现实和增强现实体验，数字艺术家可以利用这些技术创造出更加沉浸式、互动性强的艺术作品。艺术家可以利用虚拟现实创建逼真的艺术场景，将观众带入全新的艺术体验中。增强现实则可以将数字艺术作品与现实世界相融合，创造出更具创新性和互动性的艺术体验。

在论及虚拟现实技术对人际交往的影响时，美国“虚拟现实”之父杰伦·拉尼尔（Jaron Lanier）提出，虚拟现实将会带来“后象征交流”时代——交流不再需要通过语言或其他符号，交流活动会变得“理想化”。正如早期的电影技术，体现着人类意识的增强、将意识客体化、增强理性力量的幻想。元宇宙的未来也在朝着这个方向前进，艺术的产生是将人类的意识客体化的过程，艺术本身就是一种虚拟现实。试想，随着虚拟现实技术的不断发展，我们被锁在虚拟现实的洞穴之中，通过手势、身体动作、面部表情来进行交流，正如我们的原始祖先所做的那样。

元宇宙为数字艺术带来了更多的交互与参与方式。元宇宙产品所具备的游戏性为用户带来了高沉浸度的社交体验和丰富的线上社交场景，同时虚拟化的身份能够扫清物理距离、社会地位等因素造成的社交障碍，并且给予用户更强的代入感。观众不再只是被动地消费艺术作品，而是可以与作品进行互动、参与创作或改变作品的表现形式。数字艺术家可以通过元宇宙平台创建多人互动的艺术项目，与观众进行实时的交流，使艺术作品成为一个共享和协作的创作成果。随着 VR 等技术的发展，内容的展现形式将会进一步升级，用户在元宇宙中可以获得极致沉浸式的内容体验，如 VR 看剧、沉浸式线上剧本杀等。

元宇宙依赖的是技术集群，它是硬核技术和软件技术的集合，包括了信息技术（5G/6G）、互联网技术（Web3.0）、人工智能技术、区块链技术、数字孪生技术、游戏引擎以及虚拟现实技术，进而形成内容系统、显示系统、操作系统，展现为超越屏幕限制的 3D 界面，最终展现继 PC 时代、移动时代之后的，与传统物理世界平行的全息数字世界。也因为科技力量的推动，使得元宇宙为数字艺术带来了多样化的媒介形式，对艺术创作影响深远。除了传统的平面艺术和立体艺术，数字艺术可以以动画、互动游戏、虚拟现实电影等形式呈现。元宇宙还提供了多种数字创作工具和平台，艺术家可以利用计算机生成艺术、数据可视化、算法艺术等方式创造出全新的数字艺术作品，加强用户的互动体验，拓展传播维度等。以 2021 年为例，因为虚拟现实的想象空间扩展，导致现实穿戴设备制造商的 VR 产品销量持续超过预期。此外，因为元宇宙的深化与拓展，推动包括信息科学、量子科学、数学和生命科学在内的各学科领域的互动，引发传统哲学、社会学乃至人文科学体系的革新。

第五节　跨界应用：元宇宙赋能不同领域的交叉与融合

元宇宙促进了不同领域的融合与交叉，数字艺术也与其他艺术形式和学科领域相结合。数字艺术与音乐、舞蹈、戏剧、影视等领域融合，创造出更多元、更富创意的艺术作品。此外，数字艺术还可以与科学、技术、工程和数学等领域进行跨界合作，创造出科技与艺术相结合的创新作品。

自 2021 年起，数字人成为元宇宙在文娱产业发力的一种主要模式，各大互联网公司都开始对数字人市场进行布局，一条较为完善的数字人产业链已经形成。一类是通过代言、商演等营销活动变现的偶像型数字人，如柳夜熙、A-soul、AYAYI 等，另一类则是品牌主或企业主为加强目标人群的用户体验而打造的功能型数字人。AIGC 的发展带来数字人理论和技术上的进一步提升，内容制作的成本压力得到缓解，但用户对高质量内容的需求不断提升，所以除了线上短剧流量和广告合作的商业模式之外，“数字人与线下场景融合落地”的新模式也逐渐成为数字人的主要应用场景。“数字人与线下场景融合落地”的新模式不仅可以带动数字人和线下商业的发展，也将促进人类本体的数字化以及向虚拟空间的迁徙，进一步实现本体与数字分身在身份、社交、生活、娱乐等方面的多维度融合。用户通过数字人生成技术，根据本体的审美需求、情怀梦想、兴趣爱好等心理因素制作数字分身，分身对用户而言更能反映他们心目中理想的自我，是一种深层次的自我认知在数字世界中的投射。从 Z 时代对于虚拟身份与虚拟世界的接受程度来看，未来的数字分身有极大可能成为社交主形象；数字分身将逐渐成为本体的“媒介”，拓宽本体的社交场域。数字分身的制作离不开数字人引擎，数字人引擎将极大改变人们的工作和生活，甚至重构家庭、单位和社会的伦理。以目前已经得到落地的数字人为例，受芯片算力、数字人软件引擎成熟度、网络性能、AI 能力等综合因素的影响，目前 AI 驱动的超写实数字人距离真正普及还需要几年的时间，但这并不妨碍不同风格、不同技术成熟度、不同成本的数字人分阶段、分领域地普及。由于 AI 和算力领域的指数级高速发展，可以预计在近些年，AI 驱动的数字人引擎有望得到大规模普及。届时，每个人都会拥有许多个超写实 AI 驱动的数字人替身和分身，活跃在不同的子元宇宙之中。未来 10 年之内，随着深度学习等 AI 技术的快速发展，企业会出现越来越多的数字人员工，从基础的前台、客服、秘书、新闻发言人等岗位，慢慢渗透到助理、HR（人力资源）、财务、销售、编程等专业技能岗位，直到覆盖大部分中级职称及以下岗位。当然，人类也会因为拥有多个出色的数字人助理而工作效能大增。人们会结交元宇宙里的虚拟数字人朋友，还可以定制一些特定星座、血型、性格和职业的数字人朋友，这会逐渐占据人们越来越多的社交时间。虽然离人们想象的机器人世界还有些遥远，但各种各样的数字人必将加速崛起，正如这些年电商行业的客服岗位大部分已经被 AI 替代一样。在经过各种各样数字人服务公司的专业化 AI 训练后，这些博学、专业、很少出错、永远好心情的数字人，将成为人类生活中不可缺少的一部分。

在元宇宙世界里，产品形态也将趋于融合。消费者可以进行沉浸式学习、购物、教育、旅行等，并通过以活动为导向的方式（如游戏）身临其境。游戏作为元宇宙基础形态，为用户提供更加沉浸、实时和多元的泛娱乐体验。开放世界、沙盒类游戏和模拟类游戏分别满足了用户对于沉浸度、自由度和拟真度的要求。此外，元宇宙在结合了上述品类优点的基础上，基于游戏内核还衍生出了更多元化的用户体验，例如 Roblox 与 Gucci 合作举办虚拟的展览、演唱会、毕业典礼、学术会议等。

元宇宙也将赋能 IP 宇宙的打造。目前很多电影公司和漫画公司等内容产出者都企图通过构建“世界观”打造属于自己的 IP 宇宙，如“封神宇宙”“唐探宇宙”等，都是旨在打造出一个自洽且内容可以不断扩张的世界观。以现阶段影响较大的美国漫威（Marvel）宇宙系列电影为例，2008 年的《钢铁侠》开启了漫威宇宙的序篇，至此已经历了三个阶段，电影《黑寡妇》开启了漫威宇宙系列的第四阶段，13 年内累计出品 23 部电影、12 部电视剧。漫威系列电影宇宙建立在漫威漫画的架空世界之上，与其他漫画、电影与动画等系列同属一个官方认可的多元宇宙。从漫画到单英雄电影，再到各英雄联动发展的同时，漫威也在各类衍生品中加强其宇宙生态的渗透，如游戏、线下乐园等。单一 IP 或者多个独立 IP 并不能构成宇宙，要打造一系列 IP 以及创建它们之间的强关联度，通过构建各种形态且内容丰富的世界观，再加上用户一系列的二次创作才能被称为 IP 宇宙。

元宇宙不断向诸多产业延伸。除了游戏产业以外，元宇宙还延伸至社交互联网、旅游业、教育、文创、艺术、影视、奢侈品等多个行业。元宇宙正在催生一系列新产业，逐步形成与高端制造、芯片制造以及软件产业链接的全新产业链。当然，元宇宙的运行依赖算力的支撑，新基建建设是元宇宙发展的基础设施保证。率先进军元宇宙的企业包括 Meta、Unity、英伟达、微软、苹果、腾讯、字节跳动、百度、阿里巴巴等。此外，包括耐克、阿迪达斯和百事可乐在内的多个知名品牌都创造了包含 NFT 和元宇宙元素的产品。预计未来各大互联网巨头公司、游戏公司、社交媒体平台将发展出一系列独立的虚拟平台，并预计将以“游戏+社交+内容”的泛娱乐形式为主。元宇宙将向更多的体验拓展，人们更多的消费、教育、会议、工作等行为将转移至虚拟世界，届时围绕消费者的吃、住、行、娱、教、购、旅、社交等场景，都将出现较为成熟的元宇宙应用。

第五章　元宇宙与数字艺术生成新范式

未来媒体将朝着什么方向进化？或感官延伸，媒体全时段连接；或人机融合，随时随地获取信息；或边界消解，以媒介接触划分族群，语言隔阂消失，数字鸿沟消灭。为用户创造更多文化交融的机会，带来新知及便利，使得"任何人"能在"任何地点"和"任何时间"获取"任何想要的东西"，这是所有媒介在智能化时代发展的内在驱动力和终极目标。未来媒体将在提升资源效率、传播效率与服务效率的同时，也催化着传播渠道朝着移动化、平台化与多元化方向演变。元宇宙及其相关技术为数字艺术的生成提供了新的范式。

第一节　生成式人工智能与数字内容生产

生成式人工智能是元宇宙的核心技术之一。近年来，AIGC（Artificial Intelligence Generated Content，即人工智能生成内容）有望重塑数字内容生产与交互的范式。AIGC 通常基于深度学习和自然语言处理技术，利用大规模的语料库进行训练，从而让机器能够自动生成与人类语言相似的内容。一般来说，AIGC 需要输入一些指令或者关键词，然后系统就会自动产生相应的内容，如文章、新闻、评论、诗歌、小说、音乐、视频字幕等。AIGC 结合了自然语言处理、计算机视觉、生成对抗网络（Generative Adversarial Network，GAN）等技术，可以生成逼真的文字、图像、音频和视频等多种形式的内容。在数字内容生产方面，AIGC 可以帮助创作者快速生成大量的原创内容（见图 5-1）。例如，作家可以使用 AIGC 生成故事情节、角色对话或者文章段落，摄影师可以利用 AIGC 生成独特的图像滤镜或者虚拟景观，音乐制作人可以使用 AIGC 生成旋律和和弦进而创作新的音乐作品。AIGC 的出现可以大大提高内容创作者的生产效率，为他们提供更多创作的可能性。在数字内容交互方面，AIGC 可以通过模拟人类对话和表情来与用户进行交互。例如，虚拟助手和聊天机器人可以利用 AIGC 生成的语言模型进行更加智能和自然的对话，这使得用户能够与机器人进行更加流畅和有趣的交流，获得更好的用户体验。此外，AIGC 还可以生成逼真的虚拟人物，使得虚拟现实和增强现实应用中的人机交互更具真实感和沉浸感。

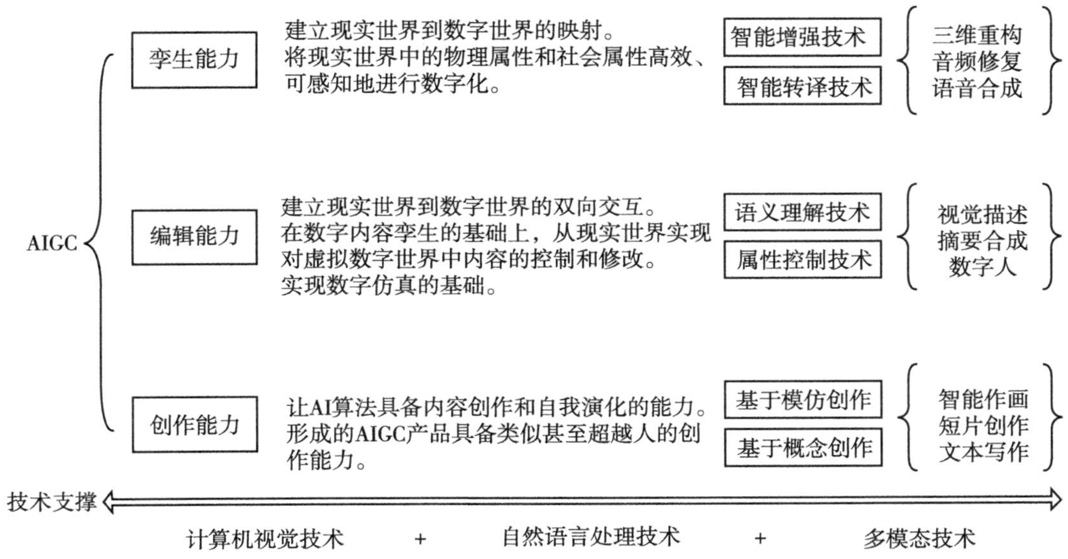

图 5-1　AIGC 赋能数字内容生产

AIGC 是一种利用机器学习和神经网络等技术来生成各种形式的内容的技术，它的兴起可以追溯到近年来机器学习和深度学习等技术的发展。其中的形式包括文本、图像、音频等，通常是通过输入大量的训练数据来训练模型，并使用这些模型来生成新的内容。2022 年年末 ChatGPT 应用的出现，展示了 AIGC 的潜力，掀起了 AIGC 的发展浪潮。

与 AIGC 高度相关的一个概念是 AGI，即通用人工智能，它是一种可以像人类一样进行多种任务和活动的人工智能技术。与目前的 Al 技术相比，AGl 具有更高的灵活性和智能性，可以在不同的环境和任务中进行适应和学习。目前 AGl 技术仍处于概念发展的初级阶段。

目前，AIGC 生成的多模态内容包括文本、音频、图像、视频、游戏策略和虚拟人等，每一种模态技术都有着独特的应用场景和特点，这几类模态的融合还带来第五类模态——跨模态内容生成模式，支持创造出更为丰富多彩的 AlGC 生成内容（见图 5-2）。

文本内容生成大致可以分为非交互式和交互式两种。非交互式文本生成包括摘要/标题生成、文本风格迁移、文章生成、图像生成文本等技术。利用这些技术可以根据不同的使用场景，自动生成符合要求的文本内容，提高文本生成的效率和质量。交互式文本生成

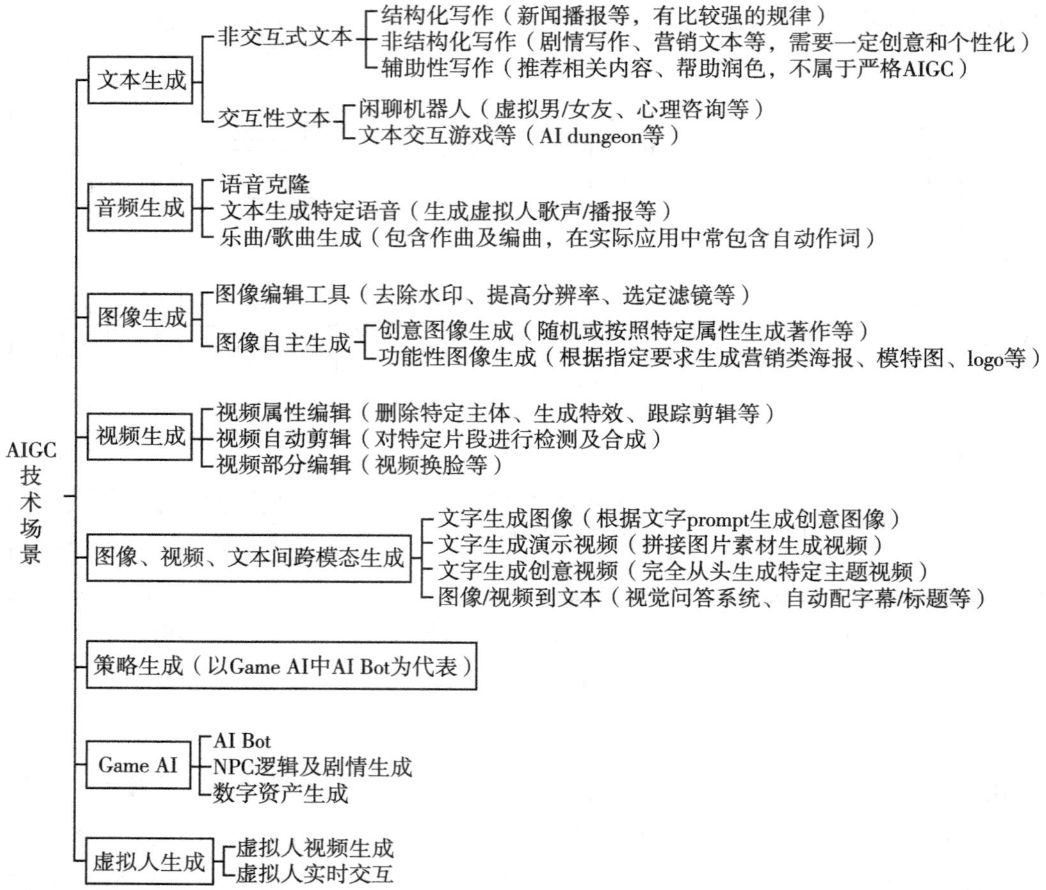

图 5-2　AIGC 的多模态应用及商业场景

是一种更加智能化的应用方式，可以根据用户的需求和反馈，生成更加贴近用户需求的内容，主要包括聊天机器人、文本交互游戏等应用。

音频生成技术可以应用于特定场景下的文本生成语音，如数字人播报、语音客服等。这些场景化的应用可以根据用户和场景的需求，通过算法生成符合要求的语音，增强用户体验，常用于 C 端产品的设计，如智能家居、车载音响、虚拟助手等。

图像生成技术是一种通过算法和模型生成人工图像的技术。图像生成技术可根据使用场景分为图像编辑修改技术和图像自主生成技术。图像编辑修改技术可实现对图像的重构和修复，提高图像的质量和清晰度，满足用户对图像处理的需求，如图像修复、人脸替换、图像去水印等方面。图像自主生成技术通过算法和模型实现对图像的自主生成，可以为用户提供更加多样化的图像服务，如参照图像生成绘画图像、真实图像生成素描图像、文本生成图像等。其代表性产品或模型有 EditGAN、Deepfake、DALL-E、Midjourney、Stable Diffusion 和文心一格等。

视频生成技术是一种通过算法和模型生成人工视频的技术。视频生成技术可以根据使用场景分为视频编辑技术和视频自主生成技术。视频编辑技术可应用于视频超分辨率、视频修复、视频画面剪辑等方面。视频自主生成技术的核心原理是使用深度学习模型对图像或视频进行分析和理解，再根据特定算法生成相应的视频。可应用于图像生成视频、文本生成视频等方面。其代表性产品或模型有 Deepfake、videoGPT、Gliacloud、Make-A-Video、Imagen Video 等。

跨模态生成是指通过组合不同模态的 AI 技术，实现模态间的转换和生成。跨模态生成通过实现不同媒介之间的转化和生成，拓展了人工智能应用的领域和应用场景，支持将不同的信息形式转化为人类可理解的其他形式，如将文本转化为图像、音频或视频，将图像转化为文本、音频或视频，从而实现更加自然、直观、高效的交互方式。跨模态生成技术同时也可以应用于各个领域，如艺术创作、广告营销、教育培训、医疗诊断等，能有效地提升 AIGC 的产业化和工业化应用能力。

AIGC 在重塑内容生产的新范式方面具有显著的优势。从数字内容的需求端来看，AIGC 能够填补多元化螺旋式强需求的内容供给缺口，为用户提供更丰富、高质量的数字内容体验。第一，AIGC 可以通过算法和模型快速创作和生成内容。相比传统的手工创作方式，AIGC 可以在短时间内生成大量高质量的内容，填补内容供给的缺口。这种高效率的创作和生成能力可以满足用户对内容的迅速需求。第二，AIGC 可以根据用户的需求和偏好生成个性化的内容。通过分析用户数据和行为，AIGC 可以提供符合用户口味和兴趣的内容，在满足用户多元化需求的同时增强用户体验。第三，AIGC 可以涵盖多种内容类型，包括文字、图像、音频和视频等。这使得 AIGC 能够为用户提供更丰富多样的内容选择，满足用户在不同媒体平台上的需求。第四，AIGC 可以自动化和智能化地处理内容生产的各个环节。从内容创作、编辑到发布和推广，AIGC 可以通过自动化和智能化的技术减少人工干预，提高内容生产的效率和质量。第五，AIGC 可以推动内容创新和实验。通过模型训练和算法优化，AIGC 可以生成具有新颖性和创意的内容，探索新的表达方式和艺术形式，这为内容生产带来了更多可能性和机会。

从数字内容的供给端来看，AI 正加速融入文字、音乐、视频、3D 等多种数字内容生成的全链条流程中，重塑数字内容生产的人机协作新范式，赋能更多内容创作者高频、低成本、高效地产出更多高质量、个性化、定制化的内容，其有望成为未来内容生产的基础设施，进一步激活新的消费和需求，极大丰富数字内容生态。AI可以作为创作者的辅助工具，为其提供创意的辅助和增强。通过分析海量的数据和内容，AI可以提供灵感、创意推荐和创作建议，帮助创作者更好地发挥创造力。例如，AI能够自动化地生成从文字、图像到音乐和视频等多种形式的内容。AI模型和算法可以通过学习和模仿大量现有的内容，生成新的内容作品。这种自动化生成的内容可以用作原始素材或进行后期处理和优化。AI可以根据用户的偏好、历史行为和数据分析，生成个性化和定制化的内容。通过深入了解用户的兴趣和需求，AI可以为不同用户提供特定的内容体验，提高用户的参与度和满意度。AI可以通过数据分析和机器学习技术对内容进行优化和改进。例如，在视频制作中，AI可以自动编辑和剪辑视频，提高质量。AI还可以分析用户反馈和行为数据，进行内容的实时优化和改进。AI为创作者提供了协同创作的新机会。多个创作者可以利用AI技术进行分布式的协同创作，通过共享数据和资源，实现更高效的合作。

目前元宇宙中的数字内容生产存在以下难点和痛点：第一，完全依赖人工设计和开发无法满足元宇宙内容建设的体量要求。第二，元宇宙人才稀缺，元宇宙的建设涉及多领域的复杂工程，需要开发、设计等专业领域的人才共同协作。元宇宙的数字内容构建需要实现实时、高效的跨模态内容生成，这对算力和算法都提出了更高的要求。第三，元宇宙内容生产的个性化需求如数字化身需要根据用户的身体特征、语音和行为等数据生成，向用户提供更加个性化的体验，做到"千人千面"，需要专业的技术团队和大量的研发投入。第四，鼓励用户参与内容生成、提升UGC的质量和体量是元宇宙内容建设的重要途径，但也存在现实困境，包括技术上的复杂性、用户的设计能力和生成能力的有限性等。此外，平台应通过提供经济、社交等层面的奖励以激发和提升用户的参与度。第五，元宇宙中存在内容生成的知识产权和版权问题，具体包括：①版权的确权问题。元宇宙中的数字内容和资产需要进行确权，以防止侵权和盗用。②版权的侵权问题。由于数字内容和资产的传播和共享，需要加强版权保护，防止侵权现象的发生。③需要建立更加完善的数字资产交易和管理平台，以支持数字资产的流通和变现。

元宇宙对高质量数字内容的需求呈指数级增长趋势。AIGC有利于解决上述元宇宙建设难点。第一，AIGC通过深度学习、计算机视觉等技术手段，简化元宇宙内容生成的步骤，提升数字内容生成的精度和速度，实现大规模数字内容的生成。例如，三维模型、场景等数字内容为元宇宙的搭建提供大量建设素材，加快元宇宙建设进度。第二，AIGC融合深度学习、多模态融合等技术手段，实现跨模态的内容生成，生成更加真实和丰富的元宇宙体验，提升用户参与的真实感。第三，AIGC可以提供易用、有趣的内容生成DIY工具，帮助用户快速创建和定制自己的化身、场景和道具。第四，AIGC融合区块链、数字水印等技术，实现元宇宙中数字资产的确权和版权保护。AIGC 赋能游戏路径的情况如图 5-3 所示。

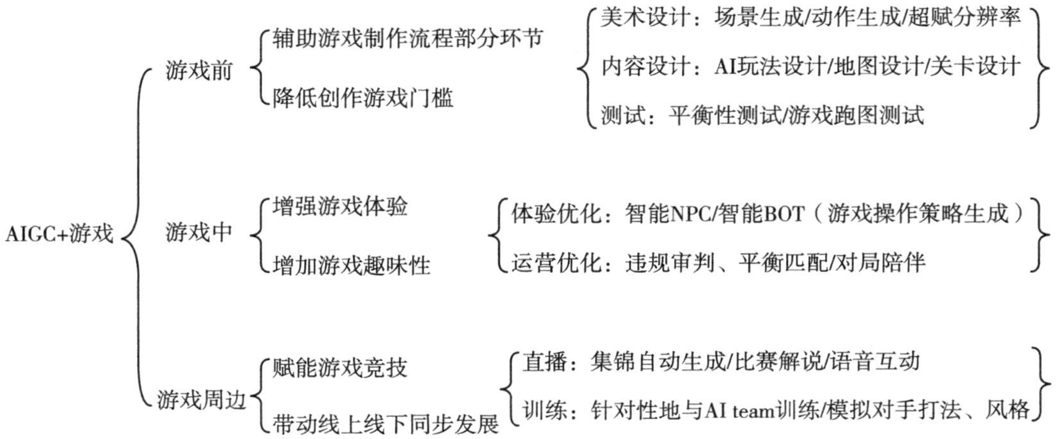

图 5-3　AIGC 赋能游戏路径（以腾讯 AI Lab 为例）

AIGC 在数字内容生产力方面的提升是指数级的，它不仅带来成本的降低，也为许多行业增效赋能。影视、娱乐、传媒、电商和金融领域的数字化程度较高，对于数字内容也有着丰富的需求，这些行业将最先享受到 AIGC 带来的效益。以影视领域为例，AIGC 拓展内容创意空间，也颠覆着传统创作流程，将在前期创作、中期拍摄和后期制作的主要环节发挥作用，例如，为剧本生成创作带来新思路，用 AI 建模构建数字场景和更丰富的创作空间，使剪辑环节的预告片快速生成等。在娱乐产业，AIGC 可以生成趣味性图像、虚拟偶像、用户数字化身等，满足全民娱乐、游戏及社交的需求，布局数字经济的消费市场，加速现实世界与虚拟世界的融合，加强粉丝黏性，释放 IP 价值。在传媒领域，AIGC 将推动传媒向“智媒”的转变，在音视频采集与编辑、合成主播等方面发挥效能，人机协同生产，推动媒介融合。在电商和营销领域，AIGC 将在商品展示、虚拟主播打造和交易场景生成方面发挥作用，营造沉浸式购物体验。

然而，AIGC 技术也带来了一些挑战，其生成的内容可能存在伦理和法律上的问题，如侵犯版权或者误导用户。因此，在使用 AIGC 技术生成内容时需要谨慎，并遵守相关的法律和道德准则。此外，AIGC 技术还在不断发展中，生成的内容可能存在一定的不完美性，需要人工编辑和改进。

总的来说，AIGC 作为一种重塑数字内容生产与交互范式的技术，具有巨大的潜力和应用前景。它可以帮助创作者提高生产效率，创造更加多样化和创新的内容，同时也可以提供更好的用户体验和人机交互方式。然而，我们需要在使用和发展AIGC技术的过程中保持审慎态度，在确保其正面影响的同时避免潜在的负面影响。

第二节　元宇宙数字内容建设范式：从元宇宙代表性平台出发

元宇宙以沙盒游戏为雏形，其内容建设的特点在于：第一，体量庞大。目前元宇宙发展仍处于初级阶段，要实现目标中的虚拟世界构建，迫切需要大量高质量的数字内容。第二，内容丰富、多样及高互动性。元宇宙的建设内容不仅包括虚拟人、虚拟场景等，也包括经济活动，且内容多为多模态，强调沉浸感和多种感官互动。第三，"去中心化"。用户参与内容建设是其基本特征，因而用户在元宇宙内容建设方面的参与度较高。

一、UGC：成熟的数字内容建设范式

许多学者认为，人类还没有进入真正的元宇宙世界。一个看似充分的理由是传统的互联网规则并没有实现"自由地参与"。而元宇宙世界的数字人可以参与游戏规则的制定，会有高度的参与感。Roblox是一款人们公认的基于元宇宙原理的游戏，也是元宇宙的初级形态。目前市场上的游戏基本都是中心化的，即游戏规则和进度都是由游戏公司设定。而未来的元宇宙社区（包括游戏社区和区块链经济社区等）都将由用户参与协作、制定生存或运营规则，即所谓的"去中心化"。

Roblox本质上是一个允许用户自由创作且发行游戏的平台，即时在线社交是其重要属性，因此Roblox将初期的元宇宙定义为一种基于游戏世界观的新型虚拟社交平台，玩家们通过平台上的数百万种游戏产生社交连接与经济关系。

在产品的构成层面，Roblox提供了三种工具，分别是用户端Roblox Client、开发端Roblox Studio（基于物理引擎，可以构建纷繁复杂的世界）和云端Roblox Cloud（为用户提供实时响应，为平台提供服务和基础架构）。其中Roblox Studio对UGC生成起到至关重要的作用。它提供基础框架，允许任何用户在游戏世界中轻松创建任何形式的内容，如搭建建筑物或者设计一款游戏，这样的工具是激发用户去中心化创作的核心动力，有助于借助用户参与生成丰富的内容。UGC游戏的鼻祖是《魔兽争霸Ⅲ》。早在2002年，此游戏就开放了地图编辑器，允许玩家自主在其中设计地图和关卡玩法，甚至可以更改游戏的角色。传统的游戏存在内容生产力不足与用户内容消费需求不断提升的矛盾，而UGC游戏

的创新创作模式很好地解决了这种困境。最初的开放创作有其局限性，只能严格遵循游戏本身的设定和风格，无法为游戏世界带来更多不同的主题和玩法。沙盒游戏的诞生打破了这个局面。沙盒游戏《我的世界》通过提供基础元素，赋予玩家自主创作的可能，一时间吸引了无数创作者来到虚拟世界发挥想象力和创作力。Roblox 的本质就是一款沙盒游戏，但其赋予玩家更大的自由度，使玩家可以在游戏中生产游戏，并将生产游戏的过程工具化，极大地提高了生产效率。被创造出来的小型游戏世界还可以在 Roblox 的大型游戏世界中被推广，形成二级树层嵌套式虚拟世界。

二、去中心化：经济系统支撑下的大规模创作模式

作为元宇宙代表性平台，Roblox 不仅代表着新型的元宇宙数字内容建设范式，还创造性地建设了元宇宙经济系统。现实与虚拟之间借助经济系统连接，才能保证大规模的去中心化创作的可持续性及内容产出的质量。Roblox 经济系统为这个虚拟世界构建了虚拟货币 Robux，以支撑虚拟创作和虚拟消费。例如，某玩家愿意为某个优质内容付费，就可以将现实货币兑换为 Robux，并在平台内消费和流通；而所谓优质内容来源，则得益于自由创作者们的创意，他们将有权获得付费玩家支付的 Robux 虚拟货币，并可以选择将其兑换为现实货币，供现实世界消费使用。对于用户而言，他们并不需要了解其经济原理，比如 Robux 是如何铸造的，有没有信用背书等，而只需享受它所提供的经济服务，因为 Roblox 将经济和货币体系置于系统的底层。

虚拟货币的高流动性不仅大大推动了虚拟世界里的优质内容创作，也促进了玩家付费行为，这种经济运作机制有助于提高创作者的创作积极性并增强玩家的消费体验。将现实货币转化为虚拟的一般等价物，用户不需要在现实和虚拟之间频繁切换，可以让虚拟世界中的经济活动和交易活动变得更加顺畅。像 Robux 这样的元宇宙虚拟货币被认为是元宇宙新时代到来的最有效商业模式。未来，我们可以大胆预测，类似这种由实际生产和消费支撑的高效的虚拟经济系统的规模将超越现实世界中大多数传统经济体。此前，Roblox 也经历了很多探索工作。最初，Roblox 如同绝大多数互联网平台公司一样，以广告和会员作为其主要的商业模式，并未很好地激发用户的创作积极性和经济效率。Roblox 起初是一个面向儿童的 UGC 平台，随后 Roblox 开始思考如何从经济角度留住更多用户，让用户在虚拟世界里获取收益并可以将其用于现实生活，于是 Roblox 在开放编辑器的基础上开放了分成，并赋予了创作者充分的权限，让他们可以自行定价、设计商业模式和收费模式、做营销活动和打广告、与外部资源进行合作等，直至形成了今天这样一套以经济系统吸引用户

沉浸的体系，也激发了这些创作者进行优质内容创作。

虚拟货币在Roblox中的流通有两种方式：玩家可以通过付费体验优质内容或游戏，也可以花费Robux以装扮自己的虚拟化身。对于内容创作者而言，赚取Robux的方式更为多样，例如，在Avatar Marketplace中面向玩家出售化身道具，在开发者群体中出售创作的内容和开发工具，在游戏中提供增强功能时可以收取费用、获得打赏等。为实现平台与创作者的共赢，创作者兑付现实货币时需要向平台缴纳一定的折扣费用，这使平台也能参与所有的经济活动，并享受收益。沙盒多人游戏平台Roblox打造了一个数字内容极为繁荣的创作者和消费者生态，在凝聚大规模创作源的同时还提供了较为完善的经济体系，激励创作者之间的竞争和发展，成为大规模优质数字内容生成的关键。

三、"Z世代"社交：元宇宙用户群体的消费方式和创造方式

作为沙盒游戏平台，Roblox取得成功的重要原因除了平台本身的创新外，人的因素——即平台用户也是元宇宙最重要的构成之一。"Z世代"是元宇宙用户的主要构成，这代人出生于1995—2009年，其特点是出生时即与互联网时代共同发展，与网络信息时代无缝对接，因此也被称为"网生代""互联网世代"。他们具备更开放的世界观，善于接受新生事物，包括虚拟社交和互动等，受智能终端、即时通信技术、数字媒体技术影响较大。YOLO文化一词反映着"Z世代"群体的精神面貌和独有的世界观，他们注重当下的体验和快乐，在意对自我命运的把控。在席卷全球的新冠肺炎疫情的影响下，在封闭的现实下，YOLO文化运动被催化，"Z世代"也更愿意在虚拟世界中开启或实现属于自己的数字人生。

其实"Z世代"作为媒体平台用户的创造力早已被激发，在中国，"Z世代"群体积极参与短视频和直播等虚拟内容的创作，许多人甚至以此为职业。"Z世代"的虚拟社交或在虚拟世界中生活的时间占比在持续提升，他们追求数字的、虚拟的第二身份，且并不满足于现有的互联网社交平台，对虚拟社交的用户体验有着更高的要求，对以虚拟货币、NFT为代表的独一无二的数字资产有着较高的接受度，更在意自己的数字资产所有权。

传统的网络游戏也自带社交属性和功能，所有人在同一个社交网络里有着共同的目的和话题。Roblox兼具游戏和元宇宙的双重身份，旨在将游戏世界的社交范围进一步拓展，"Z世代"群体是这一目标实现的关键因素。"Z世代"在Roblox中只需让自己化身为Roblox中的一个虚拟形象，就能在体验丰富多彩的游戏的同时结识新朋友，也可以邀请老朋友去咖啡店坐一坐，喝杯咖啡聊聊天，一同消磨虚拟时光。一种全新的沉浸式虚拟社交

方式将逐渐颠覆传统信息窗口式的即时聊天工具，元宇宙社交已然成为元宇宙发展的重要课题，国内外传统的社交巨头对此分外重视。

纵观 Roblox 的发展历程，2004 年 Roblox 诞生，起初并非以游戏玩法为主，而是注重游戏创作和 3D 社区体验。基于人们对社交的追求超过游戏本身这一现实，开发者迅速提供了开放协作工具 Roblox Studio，通过协作和创作激发社区成员间的交流和互动。而为了实现商业价值，Roblox 继而推出虚拟货币，成功建立了平台的数字经济生态，Roblox 或许为元宇宙未来的商业模式带来启发。2013 年，在尝试了许多不同的商业模式之后，Roblox 推出"创作者交易计划"，开始与虚拟世界的真正贡献者——创作者进行分成，创作者的每一份创造都会为自己带来收入，并且可以自行设计所制作游戏的经济模型。这一举措充分调动了创作者的创作积极性，有效提升了平台内的数字内容质量和专业程度，很多用户得以在 Roblox 上谋生。如今的事实证明 Roblox 暂时是成功的，其已逐渐形成自发的发展生态，也保持着超高的用户黏性。打造一个开放的平台，让创作者享受红利，能够最大限度地激发创作者创作更多更好玩的游戏，进而帮助 Roblox 继续在元宇宙的道路上越走越远。Roblox 的发展历程给人们带来的启示包括：不论是过去的虚拟世界，还是今天我们所说的元宇宙，作为平台最大的魅力是保持进化，不断接纳新技术、新思想、新模式和新用户。现实宇宙经历了漫长的演化过程，从无机物、有机物、生命体到智能生命；游戏自身是不具备进化能力的，只能不断引入新的制作技术、改进声画和剧情逻辑，而理想中元宇宙的进化将不断拓宽边界，从游戏到社交，再到万事万物；站在当下，人类难以预测未来的元宇宙全貌，这也正是元宇宙值得人们深思、探讨和努力的动力之一。Roblox 之所以被人们视为元宇宙代表性平台，一个重要原因是许多玩家和开发人员伴随着平台一同成长，他们中的许多人已经开始在平台上谋生，新生代用户帮助平台自身持续进化，继续构建更为丰富多元的元宇宙世界。因此，Roblox 成为可以不断延续的虚拟生态，这一点与人们理想中的元宇宙是高度契合的。

Roblox 对元宇宙虽然有着重要的开创意义，但人们也需要客观分析其不足。Roblox 具备完善的连通虚拟和现实的数字经济系统，为用户提供虚拟身份，具有社交属性，开放了内容创作，提供较强的沉浸感，因而被人们视作元宇宙的雏形。"雏形"也意味着其与人们理想中的元宇宙样貌存在距离。第一，从用户年龄结构来看，虽然 Roblox 看似拥有规模庞大的全球用户群体，但当前仍以低龄用户为主，而真正意义上的元宇宙应是一个所有年龄段人群共享共融的虚拟世界。第二，Roblox 目前采取的是中心化互联网架构，还无法满足元宇宙永续性的基本需求，这意味着 Roblox 可能在未来的某一刻因为种种不可抗力因素而面临被终止的风险，如严格的监管政策。第三，在平台的场景触达方面，虽然当前

Roblox 超越了传统的游戏框架，注重引入社交和更多娱乐属性，但在场景触达方面仍相当有限，没能模拟和映射更广泛的人类活动，如办公和工业生产等。第四，虽然已具备较为完整的数字经济生态，但 Roblox 目前的经济系统还不够多元化和开放，无法为系统外的场景提供服务，现阶段未能有效接纳更多的领域服务，平台用户看似拥有的自主虚拟资产都由中心化服务器和平台管理，用户并未真正享有虚拟资产所有权。第五，受技术限制，平台的容量（同时支持的用户数）有限，与真正的元宇宙承载量存在较大差距。第六，Roblox 在自身平台内开放了世界观和互通性，但存在较大封闭性问题，未与其他平台开放互通。

虽然 Roblox 在当下仍存在种种局限，但对其的深入分析与了解有助于我们进一步认知元宇宙本身。如若将元宇宙视为一个工具，就必然受当下人类智能的限制；如若当下的人类智能是有缺陷的，则元宇宙必有缺陷。但这些都不影响人类对于元宇宙发展的关注，对这个问题本身的探讨、思考和努力对未来有着深刻的价值。

第三节 元宇宙数字艺术设计

在元宇宙时代，人们面对的未来即将发生改变，因而人们应对未来的方式也会发生改变，这也必然会影响人们对于美的理解、美的创造，影响设计领域。元宇宙时代的设计在科技的带动下，进入“智能设计”时代。智能设计是基于数字和算法逻辑的设计。

前面论述了元宇宙对数字艺术设计的影响，例如，元宇宙提供非物理形态的艺术空间，艺术家可以在虚拟现实空间中获得新的创作自由，如数字孪生艺术可以将艺术存于虚拟空间中；元宇宙拓展了艺术的疆域，如元宇宙加速了电子游戏成为“第九艺术”的历史进程，而电子游戏加入艺术体系，将改变艺术生态；元宇宙支持实现艺术价值的新手段，如 NFT；元宇宙展现未来实现艺术家美学观念的全新技术手段；元宇宙创造可以激活或修复身体感知的艺术存在的模式，扩充包括视觉在内的感官和情绪联结的容量；元宇宙再造艺术家群体，实现艺术跨界的常态化；元宇宙为非艺术从业者提供艺术创造力工具，表达他们的艺术价值成果；元宇宙创造开源式的艺术社区或社区艺术，打破传统的封闭精英艺术系统，强化大众的参与性和互动性。

元宇宙的特点是沉浸式的真实体验。在元宇宙中，用户的眼神、动作、表情，甚至心跳、脑电波都将得到反馈，同时也将反作用于现实世界。人机世界的新交互也将给交互设计这一领域带来新的机遇和挑战。

AI 设计将孕育出共生的创造力。对于某个个体的诉求，就可能有无数的人参与进来，从而实现“人类创造力”和“AI 创造力”的共生协作。为支撑群体设计，元宇宙设计平台的存在是一种必然，用户的个体化创作多伴有自我意愿，且难以形成规模。未来的元宇宙设计平台将集结数量众多的设计师，链接 C 端用户，严格控制数字版权，拆解设计流程，实现设计全过程的规范化、标准化、产品化和规模化。在可使用的硬件方面，可佩戴的 AR、VR 眼镜以及全息投影已经在多个场景被普遍应用。5G 为我们带来了高带宽、低时延的网络，它解决了延迟感问题，同时云计算和边缘计算提供了巨大的算力。区块链、数字货币、NFT 的兴起也为虚拟世界的交易提供了基本支撑。

基于元宇宙设计平台，随着设计流程的改变、智能设计的发展，平台和设计需要重新考虑设计的智能化逻辑和未来可能：以数字藏品为引擎，以虚拟产品的数据来驱动实体产品的输出，合理利用有限的现实世界资源，加强实体经济和数字经济的联动；基于用户数据，提升用户体验，减少资源浪费，精准开发。

第六章　元宇宙视域下数字艺术的实践探索

——以南京文化数字化实践为例①

元宇宙的核心技术包括人工智能扩展现实、数字孪生和区块链等。除此之外，大数据、云计算、物联网、脑机接口、网络通信等都是支撑元宇宙有效运行的重要技术保障。事实上，在元宇宙概念出现之前，这些底层技术已经应用于各个行业。对元宇宙进行前瞻性的思考与谋划，同时在实践层面积极探索元宇宙发展的中国路径至关重要，尤其是利用好我国已有的文化数据生态优势，融合中国传统文化，赋予元宇宙更丰富、深邃的内涵，在如今具有重要意义。

南京积极响应国家文化数字化战略要求，落实《南京市加快发展元宇宙产业行动计划（2023—2025 年）》精神，不断进行文化元宇宙场景的新探索，积极推进“数字南京”建设，遵循“架构系统化、数据资产化、体验场景化、生态开放化”建设思路，秉承“文化为魂，顶层设计；数据为基，智能互联；科技为要，创新驱动；体验为本，双效统一”的建设原则，不断探索文化数字化战略的地方新实践，推动南京文化“上云用数赋智落地”。南京近年来围绕“城市为体”“场景为王”“数据为基”“产品为用”的整体规划，打造了南京文都数字云平台、“探秘文都”城市文化地图、“山水城林”文枢元宇宙平台等现象级数字文化产品，从技术到数据到场景再到产品，全链条式、全景式推出城市文化数字化整体解决方案，展示历史文化探源工程的南京样本、文化数字化战略的南京实践、文化大数据体系的南京探索。

第一节　文化数字化构建数字城市空间

2022 年，南京文都数字云平台上线发布（见图 6-1），围绕“架构系统化、数据资产化、体验场景化、生态开放化”的建设思路，搭建文化基础层、功能层、应用层三层架

① 根据南京文投集团相关资料整理。

构，从硬件设施底座、文化数据底座、共性技术底座等新基建着手，研发文化大数据、文化服务治理、文化旅游消费、文博场馆空间、国际文化传播、文化元宇宙等新系统，打造实体场景与虚拟场景相互融合的新产品，被新华社等中央媒体评价为“文化数字化的南京样本”“全国首个数字文化城市整体解决方案”。

图 6-1　南京文都数字云平台

南京是中国第一个联合国教科文组织创意城市网络“世界文学之都”城市。南京智慧漫游的城市文化地图——“探秘文都”小程序，标记文都南京 1800 年的文学印迹，连通全市 1000 多个坐标点位、30 多个特色文学主题线路，并关联推荐重要文学地标场所、一键导航、订制漫游路线、文学活动查询、预约、打卡等文旅服务和功能，让观众可以轻松探寻南京文脉。

第二节　元宇宙平台创新文化体验场景

为落实党的二十大报告中“建好用好国家文化公园”的重要部署，南京借助元宇宙平台，打造长江文化新体验——长江国家文化公园首个元宇宙体验产品——“云游大桥”元宇宙空间（见图 6-2）。利用数字孪生技术复原场景，通过 1∶1 高精度建模复原南京长江大桥现实场景，包括桥身建筑、工农兵雕像、车流、火车、轮渡等细节，观众可以在虚拟空间里不受时空限制、随时随地云游南京长江大桥白天与夜晚的不同风光，720 度感受全景南京长江大桥风貌，了解重要节点历史故事，体验烟花秀等互动活动，进一步推动长江文化保护传承和创新体验。

图 6-2　“云游大桥”元宇宙空间

南京被誉为“世界文学之都”，南京文投集团打造了以文学为主题的城市级元宇宙生态平台——文枢元宇宙（见图 6-3）。以元宇宙理念构筑南京玄武湖—紫金山“山水城林”风貌，打造“文学塔”“文学馆”“国子监”“文学林”等文学景观，推动“文学之都”实现实体化扎根、网络化连接、数字化体验。

图 6-3　文枢元宇宙

元宇宙技术的应用在虚实融合、沉浸互动的新文旅体验中让文物“活”起来，让消逝的历史文化遗产重新“活”起来。南京大报恩寺琉璃宝塔是大报恩寺的核心建筑，是中世纪世界七大奇迹之一、明代“天下第一塔”，对其进行了高清数字复原的作品是共计 4300 万面的微米级建模模型，以 PBR 技术真实还原通体琉璃材质（见图 6-4）；还可以让用户体验以端云协同、虚实 XR、影视级 CG 场景建模、数字人、人工智能等前沿科技打造的大报恩寺遗址元宇宙博物馆。

图 6-4　大报恩寺琉璃塔高清复原

第三节　以数据为基座构筑文化大数据体系

围绕国家文化大数据建设，依托国家文化专网和城市政务云平台等，南京积极铸牢文化数据底座，推出“文都时空”大数据平台（见图 6-5）、“文枢”大数据平台（见图 6-6），为用户提供了南京文学百科全书和金陵历史文化知识图谱。

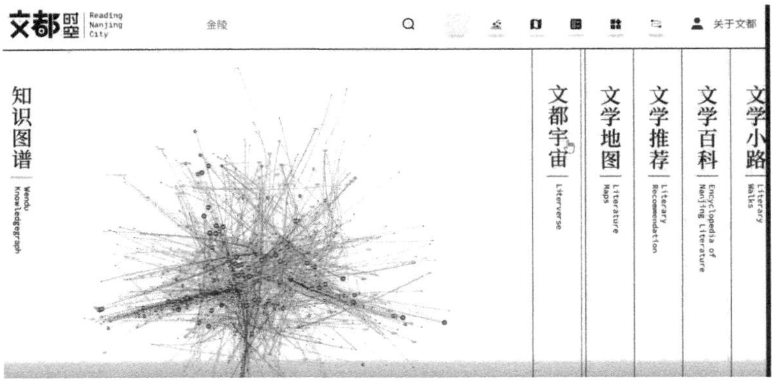

图 6-5　“文都时空”南京文学大数据平台

“文都时空”南京文学大数据平台关联4000多万大数据，涉及2652个文学人物、4126部文学作品、4545个文学事件和3735个文学地名，形成一幅巨大的南京文学知识图谱，在浩瀚星海里展现南京文学的“长度”“密度”和“广度”，是一部移动的南京文学百科全书、一张跨越时空的文学地图、一个可交互的文学小路漫游指南。

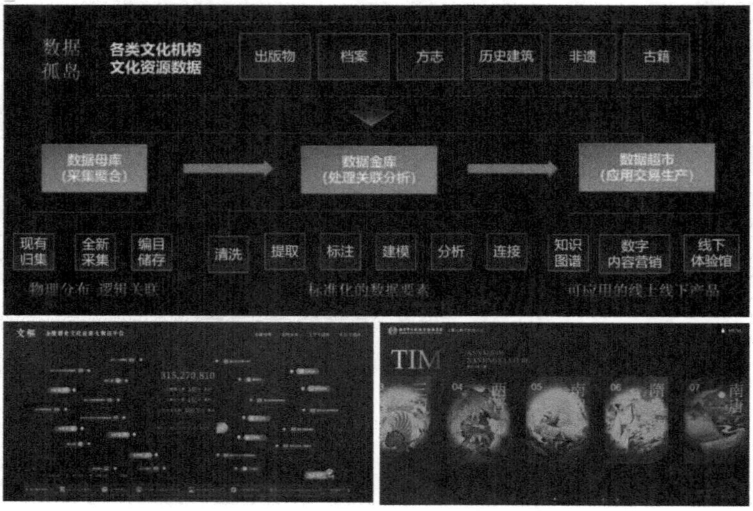

图6-6　“文枢”金陵历史文化资源大数据平台

围绕“文化数据”这一核心生产要素，“文枢”金陵历史文化资源大数据平台目前已搭建南京“非遗”、南京“文保”等12个专题知识库，关联整合南京全市档案、方志、出版物等各类多源异构数据资源，目前已拥有超4亿级数据，实现文化资源的统一数据接入、统一数据标注、统一搜索入口、统一权益保障和统一知识管理。与此同时，平台还将深度挖掘海量文化数据价值，通过AI语义理解、实体识别和抽取，进行结构化、关联化、标签化知识处理，建立时间、人物、地点、事件、风格化等多维关联的数据模型，形成一张金陵历史文化知识图谱，并采用AIGC技术推动数字文化内容的智能生成。

第四节　数智化打通产业链关键环节

南京推出公共文化服务云服务（见图6-7），搭建全程综合管控的采购中心、配送中心及大数据治理中心，建设“一库一云多平台”架构，实现一个全方位覆盖、多终端访问、多通道发布的一站式服务平台，打通公共文化服务最后一公里，在让丰富的公共文化内容一键触达的同时，实现后端多项管理数智化协同，向用户提供更为精准的文化服务。

图 6-7　南京公共文化云

文化消费重在文化体验，数智化技术的运用有助于驱动消费。“文客”平台（见图 6-8）的打造旨在连通文化演出产业链各环节，是能够有效提升行业运转效率的跨领域、跨产业互联网平台。平台以实时数据归集、AI 数据分析为支撑，聚焦南京在线文化消费服务，持续推出文化旅游消费云服务，串联南京城市优质文化资源，展现剧目演出、展览活动、文博场馆、游学研学、政府补贴等文化项目信息，满足人们对城市文化美好生活的向往。

图 6-8　“文客”平台

目前人们对于元宇宙的构想主要是建构一个与现实世界平行的虚拟世界，元宇宙的未来不仅依托人们的想象力和创造力，更重要的内核在于文化内涵与价值取向等层面。探索元宇宙发展的中国路径的核心是充分发挥和彰显中国优秀文化的价值。在国家、地方层面的政策支持下，全国各地对元宇宙文化的实践从技术应用、形式创新、平台搭建、体系建设等方面开展了大量探索。从博物馆到文化馆，从新消费场景到公共文化空间，这些实践探索已经成为我国文化数字化进程的重要组成部分。

第七章　变革与挑战：元宇宙、艺术与数字创意产业

科技进步和创新对于艺术和文化产业的未来至关重要。因为科技进步与创新最终将改变人类获取和分配资源的方式，为经济制度和政治制度的转型提供重要的前提和基础。经济学家熊彼特（J. A. Schumpeter）提出的系统技术创新理论认为，唯有通过技术创新，方可以破坏旧的经济结构和创造新的经济结构，实现“产业突变”，促进经济发展，最终改变人们生存的时空状态，或者说是人们的社会组织的时空范式。也就是说，与经济制度和政治制度相比，因科技创新改变的产业结构和生产方式更重要，是新的产业结构和生产方式引发新的经济制度和政治制度，而不是相反。而相比经济和政治制度形态，思想文化形态常常更重要。这是因为：思想是个体行为，理所当然地享有和身体一样的自由权利，从来是改变经济制度和政治制度的最重要起因。人类历史上不论有多少次经济制度和政治制度的改变，人类还是形成了共同的核心价值观念。人类的文明和历史基于人类的思想，思想文化最终影响和改变着制度的选择和转型。① 每一次技术革命带来的不仅是生活方式的变化，更是产业升级的大机遇。发展元宇宙的本质是实现数字经济与实体经济深度融合，从而切实赋能实体经济全面升级，元宇宙最关键的应用场景是产业场景。

新一轮科技革命和产业变革飞速发展，不断涌现出新的颠覆性技术，并随着颠覆性技术的成熟形成新产品（新服务）、新模式、新业态，进而出现新产业。这些新产业有巨大的增长潜力，有可能成为未来国民经济的主体。新技术的扩散、渗透和融合还会对既有产业产生深刻的影响，成为决定其产业竞争力的重要因素。未来产业是由前沿技术的出现、成熟和商业转化而诞生的新产品、新服务所形成的新产业，技术推动固然是其发展的原初动力，但市场需求同样在未来产业发展中发挥着必不可少的作用。未来产业的发展基于技术与市场的共同演化。推动未来产业的发展，需要从技术与需求双重维度考量，选择未来产业的发展方向，同时要考虑到国家或地区的要素供给条件。

从技术供给看，选择未来产业需要考察技术的成熟水平，具体可以通过实地调研、专

① 朱嘉明．未来就是现在［M］．太原：山西人民出版社，2020：441.

利数据分析、专家咨询等方法对未来产业成熟度进行定量和定性评价；从市场需求看，需要考察是否存在相对确定的新市场需求、市场与技术的匹配度、新技术对现有产品的替代能力等；从要素供给看，未来产业发展受到一个国家或地区财力、科技创新和产业配套条件的影响。从政策层面来看，支持未来产业发展的产业政策应兼顾技术推动与需求拉动，并结合未来产业的不确定性特征选择政策工具、支持范围和力度。① 当前，人工智能已然成为新一轮科技革命和产业变革的重要驱动力量。元宇宙中的人工智能扮演着非常重要的角色，创建丰富且创新的内容。人工智能占据了当下科技革命的制高点，以智能化的方式综合广泛地联结各个领域的知识与技术能力，为新一轮科技革命和产业变革释放出了积蓄已久的巨大能量。在底层算法能力提升和数据资源日趋丰富的背景下，人工智能也面向各领域、各种应用场景赋能，正在渐渐地改造着各个行业的模式。不过长期以来，人工智能似乎总是被误解。在一些科幻电影、小说等场景中，AI 被描述和塑造成要代替人类的机器大脑，而实际上，当下被技术和舆论广泛关注的人工智能，是致力于在各行业通过输出行业理解来简化需求、提高生产效率、降低成本和从业门槛的产品与服务。

在元宇宙虚拟世界中，创意将成为真正稀缺的资源，在 Roblox 的世界中，游戏玩家不仅是游戏的参与者，也是游戏世界的创造者，可以自己搭建游戏应用（也被称为“体验”）并获得收益。这些收益既可以在该平台的其他游戏应用中使用，也可以提现。玩家只需要精心创造一个形象，就可以用这个形象参与 Roblox 的所有游戏。该公司专门总结了其眼中元宇宙的八大特征，分别是身份、朋友、沉浸感、随时随地、低摩擦、多样化内容、经济系统和安全。

文化创意产业的发展离不开新技术和新模式的支持。近年来，以知识和文化为主要内容的新经济在经济发展中的重要性不断增强。这一趋势得益于新技术和新模式的出现，尤其是互联网和数字化技术的广泛应用。文化创意产业是新经济的一个重要领域，包括文化艺术、娱乐产业、设计、游戏、动漫、影视等各种创意领域。通过融合文化和创意，文化创意产业创造了丰富多样的产品和服务，满足了人们多样化的文化消费需求。互联网和数字化技术为文化创意产业提供了广阔的发展空间。互联网平台和社交媒体为文化产品的传播和推广提供了更加便捷和广泛的途径。数字技术的应用也为文化创意产业带来了更多创新机会，例如虚拟现实（VR）、增强现实（AR）等技术为创意内容的呈现提供了全新的方式。

文化创意产业的高速发展对经济发展起到了积极的推动作用。首先，文化创意产业的发展带动了就业增长；其次，文化创意产业的发展推动了相关产业链的发展，例如设计、

① 李晓华．技术推动、需求拉动与未来产业的选择［J］．经济纵横，2022（11）：45-54.

制作、发行等环节都得到了发展；再次，文化创意产业还促进了城市和地区的发展，推动了文化旅游和创意产业园区的建设。在新经济时代，充分发挥知识和文化的价值，推动文化创意产业的发展将成为经济增长的重要动力之一。

技术和创新设计是数字创意产业可持续发展的重要条件。所谓“创新设计”是对传统意义上的设计的综合拓展，涵盖工业设计、材料设计、产品设计、工艺设计、工程设计、服务业态设计等。创新设计以知识网络时代为背景，以绿色低碳、网络智能、开放融合、共创分享等为主要特征，为产品、产业的全过程提供系统性服务，融技术创新、产品创新和服务创新为一体，是实现科技成果转化、创造市场新需求的核心环节。① 而以人工智能、虚拟现实和云计算技术为代表的新一代信息技术为创新设计、影视、媒体、动漫、游戏、出版的数字化转型升级提供重要的支撑。

文化、创意、内容和版权是数字创意产业的核心内容，也是数字创意产业的主体内容，其既需要创新设计和数字创意技术提供支撑，又不断推动设计和技术的革新。中国文化博大精深，可用资源十分丰富，但是对其数字化开发力度不够。数字博物馆是数字技术对文化资源的新型呈现方式，例如，故宫端门数字博物馆通过运用虚拟现实头盔、体感捕捉设备等最新的数字技术，来增强与游客之间的互动感。创意内容主要包含网络文学、网络游戏、网络动漫、数字视频、数字音乐、互联网广告等，是个人和群体创意最为活跃的领域。近年来，数字内容的创作模式也发生了巨大的改变，从单一的专业生产内容（Professional Generated Content，PGC）转变为 PGC、用户生成内容（User Generated Content，UGC）和智能生成内容（Intelligence Generated Content，IGC）模式并存。UGC 已成为未来的发展趋势，应用人工智能技术从事智能创作正在崛起，例如，今日头条、腾讯新闻已开始使用机器人进行新闻创作，阿里巴巴开发的鲁班系统通过机器来设计生成海量的横幅广告。数字出版是数字创意产业持续健康发展的重要保障。近年来随着数字版权内容生发的新技术、新产品、新业态的不断涌现，以及盈利模式的不断成熟，数字出版行业收入实现了快速增加，远远超越了其他行业。

本章将聚焦以 AIGC 为代表的高新技术在服装制造业、元宇宙和数字人这三个主要产业和场景上的应用，结合实际案例，深入探讨 AIGC 技术的应用效果和潜力，以及其在实现产业升级和数字化转型中所扮演的重要角色，为探索文化产业发展的 AIGC 模式提供借鉴和启示。

元宇宙数字艺术设计的相关产业是依赖于数字内容产业的核心概念的：第一，5G/6G、生成式 AI、虚拟现实等技术为数字内容产业的网络化和数字化赋能；第二，在元宇

① 潘云鹤，等．数字创意产业发展研究（2035）[M]．北京：科学出版社，2021：5.

宙中，可以利用信息资源对内容产品和服务的产业进行创意、制作、开发、分销、交易；第三，这些相关的产业涉及电脑动画、网络游戏、数字影视、数字出版、数字制作、数字馆藏、数字广告、互联网信息、咨询、移动内容、远程教育、内容软件、数字图书馆等；第四，元宇宙将成为数字内容产品制作和传播的最大载体。

第一节　技术驱动：未来产业发展的原初动力

发展元宇宙，技术创新是关键。云计算、分布式存储、物联网、VR、AR、5G、区块链、人工智能等前沿数字技术的集成创新和融合应用是元宇宙发展的关键动力。元宇宙本身体现着数字技术的集成，旨在构建一个关联现实世界的虚拟世界。在这个虚拟世界中，数字内容的生成包括虚拟空间的生成、虚拟身份的建构等。一是利用图形图像技术、渲染技术等建立可感知与在场的虚拟空间。① 二是依托身份建模技术、大数据技术等创造具备身份标识的数字虚拟人，包括数字原生人与数字分身。② 前者是指与现实世界不存在映射关系的纯虚拟身份，如虚拟偶像与非玩家控制角色（Non-Player Character，NPC）；后者是指现实世界映射到虚拟空间的数字分身。三是利用社会计算技术与人工智能技术等标识元宇宙中人的行为，为虚拟世界的互动提供基础。

随着5G商用的推进，产业互联网的发展进入了一个新的阶段。5G技术提供了更高的网络速度、更低的延迟和更大的连接密度，支持海量数据的传输和处理，使得大规模数据的传输和处理变得更加高效和可靠，为产业互联网的发展提供了良好的基础。企业得以更便利地收集、存储和分析数据，从而深入了解市场和用户的需求，并做出更精确的决策。因而大数据在与产业互联网的深度融合中发挥着重要作用。通过对海量数据的分析和挖掘，企业可以获取更多的商业洞察力，优化生产流程、提高效率、降低成本。以零售业为例，通过分析消费者的购买行为和偏好，可以进行精准营销和个性化推荐，提升销售额。

元宇宙是一个巨大的平台，而区块链技术能解决平台的去中心化价值与协作的问题，解决中心化平台的垄断问题。在“BAND”四要素中，游戏（Game）、网络（Network）与显示（Display）的升级也能呈现一个近乎完美、逼真的游戏世界，但它仅仅是游戏，区块

---

① 方凌智，沈煌南．技术和文明的变迁——元宇宙的概念研究［J］．产业经济评论，2022（1）：5-19.

② Davis A，Murphy J D，Owens D，et al. Avatars，people，and virtual worlds：Foundations for research in metaverses［J］. Journal of the Association for Information Systems，2009，10（2）：90-117.

链（Blockchain）正是实现升维的点睛之笔。区块链技术是产业数字化的基础设置，其具有的去中心化、不可篡改和可追溯的特性为产业数字化提供了一个可信的生态环境，对于提高数据安全性、信任度和效率具有重要意义。首先，区块链的去中心化特性意味着没有中心化的控制机构，数据和交易的验证和记录由网络中的多个节点共同完成。这种分布式的验证机制可以防止单点故障和数据篡改，增强了数据的安全性和可靠性。对于产业数字化而言，这意味着可以建立一个不依赖于单个机构或中介的数据交换和存储系统，减少了中间环节的风险和成本。其次，区块链的不可篡改特性使得一旦数据被记录在区块链上，就很难被篡改或删除。每个区块都包含了前一个区块的信息和一个独特的哈希值，形成了一个链式结构。这使得区块链上的数据具有时间戳和完整的历史记录，为数字化产业中的交易、合约和资产提供了可靠的证明和溯源能力。无法篡改的特性可以防止数据的伪造和欺诈行为，增加了信任度。此外，区块链的可追溯性使得数据的流转和交易可以被追踪和审计。通过区块链上的记录，可以追溯到数据的来源、交易的参与方以及交易的时间和过程。这对于产业数字化中的供应链管理、知识产权保护、溯源追踪等方面具有重要意义。企业和消费者可以更加确信数据的真实性和可靠性，促进了产业合作和信任的建立。区块链技术的应用可以加强数据的安全性和信任度，促进产业间的合作和协同发展，推动数字经济的发展。然而，需要注意的是，区块链技术仍处于不断发展和完善的过程中，实际应用还面临一些技术和法律上的挑战。

新一代人工智能具有深度学习、跨界协同、人机融合、群体智能等新特征，为人类提供认识复杂系统的新思维、改造自然和社会的新技术。在新一代人工智能的影响下，设计服务业也发生着重要的变化，形成了智能优化设计、智能协同设计、与用户交互的智能定制、基于群体智能的“众创”等智能设计的新内容。当前全球科技企业正在积极布局人工智能（AI）产业生态链，并且AI在新一轮产业变革中发挥着强大的驱动作用。在各个行业中，AI被广泛应用于自动化、智能化和智能决策等方面，推动了生产效率的提高和业务模式的创新。例如，在制造业中，AI可以实现智能制造、预测性维护和质量控制，提高生产效率，增强产品质量。在金融领域，AI可以应用于风险管理、反欺诈、智能客服和个性化推荐等方面，提升服务效率，增强用户体验。在医疗健康领域，AI可以用于医学影像分析、辅助诊断、药物研发等，提高诊疗水平和医疗效果。同时，AI也催生了一些新业态和新模式。例如，基于AI的共享经济平台和在线服务平台不断涌现，改变了传统产业的运作方式。AI技术也促进了智能交通、智慧城市、智能家居等领域的发展，为人们提供了更便捷、高效和智能化的生活方式。此外，AI在创造新产品方面也发挥着重要作用。例如，语音助手、智能机器人、智能音箱等智能设备得到了广泛应用，改变了人们与技术的交互方式。虚拟现实（VR）、增强现实（AR）等技术与AI的结合也创造了全新的沉浸式体验和应用场景。利用机器学习和自然语言处理等技术，能够让计算机生成符合特定需求的文本、图像、音频和视频等内容。相较于PGC技术和UGC技术，AIGC实现了内容生成主体从人向机器的转变，这使得人工智能可以大幅度地提高内容生成的效率和准确度。AIGC还可以根据不同的需求，生成不同形式、不同主题、不同风格的内容，满足不同用户的需求，解放内容生产力。当然，AIGC也并非完美无缺的，它带来了版权归属、内容合法性等问题；并且，元宇宙所创造的内容，将会以实时生成、实时体验、实时反馈的方式提供给用户。这对供给效率的要求将远超人力之所及，所以需要更加成熟的人工智能技术来赋能内容生产，实现"所想即所得"的愿景，降低元宇宙用户进行内容创作的门槛。当然，元宇宙的边界仍然在不断地扩展，想要满足其不断扩张的内容需求，还需要通过人工智能辅助内容生产，只有在人工智能赋能下的AI辅助内容生产和完全AI内容生产相结合，才能够满足元宇宙不断扩张的内容需求。

以区块链技术为例，其应用将推动科学领域、教育领域、文化领域的全面变革。当下产业结构正在发生改变，区块链技术需要与全新产业相结合。这样的全新产业包括科技、知识、文化和观念产业。这些全新产业存在着先天数字化的优势，对区块链技术存在强烈需求，应用之后可以展现明显效益。全新产业与传统实体经济相比较，不再受制于资本、劳动力和土地等生产要素的限制，其产品不再受制于物质结构，没有磨损、折旧甚至废弃的过程。全新产业更多依赖于信息、数据、知识和观念，其中数据是全新产业中最为重要的生产要素。① 当下以及未来，虚拟空间中的艺术创作的数字化特征凸显，无论是美术、音乐还是舞蹈，知识产权、数字艺术作品的知识产权、版权保护等问题需依赖区块链技术的应用。区块链技术的应用将使得人类思想的价值、知识的价值、文化的价值、艺术的价值，得到前所未有的提升。随着更多数学工具的开发、密码学成果的更新、计算机语言的拓展、算力的提升、基础设施的完善以及人工智能、大数据等技术的发展，区块链技术的开发和可持续发展将得到坚实的支撑。

除了优化内部运营，技术驱动下的产业互联网的发展还带来了产业间的协同和合作。不同行业的企业可以通过数据的共享和交流实现资源的优化配置，形成产业联盟和生态系统，推动产业的协同创新和发展。随着技术的不断进步和应用的不断拓展，产业互联网将在推动经济发展和提升产业竞争力方面发挥越来越重要的作用。

未来基础科学的持续投入对于技术的前沿突破至关重要。这些突破可以激发科学家和工程师思考新技术的应用前景，并启动产品原型的开发过程。科学家和工程师会根据他们

---

① 朱嘉明．未来决定现在［M］．太原：山西人民出版社，2020：89.

对新技术的理解和想象，构思产品的应用场景。然而，一旦新技术开始商业化，市场需求将成为一个重要考量因素。产品原型需要通过架构设计、外观设计以及生产流程的创新，不断改进其性能，以更好地适应市场的需求。这可能涉及产品功能的优化、成本的降低、用户体验的增强等方面的改进。

在元宇宙领域，随着技术的不断发展，各种应用场景和商业机会将不断涌现。科学家和工程师会根据技术的特点和潜力，设想并开发出各种元宇宙产品原型。这些原型将通过不断地改进和创新，逐步实现商业化，并满足市场的需求。

第二节 人性价值：以数字化满足人类需求

美国心理学家马斯洛于 1943 年在《人类激励理论》中提出了著名的“需求层次理论”，将人类需求动机分为五个层次，按层次逐级递升，分别为生理需要、安全需要、情感和归属需要、尊重需要、自我实现需要。在之后的研究中，马斯洛又增加了两个维度即求知需要和审美需要，认为这两种需求介于尊重需要、自我实现需要之间。按照这个理论，基础物质产品主要是满足生理需要、安全需要。之后的情感和归属需要、尊重需要、自我实现需要，都与人类在社会中的位置有关。在元宇宙中人们能获得沉浸式的消费体验。消费具有符号的意义。对于元宇宙中的消费，每个人都可以在元宇宙空间里充分表达自己的才能，从而在元宇宙中持续创造文化价值、心理价值等虚拟价值，这样有利于不同的人员在不同空间中的自我实现。

用户需求是创造或重塑商业模式的重要动力。① 场景指“时间、地点、情感等特定元素，及企业、用户与其他相关主体间的关系、行为所构成的具体画面或特定过程”②。在元宇宙时代，用户的差异化需求往往嵌入在具体场景中，何时何地如何为用户提供产品或服务，可能比产品或服务本身更重要。③

---

① 罗珉，李亮宇．互联网时代的商业模式创新：价值创造视角［J］．中国工业经济，2015（1）：95-107.

② 江积海，阮文强．新零售企业商业模式场景化创新能创造价值倍增吗？［J］．科学学研究，2020，38（2）：346-356.

③ 蔡春花，刘伟，江积海．商业模式场景化对价值创造的影响——天虹股份 2007—2018 年数字化转型纵向案例研究［J］．南开管理评论，2020，23（3）：98-108.

一、信息知识：数智化赋能下的知识共享与互动协作

元宇宙通过多维度信息展示、智能搜索与推荐、互动和协作，以及虚拟学习和培训等方式，满足人类对信息知识的需求。它提供了一个更丰富、更个性化、更互动的知识获取和交流的平台，为人们带来全新的信息体验和学习方式。

元宇宙可以提供一个多维度的虚拟空间，其中包含各种数字化的信息和知识资源。用户可以通过虚拟现实技术或其他交互方式进入元宇宙，并以更直观、沉浸式的方式浏览和探索信息。这种多维度的展示方式可以使信息更加丰富、有趣，并提供更全面的视角。在元宇宙中，还可以利用人工智能和机器学习技术，对元宇宙中的信息进行智能搜索和推荐。通过分析用户的兴趣、偏好和行为，元宇宙可以为用户提供个性化的信息推荐，帮助用户更高效地获取所需的知识。这种个性化推荐可以帮助用户发现新的知识领域，并且满足不同用户对信息的特定需求。此外，元宇宙可以提供用户之间进行互动和协作的环境。用户可以在虚拟空间中与其他人进行实时的交流和知识共享，共同探索和创造新的知识。这种互动和协作的特性可以促进知识的传播和共享，同时也可以激发创新和合作。元宇宙也可以成为一个虚拟学习和培训的平台。用户可以通过元宇宙中的虚拟学习环境参与各种教育和培训活动，如虚拟课堂、模拟实验室、技能培训等。这种虚拟学习和培训的方式可以提供更具互动性和实践性的教育体验，满足人们对知识获取和技能发展的需求。

二、数字内容：重构生产过程，带来成本、质量的结构性变化

第一，元宇宙提供了新的创作和生产方式，使得数字内容的创作过程更加多样化和创新化。传统的数字内容创作通常需要在特定的软件和硬件环境中进行，而元宇宙则提供了更加开放和自由的创作平台。例如，用户可以利用元宇宙中的虚拟创作工具和平台，以更直观和沉浸的方式进行数字内容创作。这种改变使得更多人可以参与数字内容的创作，降低了创作门槛。

第二，元宇宙的创作和生产过程通常借助虚拟化技术和云计算技术，使得资源的利用更加高效和灵活。相比传统的数字内容创作，元宇宙可以通过共享和复用数字资产，减少资源的浪费。此外，元宇宙还可以提供虚拟化的生产环境，减少实际物理设备和场地的需求，从而降低生产成本。

第三，元宇宙为数字内容带来了更高的互动性和个性化体验。传统的数字内容通常是

线性的、静态的，而元宇宙提供了与数字内容互动和体验的全新方式。用户可以在元宇宙中与内容进行实时互动，根据个人偏好和行为定制内容的展示和体验方式。这种互动性和个性化体验的增强提升了用户的参与度和满意度。

第四，元宇宙为数字内容的创新和实验提供了更广阔的空间。传统的数字内容创作通常受到技术和平台的限制，而元宇宙则有可能提供更高的自由度和更多生成方式。在元宇宙中，创作者可以尝试新的技术、交互方式和创意表达形式，推动数字内容的生成和发展。

三、游戏：重构游戏过程，带来成本和体验的结构性变化

元宇宙将全面重构游戏过程，带来成本和体验的结构性变化，主要体现在基于模型的资产和场景等、基于模型的用户新体验、NPC、生成的数字世界、全新的创作范式、开发流程、语言、游戏大模型和平台等方面。

第一，在元宇宙的游戏中，资产和场景通常基于模型构建。这意味着游戏中的物品、角色、环境等元素都可以以数字模型的形式存在，玩家可以在虚拟世界中进行创作、共享和交互。这种基于模型的资产和场景使得游戏的创建和修改更加灵活、高效，并且可以大规模复制和传播。

第二，元宇宙的游戏将提供基于模型的全新玩家体验。通过虚拟现实和增强现实技术，玩家可以与虚拟世界中的模型进行实时互动，身临其境地参与游戏。这种基于模型的新体验可以提供更真实、沉浸和多样化的游戏体验，为玩家带来全新的感知和参与方式。

第三，在元宇宙的游戏中，NPC 通常采用生成的方式。通过机器学习和人工智能技术，游戏可以自动生成具有自主行为和智能的 NPC 角色。这使得游戏中的 NPC 更具个性、逼真，并能够与玩家进行实时互动，提供更丰富和真实的游戏体验。

第四，元宇宙的游戏通过算法和生成技术，可以自动生成庞大、丰富的数字世界。这些数字世界可以包括无限多个场景、地形、建筑等元素，创造了巨大的想象空间供玩家探索和互动。

第五，元宇宙的游戏推动了全新的创作范式、开发流程和语言的发展。游戏开发者可以利用元宇宙提供的工具和平台，以更灵活、高效的方式进行游戏创作和开发。同时，元宇宙还鼓励开发者创造新的游戏语言和设计模式，以适应元宇宙的特殊需求和体验。

第六，元宇宙将为游戏开发提供大规模的模型和平台支持，这将使得游戏可以拥有更复杂、更细致的模型和场景。这将提升游戏的视觉效果、沉浸感和观赏性，同时也提供了

创作和开发的灵活性和效率。元宇宙提供了庞大的模型库和资源，游戏开发者可以从中选择和使用各种模型来构建游戏世界中的人物、物品、环境等。这些模型可以是高度详细和逼真的，使得游戏的视觉效果更加出色，提升了游戏的沉浸感和观赏性。通过元宇宙的平台支持，游戏开发者可以构建更复杂、更细致的游戏场景。例如，可以创建庞大的开放世界、繁忙的城市、细致的室内环境等。这些场景包含很多的细节和交互元素，使得玩家能够更自由地探索和体验游戏世界。元宇宙为游戏开发者提供了强大的渲染和物理模拟技术，使得游戏可以展现更出色的视觉效果和真实的物理交互场景。例如，游戏中的光照、阴影、粒子效果等可以更加逼真，物体的碰撞和运动行为可以更真实地模拟，增强了游戏的观赏性和沉浸感。元宇宙的平台支持使得游戏创作和开发更加灵活和高效。开发者可以利用元宇宙提供的工具和资源，快速构建游戏世界中的模型和场景，减少开发周期和成本。此外，元宇宙还鼓励开发者之间的合作和资源共享，促进了创意的交流和创作的多样性。

四、电商：重新定义模型驱动的人、物、场景

元宇宙对电商的影响非常深远，重新定义了模型驱动的人、物、场景、文案广告工具、产品推荐工具、模特效果生成工具、3D 时装工具，以及引入了新的交互方式，如会话式商务（Conversational Commerce）。

元宇宙为电商带来了基于模型的人、物、场景的创新。通过虚拟现实和增强现实技术，消费者可以在元宇宙中与虚拟模特进行互动，试穿虚拟时装，体验虚拟场景等。这使得电商购物体验更加真实、沉浸和个性化，消费者可以更好地了解产品的外观、尺寸和搭配效果。

元宇宙为电商提供了新的文案广告工具。电商平台可以利用元宇宙中的虚拟场景和模型，创作生动、吸引人的广告文案。这些广告文案可以以更直观、沉浸的方式展示产品特点和使用场景，提高消费者的购买决策力。

元宇宙为电商带来了更智能、个性化的产品推荐工具。通过分析消费者在元宇宙中的行为和喜好，电商平台可以根据个性化需求向消费者推荐相关的产品。这种个性化推荐能够提高购物效率和用户满意度。

元宇宙为电商提供了模特效果生成工具。这些工具可以利用虚拟模特和增强现实技术，为消费者展示产品的实际效果。消费者可以通过元宇宙中的虚拟模特来预览衣物的穿着效果、化妆品的妆容效果等，帮助他们更好地评估和选择产品。

元宇宙引入了3D时装工具，为电商提供了更加个性化的时装展示方式。通过使用3D技术，电商平台可以呈现更加逼真、多角度的时装展示效果，让消费者更好地了解产品的设计、面料和质感。

元宇宙改变了传统的电商交互方式。其中会话式商务是一项重要的创新，提升了消费者购物时的互动性和定制化程度。会话式商务是指通过对话和聊天等形式进行交互和购物的方式。它利用人工智能和自然语言处理技术，使消费者能够与电商平台进行实时的对话，并通过对话来获取产品信息、提出问题、下订单等。通过会话式商务，消费者可以与电商平台的虚拟助手、聊天机器人或在线客服进行交互，以获取个性化的产品建议、解答疑问、了解促销活动等。这种交互方式使得购物体验具有更强的互动性，也更为个性化；消费者可以通过自然语言的对话方式来表达需求，而不仅仅是通过页面浏览和点击。会话式商务的优势在于它可以提供更加智能和定制化的服务。通过对消费者的对话进行分析，电商平台可以更好地了解消费者的喜好、购买习惯和需求，从而提供更准确的产品推荐和个性化的购物体验。此外，会话式商务还可以为消费者提供实时的支持和解决问题的服务，增强了购物过程中的信任感和满意度。

第三节　商业价值：应用场景与商业模式

罗斯威尔（Rothwell）和泽格维尔德（Zegveld）（1985）曾提出“技术推动+需求拉动”的协同创新模型。这一模型认为技术推动了企业创新，但市场需求才给予企业开发新产品的可能性。① 因此，创新是在技术的推动力与需求的拉动力的共同作用下形成的。② 这一观点在元宇宙商业模式创新中同样适用。一方面，元宇宙技术的开发、成熟与扩散，显示出其提高生产效率、促进创新创造的巨大潜力，不断推动技术商业化、资本化进程。另一方面，具体需求场景将企业的内部技术资源与外部市场的旺盛需求相结合，为元宇宙企业的价值创造提供了契机。③ 因此，元宇宙商业模式的形成是前沿数字技术与用户需求共同塑造的产物。以数字场景建设为例，内容创意是数字场景建设的图纸。在工具和基础

① Rothwell R, Zegveld W. Reindustrialization and Technology [M]. London: Cartermill International, 1985.

② Rothwell R. Successful Industrial Innovation: Critical factors for the 1990s [J]. R& D Management, 1992, 22 (3): 221-240.

③ 喻国明．未来媒介的进化逻辑：“人的连接”的迭代、重组与升维——从“场景时代”到“元宇宙”再到“心世界”的未来［J］. 新闻界，2021（10）：54-60.

设施之外，搭建怎样的数字场景、设计怎样的交互能力也是未来发展的核心之一，PGC 和 UGC 都将贡献大量内容创意，特别是在元宇宙建设中 UGC 的重要性不断提升，实现数字场景的多元化发展，同时创作者可以从现实世界文化以及经典 IP 中汲取灵感，创造出异彩纷呈的虚拟空间。PGC 仍然是数字场景建设中不可或缺的力量。当前数字场景建设仍然有较高门槛，需要大量设计和建模专业知识、资金技术投入等，更多的是专业创作者和游戏、影视、工业建筑等领域的厂商参与，从而制作出高质量数字场景。因此，数字场景建设浪潮有望推动游戏、影视、展览等涉及数字视觉技术领域的公司发展。

元宇宙中大量的数字原生内容，需要由 AI 来帮助完成创作。AIGC（AI Generated Content）将极大地推动元宇宙的发展。AIGC 的特点是自动化生产、高效。随着自然语言生成技术（NLG）和 AI 模型的成熟，AIGC 已引起业界和学界的关注，目前已经可以自动生成文字、图片、音频、视频，甚至 3D 模型和代码。互联网内容生产方式经历了 PGC—UGC—AIGC 的过程。PGC（Professionally Generated Content）是专业生产内容，如 Web1.0 和广电行业中专业人员生产的文字和视频，其特点是专业、内容质量有保证。UGC（User Generated Content）是用户生产内容，伴随 Web2.0 概念而产生，特点是用户可以自由上传内容，且内容丰富。

基于不同的价值创造逻辑，目前 AIGC 产业应用可被划分为四类：生产可直接消费内容、结合底层系统生产高附加值内容、提供内容生产辅助工具、用于提供体系化解决方案。生产可直接消费内容的应用是指将 AIGC 技术直接应用于内容生产领域，用于创造和提供可供消费者直接使用的内容。例如，使用 AIGC 技术生成电影、音乐、游戏、虚拟现实体验等娱乐内容，或者利用 AIGC 技术创建新闻报道、文章、博客等文本内容。结合底层系统生产高附加值内容的应用是指将 AIGC 技术与底层系统结合，用于生产具有高附加值的内容。例如，在制造业中，将 AIGC 技术与自动化系统结合，实现智能化的生产流程和质量控制，从而提高生产效率和产品质量；在医疗领域，结合 AIGC 技术和医疗设备，可以提供更精准的诊断和治疗方案。提供内容生产辅助工具的应用主要是指将 AIGC 技术应用于辅助内容生产的工具和平台。例如，使用 AIGC 技术开发的语音识别工具和自然语言处理工具可以帮助作者更高效地撰写文章或脚本，图像处理工具和计算机视觉工具可以辅助设计师创建图形内容和视觉效果。用于提供体系化解决方案的应用是指将 AIGC 技术应用于解决特定领域或行业的复杂问题，提供综合性的解决方案。例如，在城市规划中，使用 AIGC 技术进行大数据分析和预测，以支持城市交通管理和资源优化；在金融领域，利用 AIGC 技术进行风险评估和智能投资决策。

以虚拟人应用为例，2023 年，人工智能公司小冰公司提前上线了首批网红明星克隆人，目前不付费可以与之进行互动，付费可以看朋友圈、打视频电话。在这个“克隆人计划”的平台上，用户可以为明星、网红或者自己创造源于本人性格、声音、外貌的克隆人，本人可以认证“克隆人”并将其有偿或无偿提供给他人。已有不少明星、网红在后台报名，但出于安全考虑，首批“克隆人”限制在300人内，首先在中国和日本市场启动，预计在2023年年底前逐步放开到更大规模。据介绍，这一APP使用的底层技术包括小冰公司的XLLM语言模型、声音及神经网络渲染技术，使“克隆人”兼具一定的性格特征和完成工作的能力。据了解，小冰公司计划每周四解锁新的“克隆人”。为避免克隆人被不当使用而产生隐患，小冰公司不开放技术接口，限制“克隆人”仅可在特定的平台与用户交流。在这个平台上用户可以创造自己的“克隆人”，也可以发现、获取其他“克隆人”。用户与“克隆人”之间可形成封闭安全的网络，进行文字聊天、音视频通话、朋友圈交互等，甚至“克隆人”之间也会形成动态的虚拟社交关系。另外，通过认证的“加V”的“克隆人”意味着由本人推出并具有特别的“超能力”，它所产生的收益也将由本人获得。对这种现象，有专家认为，小冰公司的市场意识和快速反应能力很好，但要判断这种商业模式是否可行目前还为时过早，且用户只能在特定APP与小冰“克隆人”互动是规模化变现的阻碍之一。也有专家对比了小冰“克隆人”和ChatGPT的商业化模式：二者的使用场景不同，前者聚焦虚拟社交与陪伴场景，后者则相对通用。至于国内落地，主要看中国市场有无相关法律法规方面的要求。用户对此褒贬不一，有不少用户表示AI聊天还不甚完美，也有用户担忧隐私安全问题，觉得自己“被窥屏”而因此感到不安。虚拟偶像IP的构成维度如图7-1所示。

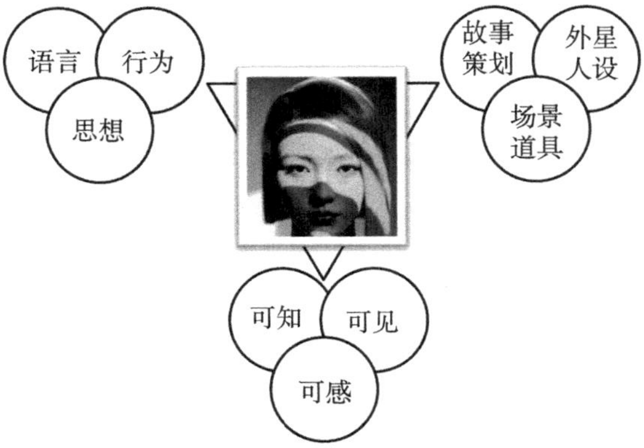

图7-1　虚拟偶像IP的构成维度

以时尚领域及服装设计为例，一方面，消费者对服装的品质、设计和个性化需求越来越高，这为服装企业提供了更大的创新和差异化的机会。另一方面，服装企业也进入探索从粗放型和劳动密集型企业模式向自主设计和创新型企业模式转型的过程。目前，国内服装企业在品牌建设、产品设计、渠道拓展等方面已经取得了一些进展。随着移动互联网和电子商务的普及，国内服装企业也开始拓展新的销售渠道和市场，关注网络营销和社交电商的机会，通过各种电商平台、社交媒体和直播等渠道拓展销售渠道和提升品牌影响力，以提升产品的知名度和销售额。当下，洞悉消费者需求、差异化和品牌化对于服装产业的发展尤为重要，网络营销环节也成为服装企业间竞争的主要阵地。

从生产制造的流程上看，研发和营销环节能够大幅提高产业附加值，服装企业应该注重产品的设计和销售阶段，提高产品的附加值和市场竞争力。但是多年的 OEM（Original Equipment Manufacturer，定牌生产或授权贴牌生产）模式使得许多中小型服装企业习惯于生产附加值低、缺乏创新和设计感的商品。如今，不少企业经营者已经意识到设计本身对于时尚行业或服装产业的重要性，但是大多没有形成具体的举措和方法，造成服装行业当下的生存困境。

AIGC 在设计、营销和生产上具有升级服装制造业的潜力。在设计方面，AIGC 技术的应用不仅可以降低服装设计成本和门槛，同时也能够提高设计的创意值和品质。利用 AIGC 技术，设计师可以更加高效地进行创意构思、图形排版和面料搭配等工作，并且可以快速地生成各种样式和款式。此外，AIGC 技术还可以结合虚拟试衣技术，让设计师能够更好地展现服装，提升选品的效率和效果。在营销方面，AIGC 技术的应用可以实现更加智能和精准的营销策略。利用 AIGC 技术，服装企业可以通过数据挖掘和分析来深入了解消费者的兴趣、偏好和行为，从而设计和推出更加符合市场需求的产品。此外，AIGC 技术还可以结合增强现实（AR）技术，让消费者在虚拟场景中尝试不同款式的服装，增强消费者购买的决策力和信心。在生产方面，AIGC 技术的应用可以实现自动化、智能化和柔性化的生产过程，提高生产效率和质量。利用 AIGC 技术，企业可以实现生产过程中的自动化控制、智能化检测和柔性化调整，从而快速响应市场需求变化，提高供应链的灵活性和适应性。在营销方面，运用 AIGC 技术可以为服饰电商品牌赋能，包括根据直播内容实时生成短视频，自动识别服装介绍及货品展示，高效混剪直播精华素材，实现视频平台便捷发布，助力服装直播间实现优质内容获客。通过提供智能化解决方案，对直播内容的进行智能化识别与自动化裁剪，快速“吸粉”，提升直播间的商品转化率。直播切片能将直播过程的长视频剪辑成一段段的短视频，用于视频号的发布。直播切片能够根据在直播时引流的人数情况调整直播间排品，最大限度地承接短视频流量，在直播之外也能够预热直播间热度，实现较为精准的引流，以及在直播后持续促进成交。在人工剪辑切片过程中，通常需要根据不同平台的需求对视频时长、画面比例、文件大小及分辨率等问题进行调整，一条切片视频的制作至少需要 2—3 个小时，这一过程低效且易因审核影响内容的传播时效，失去平台流量的推荐机会。根据企业在每场直播前指定的推荐商品的特征，为其进行如切片类型、个性化配置切片内容要求、时长范围等规则的定制化配置并生成 AI 模型，并以个性化剪辑脚本、在线视频剪辑、批量模板剪辑等个性化视频剪辑方式助力客户快速批量生成高质量商品卖点短视频，规定发布数量及发布时间等，通过更高频的短视频内容产出吸引更多自然流量的进入，达到稳定直播间流量的目的。

总之，元宇宙与未来产业研究需要科学家、工程师和市场需求之间的有机结合。科学家和工程师的创新思维和技术突破为产品原型的开发提供了基础，而市场需求则推动着产品的不断改进和商业化进程，使其更好地适应市场。这样的循环过程促进了元宇宙和其他未来产业的发展。元宇宙赋能电商的路径如图 7-2 所示。

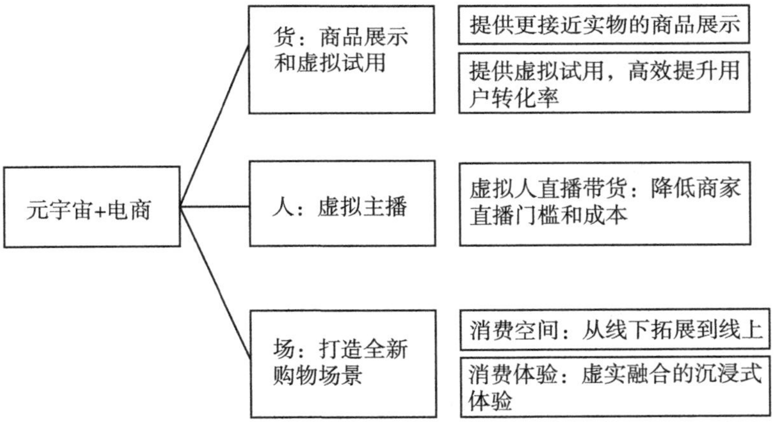

图 7-2　元宇宙赋能电商的路径

在互联网技术广泛发展的背景下，提供高质量的内容营销已经成为吸引客户的重要手段之一。内容营销指的是以图片、文字、动画、视频等媒介创建、发布及传播相关内容给客户，实现网络营销的目的。优秀的内容营销能够为消费者提供有价值的信息，并展示企业的专业性和信誉度。内容营销具有创作形式多样、用户接受度程度高、营销效果持续时间较长、有效提升品牌认知度和信任感等优势。

第八章 艺术与科技共同服务社会现实的策略研究

元宇宙的未来发展需要多方参与，应当依据相关研究和社会调查资料，在分析政策环境、技术应用、人才培养和标准体系等因素的基础上，制定元宇宙与数字艺术共同服务社会现实的策略。政府层面可以制定相关政策，支持元宇宙和数字艺术的发展与应用。这包括提供资金支持、减少法律和行政壁垒、制定优惠税收政策等，以鼓励创新，推动技术研发和应用，促进数字艺术的创作和展示。在技术推广与研发方面，加强技术研发，推动元宇宙和数字艺术技术的创新和进步。鼓励科研机构、高校和企业加强合作，推动虚拟现实、增强现实、人工智能等关键技术的发展，并将其应用于数字艺术创作、展示和交互体验中。一是在人才培养与教育方面，要建立全面的人才培养体系，培养专业的元宇宙和数字艺术人才。同时加强高校、艺术院校和培训机构的相关专业设置力度和课程体系建设力度，培养具备技术、艺术和设计能力的人才，提高他们对元宇宙和数字艺术的理解和创作能力。二是鼓励元宇宙和数字艺术与其他行业的跨界合作，拓展创作和应用领域。例如，与教育、娱乐、医疗、城市规划等领域合作，推动元宇宙和数字艺术在社会实践中的应用，提供创新的解决方案和丰富的体验方式。三是制定和推广元宇宙和数字艺术的标准体系，确保内容的质量和安全。标准体系可以涵盖技术规范、内容评估、用户体验等方面，为元宇宙和数字艺术的发展提供可靠的基础和保障。开展公众教育和推广活动，提高社会对于元宇宙和数字艺术的认知力和理解力。

第一节 元宇宙数字艺术赋能数字文化产业发展

元宇宙提供的交互性和沉浸感极强的虚拟环境，使用户能够与其他人、物体和环境进行实时互动。在前面探讨的数字经济的整体框架之下，本研究已经论证了元宇宙与数字艺术共同服务社会现实的可能性。从产业来看，数字经济、数字技术和数字化与元宇宙的未来发展将殊途同归，这一点在数字文化产业领域将尤为凸显。

数字文化产业包括数字娱乐、数字艺术、数字媒体、数字游戏等领域。元宇宙为数字文化产业提供了全新的发展机遇和可能性。元宇宙赋能数字文化产业发展的可能方式有：虚拟展览和体验、社交互动和虚拟社区、虚拟现实娱乐和游戏、虚拟商品和经济系统。

一、虚拟展览和体验

元宇宙为文化机构、艺术家和创作者提供了创建虚拟展览和体验的平台。通过元宇宙，人们可以远程参观博物馆、艺术展览，体验虚拟演出和音乐会，创造和共享数字艺术作品。这将拓展文化产业的观众群体和传播途径，增加文化产品的影响力和可及性。以下是一些元宇宙应用于虚拟展览和体验的方式。

（一）虚拟博物馆和艺术展览

通过元宇宙平台，博物馆和艺术机构可以创建虚拟展览，将珍贵的文物、艺术品和展览内容数字化，并在虚拟空间中展示。用户可以通过虚拟现实技术或者智能设备，身临其境地参观博物馆和艺术展览，欣赏文化遗产和艺术作品，甚至与展览内容进行互动。

（二）虚拟演出和音乐会

元宇宙为音乐家和表演艺术家提供了展示才华和创意的平台。虚拟演出和音乐会可以通过增强现实技术或虚拟现实技术实现，用户可以通过虚拟空间参与演出，与艺术家互动或与其他观众交流。这种形式的演出打破了地理限制，拓宽了观众的参与范围，为艺术家提供了更广阔的表演机会。

（三）数字艺术创作和展示

元宇宙为数字艺术家提供了创作、展示和交流的平台。艺术家可以在虚拟空间中创作独特的数字艺术作品，并将其展示给全球观众。虚拟展示的优势在于可以提供更多的互动性和更好的沉浸感，观众可以与艺术作品进行实时互动，深入了解艺术家的创作意图。

（四）虚拟参观旅游景点

元宇宙还可以用于创建虚拟旅游景点，使用户能够远程参观世界各地的名胜古迹和自然景观。用户可以在虚拟空间中漫游，探索不同的地理环境和文化遗产，了解各地的历史和传统。

元宇宙的虚拟展览和体验不仅能够突破地理和时间的限制，让更多的人参与其中，还可以为文化机构、艺术家和创作者提供更多创作和展示的机会。它为文化产业带来了全新的发展模式和商业机会，推动了数字文化的创新和传播。

二、社交互动和虚拟社区

元宇宙为用户提供了与他人进行虚拟社交互动的平台。人们可以在虚拟环境中建立个人形象（虚拟化身），与其他用户进行实时交流、合作和创作。这种社交互动的扩展将推动数字文化产业的创新，激发创作者的想象力和创造力。元宇宙为社交互动和虚拟社区的打造提供了创新的平台和工具。具体来看有以下方式。

（一）虚拟身份和社交互动

在元宇宙中，用户可以创建自己的虚拟身份或虚拟化身（Avatar）。这个虚拟化身代表了用户在虚拟空间中的存在和形象。用户可以通过自定义虚拟化身的外观、特征和行为，展示自己的个性和喜好。通过虚拟身份，用户可以与其他用户进行实时的社交互动，包括聊天、语音通话、合作活动等，仿佛身临其境地与他人交流。

（二）虚拟社区和交流空间

元宇宙提供了创建虚拟社区和交流空间的工具和平台。用户可以在虚拟空间中创建自己的社区，如主题论坛、艺术家工作室、创意团队等。这些虚拟社区可以成为用户之间分享兴趣、交流想法、合作创作的场所。用户可以通过虚拟社区与其他用户建立联系，参与讨论和活动，扩大社交圈子和合作伙伴。

（三）虚拟活动和体验

元宇宙为社交互动提供了丰富多样的活动和体验。用户可以参与虚拟的派对、音乐会、展览、游戏比赛等各种虚拟活动。这些活动可以是由用户自发组织的，也可以是由企业、组织或社区主办的。通过参与这些虚拟活动，用户可以与其他人互动、分享乐趣，拓展自己的社交网络和体验丰富多彩的虚拟世界。

（四）虚拟商业和经济系统

元宇宙中的虚拟社区也可以成为商业和经济活动的场所。用户可以在虚拟社区中创建虚拟商品、虚拟服务和虚拟场所，并与其他用户进行交易。这种虚拟经济系统可以涵盖各种领域，如虚拟房地产、虚拟艺术品、虚拟货币等。用户可以通过参与虚拟经济活动获得收入，创造价值，并在虚拟社区中建立自己的虚拟财富和声誉。元宇宙打造的虚拟商业和经济系统，为商业活动和经济交易提供了全新的模式和机会。第一，元宇宙为虚拟商品和虚拟服务的创造、交易和消费提供了平台。虚拟商品可以是虚拟物品、虚拟装备、虚拟艺术品等，用户可以在元宇宙中购买、拥有和使用这些虚拟商品。虚拟服务可以是虚拟导游、虚拟教练、虚拟助手等，用户可以通过虚拟现实技术和人机交互技术进行虚拟服务的体验和利用。第二，元宇宙支持虚拟资产和虚拟货币的创建和交易。虚拟资产可以是虚拟地产、虚拟房屋、虚拟土地等，用户可以在元宇宙中购买、出售和租赁这些虚拟资产。虚拟货币可以是基于区块链技术的加密货币，用于虚拟经济系统中的交易和价值交换。第三，元宇宙为虚拟商城和虚拟交易平台的建立和运营提供了支持。虚拟商城是一个集中展示和销售虚拟商品、虚拟资产和虚拟服务的平台，用户可以在其中浏览、购买和交易。虚拟交易平台提供了安全和便捷的交易环境，确保虚拟商品和虚拟资产的所有权转移和支付的可靠性。第四，元宇宙为虚拟广告和品牌营销提供了新的机遇。企业和品牌可以在元宇宙中展示和推广自己的产品和服务，通过虚拟广告、虚拟活动和虚拟场所吸引用户的关注和参与。虚拟广告可以以沉浸式和互动性的方式呈现，提供更具创意和个性化的品牌宣传和推广效果。

三、虚拟现实娱乐和游戏

元宇宙为数字娱乐和游戏行业带来了巨大的发展机遇。通过元宇宙平台，用户可以沉浸式地参与虚拟现实游戏、体验虚拟现实娱乐内容，与其他玩家进行互动。这将加速数字游戏和虚拟现实技术的创新和普及，推动数字文化产业的发展。元宇宙在虚拟现实娱乐和游戏领域具有巨大的潜力和应用价值，体现在以下几个方面。

第一，元宇宙为虚拟现实游戏提供了更加沉浸式的体验。通过元宇宙平台，用户可以进入虚拟世界，与游戏中的环境和角色进行实时互动。这种沉浸式体验使玩家能够更深入地融入游戏的情节和动作，提升游戏的乐趣和参与度。

第二，元宇宙为虚拟现实社交游戏带来了全新的维度。用户可以在虚拟现实环境中与其他玩家进行互动和交流，共同参与游戏任务、合作挑战或者进行多人对战。这种社交互动的增强使游戏更具社交性和合作性，玩家可以与其他玩家建立联系、结交朋友，并共同探索虚拟世界。

第三，元宇宙为虚拟现实体感娱乐提供了更丰富的可能性。通过元宇宙平台，用户可以参与虚拟现实的体感游戏和活动，如虚拟现实健身、运动竞技等。这种体感娱乐结合了虚拟现实技术和传感器技术，使玩家能够在虚拟环境中进行身体运动和互动，强化娱乐体验。

第四，元宇宙可以为虚拟现实主题乐园的打造提供支持。通过元宇宙平台，乐园运营商可以创建虚拟主题乐园，提供各种虚拟现实娱乐设施和体验项目。用户可以通过虚拟现实设备或者增强现实技术，参与各种刺激和有趣的娱乐活动，如过山车、惊险冒险等。

第五，元宇宙为虚拟现实直播和赛事带来了创新。通过元宇宙平台，用户可以观看虚拟现实游戏的实时直播，以身临其境的方式感受游戏玩家的视角和体验。观众可以选择自己的视角、位置和交互方式，与游戏直播主播进行实时互动，共享游戏乐趣和交流游戏技巧。元宇宙为虚拟现实赛事直播提供了更加沉浸式和更具互动性的观赛体验。观众可以通过元宇宙平台观看虚拟现实赛事的实时直播，如电子竞技比赛、虚拟现实竞速等。观众可以选择自己的虚拟化身观看比赛，与其他观众进行实时交流和互动，共同体验赛事的激烈和刺激。观众可以通过语音聊天、表情动作、投票等方式表达自己的观点和情感，增强观看体验和社交互动。元宇宙为虚拟现实直播和赛事培养了新型的主播和解说员。虚拟现实主播可以通过元宇宙平台创建自己的虚拟化身，使用虚拟现实设备进行直播，与观众进行互动和解说比赛。他们还可以利用虚拟现实技术展示比赛的细节、策略和技巧，为观众提供更深入的解说和分析，增强观看体验和娱乐性。

四、虚拟商品和经济系统

在元宇宙中，虚拟商品成为一种有价值的资产。用户可以购买、拥有和交易虚拟物品、数字艺术品和虚拟房地产等。元宇宙为建立虚拟经济生态系统提供了框架和机制：①虚拟资产和所有权。元宇宙允许用户创建、交易和拥有虚拟资产，如虚拟地产、虚拟物品等。通过区块链技术和智能合约，元宇宙确保虚拟资产的所有权和转移的安全性和可靠性。②虚拟货币和经济交易。元宇宙支持虚拟货币的使用和交易。虚拟货币可以作为虚拟经济系统中的交易媒介，用户可以用虚拟货币购买虚拟商品、虚拟服务和虚拟资产。③虚拟经济规则和制度。元宇宙为虚拟经济系统建立了一套规则和制度，用于管理交易、市场竞争和用户行为。这些规则和制度可以包括交易手续费、市场监管、用户评价和信誉系统等，确保虚拟经济系统的正常运作和公平性。④虚拟商城和交易平台。元宇宙提供了虚拟商城和交易平台的建设和运营支持。虚拟商城和交易平台为用户提供了展示、购买和交易虚拟商品、虚拟服务和虚拟资产的场所，促进经济活动和交易的进行。⑤创业和创新的机会。元宇宙为创业者和创新者提供了机会和平台。在虚拟经济生态系统中，创业者可以开展虚拟商业活动、创造新的虚拟商品和服务，通过创新和创意获得经济收益。⑥社交互动和合作的机会。元宇宙为用户提供了社交互动和合作的机会。用户可以与其他用户建立联系、分享经验、展开合作，共同创造虚拟经济生态系统中的价值和机会。通过这些框架和机制，元宇宙为建立虚拟经济生态系统提供了支持和发展的可能性，创造了新的商业机会和经济模式。

第二节　元宇宙探索呼唤人文理性的优先注入

元宇宙的研究和探索需要注入人文理性的优先考量。虽然元宇宙的技术和应用带来了许多创新和机遇，但研究者也应确保这些发展符合人类价值观和社会利益，包括道德和伦理考量、文化和多样性尊重、社会影响和公共利益以及教育和普惠性等。

一、道德和伦理考量

在元宇宙的发展中，随着虚拟世界与现实世界的交织，我们需要思考和讨论与道德和伦理相关的问题。例如，如何确保用户的隐私和数据安全？如何防止虚拟环境中的虚假信息和不当行为？通过人文理性的思考，我们能够制定适当的规范和准则，以保护用户权益和社会公正。

（一）隐私和数据安全

随着用户在元宇宙中的活动和交互增加，个人隐私和数据安全成为重要问题。保护用户的个人信息、交易数据和虚拟资产的安全性是至关重要的。人们应当研究和制定适当的隐私政策和数据保护措施，确保用户的权益得到充分尊重和保护。在元宇宙中，隐私和数据安全是一个关键的问题，需要得到妥善处理和保护。由于元宇宙的虚拟环境和广泛的用户交互，个人信息和敏感数据可能会面临风险，其中需要考虑的一些重要因素包括：

（1）数据收集和使用。元宇宙中的平台和应用程序可能会收集用户的个人信息和行为数据，以提供个性化的服务和体验。在数据收集和使用方面，保护用户的隐私权是至关重要的。用户应该有明确的知情权和选择权，知道他们的数据被用于何种目的，并可以控制其数据的共享和访问权限。

（2）数据安全和加密。元宇宙平台和应用程序开发者需要采取有效的安全措施来保护用户的数据免受未经授权的访问和泄露。这包括使用加密技术保护数据的传输和存储，建立强大的身份验证机制，以及监控和应对潜在的安全漏洞和攻击。

（3）用户身份和虚拟身份管理。在元宇宙中，用户可以创建虚拟身份并进行虚拟交互。管理用户身份和虚拟身份的安全性是关键，以确保用户身份信息不被冒用或篡改。使用强密码、多因素身份验证和生物识别技术等安全措施可以增强身份管理的安全性。

（4）匿名性和可追溯性的平衡。在元宇宙中，用户可能希望保持匿名性，同时也需要确保在必要的情况下可以追溯虚拟行为。为了实现这一平衡，需要制定适当的规则和机制，以防止滥用匿名性，并在必要时进行身份追溯。

（5）透明度和用户控制权。元宇宙平台和应用程序开发者应该提供透明的隐私政策和数据使用规则，使用户了解数据收集、使用和共享的方式。同时，用户应该有控制自己数据的权利，包括选择性地共享、修改和删除个人信息的能力。

（6）安全培训和意识增强。用户在元宇宙中应该接受有关隐私和数据安全的培训和教育，以增强他们的意识和技能，保护自己的个人信息和数据安全。平台和应用程序开发者也应该承担责任，给用户提供友好界面。

（二）虚拟身份和虚拟行为

在元宇宙中，用户可以创建虚拟身份并进行虚拟行为。这也引发了一些道德和伦理问题，如虚拟身份的真实性、虚拟行为的道德规范等。

（1）人们应研究和制定相关准则和规范，以确保用户在虚拟环境中的行为符合道德规范和社会价值。例如针对虚拟身份的真实性问题，在元宇宙中用户可以创建虚拟身份，这使得他们可以在虚拟环境中以不同的角色和身份进行互动。然而，一些道德问题可能涉及虚拟身份的真实性和诚实性。用户应该避免故意创建虚假的虚拟身份，以欺骗他人或从中获利。在虚拟环境中维护真实和诚实的态度是重要的道德原则。

（2）在元宇宙中，用户的行为可以对其他用户和虚拟环境产生影响。因此，人们应当积极制定和遵守虚拟行为的道德规范。用户应该避免恶意行为、虚拟欺凌、侵犯他人权益等不道德行为。相反，他们应该尊重他人、建立良好的互动和合作关系。

（3）元宇宙中的虚拟环境可以反映现实世界的社会规范和价值观。用户在虚拟环境中的行为应该遵循这些规范和价值观，以维护社会秩序和公共利益，包括尊重他人的隐私和个人权利，遵守法律法规，避免种族歧视、性别歧视和其他形式的歧视行为等。

（4）虚拟行为可能对其他用户和虚拟环境产生影响和后果。用户应该意识到他们的行为可能对他人造成伤害或不利影响，并承担相应的责任。这意味着在虚拟环境中要谨慎行事，避免诋毁、欺骗、侵犯他人权益等不道德行为。

（5）在元宇宙中，个人道德判断和自律也是重要的。用户应该自觉地遵循道德准则，根据个人的道德和伦理观念来指导自己的行为。

（三）虚拟环境中的欺骗和虚假信息

虚拟环境中可能存在欺骗和虚假信息的问题，如虚假商品、虚假广告和虚假交易。人们应研究和制定措施以防止这些问题，维护虚拟环境的诚信和公正。

（1）应建立虚拟商品和服务的验证和认证机制，确保其真实性和合法性。平台和应用程序可以采用技术手段，如数字签名、区块链等，来确保虚拟商品和服务的可追溯性和真实性。

（2）应建立评估和监管机制，对虚拟商品、广告和交易进行审查和监督。这可以包括审核广告内容、检查交易合规性、对虚假信息进行追踪和惩罚等。监管机构可以与平台和应用程序开发者合作，制定行业标准和准则。

（3）建立用户反馈和举报机制，为用户提供举报虚假信息和欺骗行为的渠道，鼓励用户积极参与维护虚拟环境的诚信和公正。平台和应用程序开发者可以设立专门的反馈系统，对用户举报进行调查和处理。

（4）利用数据分析技术和人工智能技术，检测和识别虚假信息和欺骗行为。这些技术可以自动化地分析虚拟环境中的数据和行为模式，一旦发现异常和可疑活动，可采取相应的措施。

（5）通过数字素养教育，增强用户对虚假信息和欺骗行为的辨识能力。用户应该学会辨别虚假广告、虚假商品和不诚实的交易行为，并采取相应的防范措施。

（6）出于合作与合规方面的考虑，平台和应用程序开发者应积极合作，共同制定规范和准则，确保虚拟环境的诚信和公正。他们应遵守相关的法律法规，与监管机构合作，共同打击虚假信息和欺骗行为。

（四）社交互动和虚拟欺凌

元宇宙中的社交互动也带来了虚拟欺凌的问题，如网络欺凌、虚拟骚扰等。要建立反欺凌机制和提供支持系统，确保用户在虚拟环境中的安全和尊严。

（1）在元宇宙中应建立反欺凌机制，包括举报系统、投诉渠道和紧急联系方式。这样，受到虚拟欺凌的用户可以及时报告问题，并得到相应的支持和帮助。

（2）用户的反欺凌意识增强是预防和应对虚拟欺凌的关键。平台和应用程序开发者可以提供相关的教育资源和指南，教导用户如何辨别、预防和应对虚拟欺凌行为，包括教授如何保护个人隐私、进行安全和隐私设置，以及建立健康的网络互动。

（3）应建立健全的社区管理和监督机制，确保用户在虚拟环境中受到保护。平台和应用程序开发者可以设立社区准则，明确禁止虚拟欺凌行为，并采取措施处理违规行为。社区管理员和监督人员可以监控用户行为，及时采取必要的行动。

（4）为受到虚拟欺凌的用户提供心理支持和咨询服务，包括提供专业的咨询师或心理健康专家，为用户提供安全的环境，让他们分享自己的经历并得到支持和建议。

（5）平台和应用程序开发者可以利用技术工具和过滤机制来识别和阻止虚拟欺凌行为，包括关键词过滤、内容审核和阻止功能等，以防止虚拟欺凌行为的发生。

综上所述，元宇宙平台和应用程序开发者应积极合作，并与利益相关者、政府机构和社会组织合作，共同制定反欺凌的准则和政策，建立反欺凌机制和提供支持系统，确保用户在虚拟环境中的安全和尊严。

（五）数字版权和知识产权

在元宇宙中，虚拟物品、虚拟艺术品等具有价值的数字内容涌现。对数字版权和知识产权的保护在元宇宙中非常重要，以确保创作者和知识产权持有者的权益得到尊重和保护。可能采取的措施包括：

（1）应用加密技术和水印技术，将数字内容与特定的创作者或知识产权持有者相关联。这可以确保数字内容的真实性和可追溯性，并减少盗版行为和侵权行为的发生。

（2）利用区块链技术创建去中心化的数字版权注册和交易平台，确保版权信息的透明和不可篡改性。区块链可以记录数字内容的所有权和交易历史，使创作者和知识产权持有者能够更好地管理和保护他们的权益。

（3）制定和完善数字版权法律框架，包括在元宇宙中适用的法律规定和法律程序。这样可以为创作者和知识产权持有者提供法律保护，对盗版行为和侵权行为进行打击，并追究相关责任。

（4）进行数字内容监测和侵权行为打击。建立数字内容监测系统，通过技术手段和人工审核来监测和发现侵权行为。一旦发现侵权行为，就采取相应的法律措施和技术措施进行打击，包括移除侵权内容、追究侵权责任等。

（5）加强用户对数字版权和知识产权的认知。用户应该了解并尊重创作者和知识产权持有者的权益，避免盗版行为和侵权行为，促进合法和可持续的数字内容的创作和使用。

平台和应用程序开发者应积极合作，并与创作者、知识产权持有者、版权组织等建立合作关系，共同制定合规措施和准则，保护数字版权和知识产权，在元宇宙中防止盗版行为和侵权行为，维护创作者和知识产权持有者的权益。

（六）公平竞争和市场监管

元宇宙中的虚拟经济活动需要建立公平竞争和有效监管的机制。人们应当防止垄断行为和不正当竞争行为，确保市场的公平性和透明度。可能采取的措施包括：

（1）建立和完善反垄断和反不正当竞争的法律框架，适用于元宇宙中的经济活动。这些法律应明确禁止垄断行为、滥用市场支配地位、虚假宣传和其他不正当竞争行为，并规定相应的法律程序和处罚措施。

（2）设立独立的市场监管和监督机构，负责监督元宇宙中的经济活动，防止垄断行为和不正当竞争行为的发生。这些机构应有权对市场参与者进行调查、监督和处罚，确保市场的公平性和透明度。

（3）制定公平竞争准则和行业标准，明确规定市场参与者应遵守的行为规范。这些准则和标准可以涵盖价格设置、产品质量、广告宣传、合同规定等方面，确保市场的公平竞争和消费者的权益。

（4）利用数据分析技术和监测技术，监测市场参与者的行为和市场动态。这些技术可以帮助识别潜在的垄断行为和不正当竞争行为，及时采取相应的措施进行监管和打击。

（5）建立用户反馈和举报机制，鼓励用户积极参与市场监管。用户可以举报垄断行为和不正当竞争行为，并提供相关证据和信息，以协助市场监管机构进行调查和处理。

综上所述，平台和应用程序开发者应积极合作，并与市场监管机构合作，共同制定合规措施和准则，遵守相关法律法规，配合监管机构的工作，确保市场的公平竞争和透明度。

二、文化和多样性尊重

元宇宙是一个虚拟的世界，用户可以来自不同的文化背景和社会群体。在研究和设计元宇宙时，应该重视和尊重不同文化的特点和需求，避免对特定群体的歧视或排斥。人文理性的优先注入可以促进元宇宙的多样性和包容性发展。可以采取的方法包括：

（1）鼓励多元文化的参与和合作，包括从不同文化背景的专家、学者、创作者和用户中获得输入和反馈。多元文化的参与可以带来不同的视角和观点，促进元宇宙的多样性和包容性。

（2）文化敏感设计。在元宇宙的设计和开发过程中，要考虑到不同文化的特点和需求，包括语言、符号、视觉元素等方面的考虑，确保元宇宙的界面和内容对不同文化群体都具有可理解性和可接受性。

（3）与用户社区建立密切联系，了解他们的需求和意见。通过定期的用户调查、反馈机制和社区活动，获取用户的反馈和建议，并根据用户需求进行调整和改进。

（4）通过多种渠道向用户传达多元文化和包容性的重要性，包括宣传推广活动、文化交流活动、教育讲座等，帮助用户更好地理解和尊重不同文化的特点和价值观。

（5）制定和实施反歧视政策和准则，明确禁止任何形式的歧视行为。这些政策和准则应适用于平台与应用程序的运营者、开发者和用户，确保元宇宙的环境和社区是包容和尊重的。

通过以上方法的综合应用，可以确保在元宇宙的研究和设计中注入人文理性，并促进多样性和包容性的发展，为用户提供一个开放、包容和公正的虚拟环境，使他们能够自由地表达自己的文化身份和需求。

三、社会影响和公共利益

元宇宙的发展将对社会产生广泛的影响。因此，我们需要关注和研究元宇宙对社会、经济和环境的影响，以确保这种发展符合公众利益和可持续发展目标。人文理性的优先注入可以引导我们思考如何最大限度地推动社会福祉和公共利益。以下是人们在研究与实践中可以考虑一些方面：

（1）社会影响。进行元宇宙的社会影响评估，分析其对社会的潜在影响和风险，包括对社会结构、人际关系、文化认同等方面的影响进行评估，以确保元宇宙的发展能够促进社会福祉和社会公平。

（2）经济影响。研究元宇宙对经济的影响，包括创造就业机会、促进经济增长、推动创新等方面，这有助于理解元宇宙对经济发展的潜在贡献，并为政策制定者和企业提供指导。

（3）环境可持续性。关注元宇宙对环境的影响，并采取措施减少能源消耗、碳排放和其他环境影响，包括优化服务器能源效率、推广可再生能源的使用、减少数字垃圾等，以确保元宇宙的发展是可持续的。

（4）社会参与和民主决策。鼓励社会参与和民主决策，确保公众利益得到充分考虑。这可以通过社区参与、公众咨询、多方利益相关者的参与等方式实现，以确保元宇宙的发展与公众期望和价值相一致。

（5）伦理和治理框架。制定伦理和治理框架，明确规定元宇宙发展和使用的原则和准则，包括隐私保护、数据安全、虚拟身份管理、用户权益保护等，确保元宇宙的发展符合道德和伦理标准。

通过关注和研究元宇宙对社会、经济和环境的影响，以及在发展过程中注入人文理性，我们可以推动元宇宙发展与公众利益和可持续发展目标相一致，最大限度地促进社会福祉和公共利益。

四、教育和普惠性

元宇宙的研究应该注重教育和普惠性的原则。我们应该探索如何利用元宇宙技术和平台来促进教育的创新和普及，让更多人能够获得教育资源和机会。人文理性的优先注入可以确保元宇宙的发展不仅仅局限于商业利益，而且关注社会的长远发展和人类的全面发展。对此，可能要考虑包括以下几个方面：

（1）教育创新。利用元宇宙的虚拟环境和交互性，创新教育模式和方法。例如，创建虚拟学习场景和虚拟实验室，提供身临其境的学习体验；利用虚拟现实技术和增强现实技术，打造沉浸式学习环境；通过社交互动功能，促进学生之间的合作学习和知识分享。

（2）教育普及。利用元宇宙技术和平台，扩大教育资源的覆盖范围，弥补教育资源的不平衡等现象。例如，提供在线课程和教育内容，使学习资源更加普遍可及；通过虚拟现实技术，为无法参与传统教育的人群提供教育机会，如远程地区的学生、残障人士等。

（3）学习社区和合作平台。在元宇宙中建立学习社区和合作平台，让学生和教育从业者能够互相交流、分享经验和资源。这种社交互动和合作能够促进学习氛围和知识共享，提高学习效果。

（4）数字素养教育。将元宇宙技术和平台纳入数字素养教育的范畴，培养学生对元宇宙的理解能力和运用能力，包括教授虚拟身份管理、隐私保护、信息辨别能力等方面的知识和技能，帮助学生在元宇宙环境中进行安全和负责任的行为。通过将元宇宙与教育相结合，我们可以为更多人提供教育机会，推动教育的创新和普及，促进社会的全面进步。

总之，通过将人文理性优先注入元宇宙的研究和探索中，我们可以建立一个更加人性化、公正和可持续的元宇宙生态系统。这样的发展将使元宇宙能够真正为人类的福祉和社会进步做出积极的贡献。

第三节 元宇宙、数字艺术与人类的未来

艺术元素是元宇宙不可或缺的重要组成部分。艺术在元宇宙中发挥着多重作用，不仅为虚拟世界增添美学价值，还扮演着创造和表达的重要角色。首先，艺术为元宇宙提供了丰富的美学体验。通过视觉、听觉和其他感官的刺激，艺术可以创造出令人陶醉的虚拟环境和景观。绚丽的图形、逼真的视觉效果、动人的音乐和声音，都能营造出沉浸式的体验氛围，使用户感受到独特的情感和美学享受。其次，艺术在元宇宙中发挥着创造和表达的作用。艺术家和创作者可以利用元宇宙提供的工具和平台，创作出虚拟画作、虚拟音乐、虚拟舞蹈等。他们可以通过虚拟世界展示自己的创造力和想象力，与观众分享独特的艺术体验。同时，艺术也可以用于表达观点、探索社会问题、传递情感和引发思考，为元宇宙增添更深层次的文化和意义。此外，艺术还可以促进社交和互动。虚拟的艺术展览、音乐会、剧场表演等活动可以吸引人们在元宇宙中聚集，共同分享艺术的美好。通过元宇宙的交互功能，用户可以参与艺术创作的过程，与艺术家进行互动和合作，甚至创造出自己的艺术作品与他人分享。艺术元素丰富了元宇宙的体验，提供了美学享受、创造和表达的机会，促进了社交和互动。它使元宇宙成为一个充满艺术创意和文化表达的虚拟空间，为用户带来独特而丰富的体验。随着元宇宙的发展，我们可以期待更多创新的艺术形式和体验方式的涌现，进一步丰富和拓展元宇宙的艺术领域。

一、元宇宙未来发展的主要方向

交互是未来元宇宙的重要议题，是元宇宙未来发展的第一个重要方向。元宇宙的核心概念是人们可以在虚拟世界中与其他人和环境进行实时交互。为了实现这种交互，需要不断发展和创新交互技术。当前，虚拟现实（VR）和增强现实（AR）是实现元宇宙交互的两个主要技术路径。虚拟现实通过沉浸式的头戴式显示设备，使用户完全融入虚拟环境中。增强现实则通过将虚拟内容叠加到现实世界中，提供更加交互和沉浸的体验。这两种技术都在不断发展和改进，以提供更高质量、更具真实感和更自然的交互体验。除了虚拟现实和增强现实，其他技术也在为元宇宙的交互发展做出贡献。例如，自然语言处理技术和语音识别技术使得人们可以通过语音指令与元宇宙中的对象进行交互。手势识别技术使

得人们可以使用手势在虚拟世界中进行操作和交流。传感器技术和生物识别技术则可以捕捉用户的动作和生理特征，实现更加细致和真实的交互反馈。未来，随着技术的进一步发展，元宇宙的交互方式将变得更加多样化和智能化。虚拟现实技术和增强现实技术将变得更加逼真和无缝，使用户能够更自由地在虚拟世界和现实世界之间切换。同时，人工智能技术将赋予元宇宙中的虚拟对象更多的智能和自主性，使得与它们的交互更加智能化和自然化。

元宇宙未来发展的第二个重要方向是各类引擎及其内容生成平台的发展，如游戏引擎、数字孪生引擎、服装设计引擎、自动驾驶测试引擎等。元宇宙的发展需要借助各种引擎和内容生成平台来实现虚拟环境的构建和内容的创作。一些主要的引擎和平台包括：①以虚幻引擎（Unreal Engine）和 Unity 引擎为代表的游戏引擎，被广泛应用于虚拟现实和增强现实的开发，使开发者能够创建出逼真的虚拟世界和交互体验。②以 Roblox 和 Decentraland 为代表的游戏平台或虚拟世界平台，允许用户自由创作。Decentraland 基于区块链技术，用户可以购买和拥有虚拟土地。③以 OpenAI 为代表的人工智能研究机构，OpenAI 技术被广泛应用于自然语言处理和内容生成领域，可以实现自动生成虚拟环境、角色对话和故事情节等内容，为元宇宙增加更多的交互性和故事性。这些引擎和平台提供了强大的工具和资源，使得开发者和用户能够参与元宇宙的建设和创作。它们不断推动着元宇宙的发展，使其内容更加丰富并进一步增强了多样化和互动性。随着技术的进步和创新，我们可以期待未来会有更多引擎和平台的涌现，进一步推动元宇宙的发展和普及化。

元宇宙未来发展的第三个方向是基于区块链的经济与治理发展。这是社会生产关系和治理关系的重塑，是社会整体运营效率的跃升。基于区块链的经济与治理是元宇宙发展的重要方向之一。区块链技术可以为元宇宙中的经济交易和治理提供去中心化、透明、安全和可验证性的特性，从而重塑社会的生产关系和治理关系。在基于区块链的经济方面，元宇宙可以引入虚拟货币和经济系统，使得虚拟环境中的交易和价值流转更加高效和可信。通过区块链的不可篡改性和智能合约的执行能力，可以实现虚拟商品的所有权确认、数字资产的交易记录和分配机制的自动化。这为虚拟创作者和经济参与者提供了更多的经济机会和激励，推动元宇宙中的经济活动蓬勃发展。在基于区块链的治理方面，元宇宙可以实现去中心化的决策和自治机制。区块链技术可以确保决策过程的透明性和公正性，使得虚拟社区成员能够参与到共识形成和决策制定中。这种去中心化的治理模式可以提高社区成员的参与度和信任度，实现更加民主和包容的治理机制。基于区块链的经济与治理发展主线的目标是重塑社会整体运营效率，提供更加公平、透明和高效的经济和治理模式。然而，也需要注意到区块链技术在扩展性、隐私保护和能源消耗等方面仍面临挑战。在解决这些问题的过程中，我们可以期待区块链技术与元宇宙的深度融合，共同推动社会关系和治理的进步与创新。

二、元宇宙、数字艺术与后人类主义

元宇宙和数字艺术对人类的未来有着重要的影响。首先，元宇宙将为人们提供一个全新的沟通、交互和创作的平台。人们可以通过虚拟身份在元宇宙中与其他人进行实时交流，无论他们身处何地。这将消除地理距离的限制，促进全球范围内的协作和合作。数字艺术家可以在元宇宙中展示他们的作品，与观众进行互动，创造出更加沉浸式和交互式的艺术体验。其次，元宇宙将为经济和商业领域带来巨大的变革。虚拟货币和虚拟商品的出现将促进元宇宙中的经济活动，人们可以进行虚拟交易、购买虚拟资产和参与虚拟经济。数字艺术作品可以通过区块链等技术进行版权保护，艺术家可以从元宇宙内的销售和展示中获得经济回报。同时，元宇宙还将为企业提供新的营销方式和品牌推广方式，企业可以在虚拟世界中建立品牌形象并和用户互动。然而，元宇宙和数字艺术也将为人类带来一些挑战和问题。一是隐私和安全性的问题。在元宇宙中，人们将暴露更多的个人信息和虚拟身份，这可能引发隐私泄露和虚拟身份盗窃等问题。二是虚拟世界中的不公平现象。虽然元宇宙为人们提供了更多的机会，但也可能导致数字鸿沟的加剧，那些无法访问元宇宙或不具备相关技能的人可能会被边缘化。

论及元宇宙，不可避免地涉及一个铺垫性的概念“赛博格”（Cyborg，也被译为电子人、生化人、半机械人等）。赛博格是一个来源于英文 cybernetic organism、意译为“控制论有机体”的合成词。从其概念谱系来看，这一词语的创制源于 20 世纪中叶的美国太空探索事业，为了给宇航员的太空生存问题提供解决思路，在这个阶段，刚刚诞生的赛博格一词只是一个纯粹的技术概念。概言之，它指代的是一种运用控制论原理和生命科学前沿成果制造的自控性的半机器半生物的生命复合体。克莱恩斯（Manfred Clynes）与克莱恩（Nathan Kline）两位科学家在 1960 年 9 月的《航天学》（*Astronautics*）杂志上撰文提出了赛博格的概念。① 此时的赛博格所指称的，是生物体通过与机器“合而为一”而形成的，某些功能得到了强化的生物-机器复合体。正是通过从人向赛博格的转化，宇航员得以获得长时间的太空旅行能力。由此，他们将“赛博格”定义为一种“作为无自觉的整合性

① Chris Hables Gray, et al. Cyborgology: Constructing the Knowledge of Cybernetic Organisms [C]. The Cyborg Handbook. New York and London: Routledge, 1995.

自体平衡系统而实现功能的，外源性扩展与组织化的复合体”①。

其实赛博格式的人体改造早已以各种形式进入人类的现实生活。早在1995年，格雷(Chris Gray)等便已经在生物技术领域看到了这一现象的端倪。他们指出，那些安装有心脏起搏器的老年人，装配有肌电手臂的残障人士，乃至于那些通过注射疫苗的方式编辑了自身免疫系统的人，其实都已经是技术意义上的赛博格了。在诞生之后的许多年里，赛博格这一概念除了在科幻作品里被人提及之外，并未得到学界的广泛关注。1985年哈拉维(Donna Haraway)的著名论文《赛博格宣言：科学、技术与二十世纪晚期的社会主义-女性主义》(*A Cyborg Manifesto：Science，Technology，and Socialist-Feminism in the Late Twentieth Century*，以下简称《赛博格宣言》)发表，这一概念才得以在国际人文社科领域引发反响。② 在这份后现代女性主义研究中，哈拉维将赛博格界定为“机器与有机体的混合体”(hybrid)。哈拉维指出，在20世纪晚期，通信科学和现代生物学再造了人类的身体。通过模糊机器与有机体之间的界限，这些技术将每个人都塑造成了赛博格，而赛博格成为人类的本体论。哈拉维对赛博格进行了后现代哲学的阐释，将“赛博格”升扬为本体论隐喻与反讽的政治神话，衍生出了抽离所指的赛博格的知识话语。这两种阐释丰富了赛博格的实体义与隐喻义，但也造成了赛博格意指的混乱。基于维特根斯坦的理论，赛博格所表达的是一个游戏化的词汇场域和类聚化的形象群体，它在具体使用中表现为填补型、器置型、代理型和虚拟型这四种实体类型。如果否认其实体义共识，赛博格就可能会随着无边的隐喻而走向混乱。③

汉斯·莫拉维克(Hans Moravec)在其著作《心智儿童：机器人与人类智能的未来》(*Mind Children：The Future of Robot and Human Intelligence*)中预言：在不久的将来，可以将人的意识下载到计算机内。为了描述这种设想，他设计了一个奇思妙想的方案：用一个机器人外科医生，对人的大脑进行某种颅内吸脂手术，在清除颅内物质的同时读取每一个分子层的信息，并将这些信息传送到一台电脑里面。手术结束后，颅腔被清空了，患者正居于电脑的金属体内，醒来的时候发现自己的意识和之前毫无区别。心智与身体的分离是否可能？意识是否会在另一种完全不同的媒介中保持运转，看似与具体化身没有关联？20世纪50年代，诺伯特·维纳(Norbert Wiener)指出了直接向人类/人体发送电报的理论可

---

① Clynes，Manfred E.，Kline，et al. Cyborgs and Space [J]. Astronautics，September，1960：26-27，74-76.

② Chris Hables Gray，et al. Cyborgology：Constructing the Knowledge of Cybernetic Organisms [C]. The Cyborg Handbook. New York and London：Routledge，1995.

③ 李国栋．“赛博格”概念考辨 [J]．文艺理论研究，2021，41（5）：131-139.

能性，莫拉维克的方案也是以这个设想作为基础的。

概括来说，后人类的观点具有以下特征：第一，后人类的观点更重视数据，轻视由生物机制形成的物质性具体形象存在的必要性。第二，后人类的观点认为意识或观念只是一种偶然现象，然而在笛卡尔认为自我是思考的心灵之前，漫长的西方传统都把意识或观念视作人类身份的中心。第三，后人类的观点认为人的身体是人们要学会操控的一种假体，因此，利用其他假体来扩展或代替身体是一个持续的过程。第四，也是最重要的一点，后人类的观点认为人类应当能够与智能机器链接。自由人本主义主体的中心不在于身体，而在于心灵。后人类尽管主张解构自由人本主义主体，但仍然强调观念而非具体形式（身体）。

后人类问题的提出正是由数字技术、生物技术和智能技术的发展带来的。后人类主义的哲学思想也将在一定程度上影响元宇宙和数字艺术的发展。后人类主义关注人类进化以及技术发展对伦理和价值观的挑战，提出了关于身份、隐私、平等和社会公正等伦理问题。这些问题也涉及数字艺术在元宇宙中的应用和影响。如何确保数字艺术的创作和表达符合伦理原则、尊重个人隐私和多样性，以及如何构建一个包容和公正的数字艺术生态系统，都是后人类主义思想与元宇宙数字艺术交叉的领域。后人类时代是指人类通过科技和生物进化的发展，超越了当前人类的生物限制，获得了新的能力和形态的时代，可能包括基因改造、脑机接口、人工智能的融合等。后人类时代意味着人类与技术的融合，进一步拓展了人类的认知能力和行为能力。元宇宙为后人类时代提供了一个理想的交互和创造平台。通过虚拟现实、增强现实和其他交互技术，后人类可以在元宇宙中扩展自己的感知能力、体验多样化的虚拟世界，并与其他后人类进行实时交互。元宇宙可以成为后人类表达自己、共享知识和创造的空间，推动后人类社区的发展和进步。此外，后人类技术和能力的发展也将推动元宇宙的进一步演进。后人类的增强认知和创造力将带来更复杂、丰富和智能化的虚拟世界和体验。人工智能、机器学习和大数据分析等技术将被广泛应用于元宇宙中，实现更高级的内容生成、智能代理和虚拟环境的优化。然而，元宇宙与后人类时代也引发了一些伦理、社会和法律等方面的问题和挑战。如何管理和平衡个人隐私、数字权益、虚拟经济和社交关系等方面的问题，需要全球社会共同思考和解决。总的来说，元宇宙和后人类时代之间存在着密切的互动和影响关系。它们共同推动着人类社会的发展和进步，提供了前所未有的交互和创造空间。然而，我们也需要在发展的过程中审慎考虑伦理和社会问题，以确保元宇宙和后人类时代的可持续发展和人类福祉。

后人类主义哲学作为哲学思潮，关注人类的未来发展和超越当前人类形态的可能性。它探索了技术、科学和生物进化对人类的影响，提出了人类超越自身生物限制的可能性和伦理问题。其核心思想包括技术与进化、拓展人类意识、伦理与价值观以及超越人类中心主义等方面，元宇宙与后人类主义生存的主要议题也将围绕这些方面展开，如图 8-1 所示。

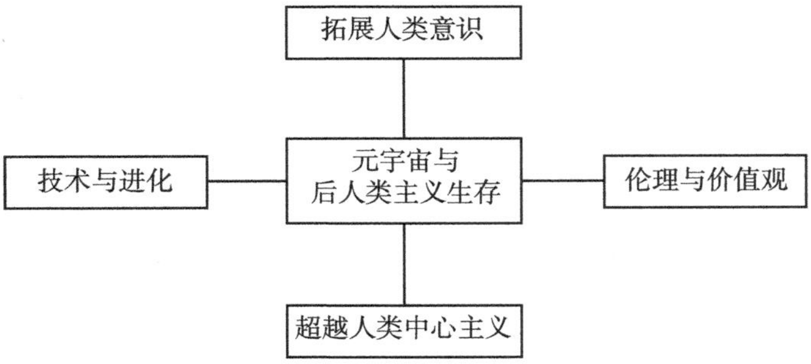

图 8-1　元宇宙与后人类主义生存的主要议题

首先，后人类主义哲学认为，通过技术和生物进化的发展，人类有可能超越当前的生物形态，拥有更高级的认知能力和行为能力，包括基因改造、脑机接口、人工智能等技术的应用，使人类能够突破生物的局限性，进一步提升自身能力。

其次，后人类主义哲学强调人类意识的拓展和扩展。通过技术的辅助，如虚拟现实、增强现实和神经接口，人类可以进一步扩展自己的感知能力和认知范围，与虚拟世界、人工智能和其他人类进行更深入的互动和交流。

再次，后人类主义哲学关注人类进化和技术发展对伦理和价值观的挑战。它提出了一系列伦理问题，如个人身份、隐私、平等、社会公正等，需要人类社会共同思考和解决。后人类主义倡导以道德和伦理为指导，探索人类进化和技术应用的道德边界，并寻求合适的伦理框架来引导后人类时代的发展。

最后，后人类主义哲学挑战了传统的人类中心主义观念，认为人类不是宇宙的中心，应该与其他生命形式和技术共同存在和发展。它倡导开放的世界观，鼓励人类与其他智能体和技术进行对话和合作，共同推动进化和进步。

我们发现，后人类主义哲学是一个复杂而多元的领域，涉及伦理、科技、文化和社会等多个层面的讨论和研究。它提供了一种思考人类未来和技术发展的框架，引发了许多关于人类身份、意识、道德和社会组织的深刻问题。而这些与元宇宙未来研究都是不谋而合的。

结　语

2021 年是元宇宙元年。在一年多时间内，清华大学、复旦大学、中国传媒大学等高等院校以及媒体机构发布了元宇宙研究报告，中国信息产业协会牵头的《中国元宇宙白皮书》等也先后出炉。两年多来，元宇宙引起了地方政府、中小企业的广泛关注，带动了相关技术研发、艺术创作和产业发展，人类构建出一幅美好生活的未来愿景图。2023 年以来，元宇宙热引发的新一轮数字革命促进了数字经济的蓬勃发展。当前，文化艺术与科技融合，正在伴随着新科技革命影响世界，并成为新一轮文化产业革命的重要引擎，文化艺术、文化产业的研究范式也面临调适。在艺术和科技融合的视域下，元宇宙影响下的未来文化与产业研究具有必要性和紧迫性。

本书首先阐明了未来数字艺术研究对于我国文化产业高质量发展的重要意义，明确了文化和科技融合是文化产业发展的主旋律、数字艺术内容生态为数字经济的关键要素，阐释了新时代语境下数字艺术的新内涵。本书进而以卡尔·波普尔（Karl Popper）的“三个世界”理论为分析框架，深度解析了媒介技术与认知客体、认知主体之间的关系，为解析元宇宙概念下的“平行世界”“数字分身”等概念提供形而上学的理论支撑。在理论框架的确立下，本书通过使用已有的未来研究方法对未来艺术研究进行梳理，挖掘了乌托邦与反乌托邦、经济增长与情感结构、灾变论与施为功能、社会科学和自然科学与未来的关系等启示。值得一提的是，本书提出了一种全新的艺术研究方式，以现有的科幻文本作为思想实验的对象，引入哲学视角与媒介考古学的方法，以研究元宇宙的话语方法说明其特定的话语类型是如何发挥作用并塑造媒介的可能未来。为深度挖掘元宇宙对数字艺术变革的多重影响，本书以 Roblox、Decentral、NFT 等元宇宙代表性平台为例，从艺术学、社会学、哲学、传播学等多重角度发现了元宇宙在数字艺术方面的多重体现，具体包括艺术空间、艺术语言、艺术程式、艺术观念、艺术形式、跨界应用。同时，本书以“技术影响下的数字艺术生成新范式”为焦点，将以 AIGC 为代表的内容生成技术作为分析起点，探讨元宇宙对数字内容生产的影响并结合代表性平台特性挖掘了元宇宙数字艺术设计的诸多潜能。随后，本书以南京文化数字化实践为案例，探索了元宇宙视域下的数字艺术实践及赋能数字文化产业的具体路径，探讨了艺术与科技共同服务社会现实的策略。

艺术通往元宇宙的路径已经越来越清晰。多年来，技术发展从2D、3D到裸眼3D，从VR、AR、MR到XR，从4G、5G到6G，融媒体传输从4K到8K；从区块链、比特币到NFT；产业从信息化、工业4.0和工业互联网到智慧无人工厂、全球互通3D打印、全产业数字化；文旅业从实景演义、无人机表演、数字演艺到沉浸式互动展演、全息剧本杀、梦境演义；从文物的信息化管理、3D扫描数字化、智慧博物馆到多重体验型博物馆；从智慧城市到数字场景城市、数字孪生城市，技术发展正朝着更快的速度、更大的存储量、更强的算力、万物数字化、人工智能、大数据的方向前进。

在新时代，文化艺术与文化产业处于持续的变动过程中，理论研究相对滞后。在文化强国、文化自信、科技强国的时代背景下，文化产业创新研究具有开放性，在产业、技术、政策等层面需要不断深化，呼唤更系统的研究。这正是本研究未来需要持续努力的方向。

参 考 文 献

［1］习近平．习近平谈治国理政（第一卷）［M］．北京：外文出版社，2018.

［2］［美］泰格马克．穿越平行宇宙［M］．汪婕舒，译．杭州：浙江人民出版社，2017.

［3］［英］史蒂芬·霍金．时间简史［M］．吴忠超，译．长沙：湖南科学技术出版社，2006.

［4］管顺丰．艺术科学研究方法［M］．武汉：武汉理工大学出版社，2019.

［5］中国信息通信研究院．中国数字经济发展与就业白皮书．2019.

［6］［古希腊］柏拉图．理想国［M］．郭斌和，张竹明，译．北京：商务印书馆，1986.

［7］夏基松．波普哲学述评［M］．哈尔滨：黑龙江人民出版社，1982.

［8］［英］卡尔·波普尔．客观知识——一个进化论的研究［M］．舒炜光，等，译．上海：上海译文出版社，1987.

［9］［美］M. H. 艾布拉姆斯．镜与灯：浪漫主义文论及批评传统［M］．郦稚牛，等，译．北京：北京大学出版社，2015.

［10］［加拿大］麦克卢汉．理解媒介——论人的延伸［M］．何道宽，译．北京：商务印书馆，2001.

［11］［俄］托尔斯泰．艺术论［M］．丰陈宝，译．北京：人民文学出版社，1958.

［12］［法］梅洛·庞蒂．知觉现象学［M］．姜志辉，译．北京：商务印书馆，2001.

［13］［法］梅洛·庞蒂．符号［M］．姜志辉，译．北京：商务印书馆，2003.

［14］［美］休伯特·德雷福斯．计算机不能做什么［M］．宁春岩，译．北京：生活·读书·新知三联书店，1986.

［15］［德］海德格尔．海德格尔选集：上卷［M］．孙周兴，译．上海：上海三联书店，1996.

［16］［英］玛丽·雪莱．弗兰肯斯坦［M］．刘新民，译．上海：上海译文出版社，2007.

［17］［美］路德维希·冯·贝塔朗菲．一般系统论：基础、发展和应用［M］．林康义，魏宏森，译．北京：清华大学出版社，1987.

［18］［法］埃德加·莫兰．复杂思想：自觉的科学［M］．陈一壮，译．北京：北京大学出版社，2001.
［19］［英］芭芭拉·亚当．时间与社会理论［M］．金梦兰，译．北京：北京师范大学出版社，2009.
［20］吴冶平．空间理论与文学的再现［M］．兰州：甘肃人民出版社，2008.
［21］［英］曼纽尔·卡斯特．信息时代三部曲：经济、社会与文化［M］．夏铸九，等，译．北京：社会科学文献出版社，2003.
［22］朱嘉明．未来决定现在［M］．太原：山西人民出版社，2020.
［23］袁刚，孙家祥，任丙强．民治主义与现代社会——杜威在华讲演集［M］．北京：北京大学出版社，2004.
［24］［英］W. C. 丹皮尔．科学史及其与哲学和宗教的关系［M］．李珩，译．桂林：广西师范大学出版社，2001.
［25］［奥］恩斯特·马赫．认识与谬误［M］．洪佩郁，译．北京：东方出版社，2005.
［26］［英］斯蒂芬·F. 梅森．自然科学史［M］．周煦良，全增嘏，傅季重，等，译．上海：上海译文出版社，1980.
［27］［古希腊］亚里士多德．物理学［M］．张竹明，译．北京：商务印书馆，2009.
［28］［英］牛顿．自然哲学之数学原理［M］．王克迪，译．北京：北京大学出版社，2006.
［29］［美］爱因斯坦．爱因斯坦文集（第一卷）［M］．许良英，李宝恒，赵中立，等，译．北京：商务印书馆，2010.
［30］［奥］弗洛伊德．精神分析引论［M］．高觉敷，译．北京：商务印书馆，1984.
［31］［奥］弗洛伊德．自我与本我［M］．林尘，等，译．上海：上海译文出版社，2011.
［32］［美］埃尔基·胡塔莫，［芬兰］尤西·帕里卡．媒介考古学［M］．唐海江，译．上海：复旦大学出版社，2018.
［33］［美］罗伊·阿斯科特．未来就是现在：艺术，技术和意识［M］．周凌，任爱凡，译．北京：金城出版社，2012.
［34］［美］乔治·H. 米德．心灵、自我与社会［M］．赵月瑟，译．上海：上海译文出版社，2005.
［35］［美］凯尔纳·贝斯特．后现代理论：批判性的质疑［M］．张志斌，译．北京：中央编译出版社，2004.
［36］［澳］斯科特·麦夸尔．地理媒介：网络化城市与公共空间的未来［M］．潘霁，译.

上海：复旦大学出版社，2019.
[37] [德] 卡西尔．人论 [M]．甘阳，译．上海：上海译文出版社，2010.
[38] [荷] 约斯·德·穆尔．赛博空间的奥德赛——走向虚拟本体论与人类学 [M]．麦永雄，译．桂林：广西师范大学出版社，2010.
[39] 林少雄．新编艺术概论 [M]．上海：复旦大学出版社，2013.
[40] 潘云鹤，等．数字创意产业发展研究（2035）[M]．北京：科学出版社，2021.
[41] [美] 凡勃伦．有闲阶级论 [M]．甘平，译．武汉：武汉大学出版社，2014.
[42] 李勇坚．元宇宙：各国产业政策竞争的新疆域 [J]．科技中国，2022（9）：53-58.
[43] 沈阳．元宇宙不是法外之地 [J]．人民论坛，2022（7）：44-47.
[44] 李峥．以发展与安全的视角看元宇宙的发展前景 [J]．中国信息安全，2022（1）：61-65.
[45] 廖祥忠．信息社会与数字艺术 [J]．社会科学辑刊，2003（3）：150-153.
[46] 孙圣雄，殷俊．技术与信任融合的数字艺术产业数据资产管理体系研究 [J]．情报科学，2023，41（4）：99-104，116.
[47] 安维复．"元宇宙"何以成为哲学问题 [J]．哲学动态，2022（09）：32-38，126-127.
[48] [英] 卡尔·波普尔．自然选择和精神出现 [J]．自然科学哲学问题，1980（1）.
[49] 成素梅，姚艳勤．哲学与人工智能的交汇：访休伯特·德雷福斯和斯图亚特·德雷福斯 [J]．哲学动态，2013（11）：102-107.
[50] 王颖吉．作为形而上学遗产的人工智能——休伯特·德雷福斯对人工智能的现象学批判 [J]．南京社会科学，2018（3）：120-127.
[51] 徐献军．人工智能的极限与未来 [J]．自然辩证法通讯，2018（1）：27-32.
[52] 刘伟．关于人工智能若干重要问题的思考 [J]．人民论坛·学术前沿，2016（7）：6-11.
[53] 姚建斌．乌托邦文学论纲 [J]．文艺理论与批评，2004（2）：57-66.
[54] 姚建斌．乌托邦小说：作为研究存在的艺术 [J]．北京师范大学学报（社会科学版），2003（2）：105-114.
[55] 曹成竹．情感结构：威廉斯文化研究理论的关键词 [J]．北方论丛，2014（3）：44-48.
[56] 朱清华．海德格尔后期时间观念辨析 [J]．南京大学学报（哲学·人文科学·社会科学），2022，59（1）：109-118.

[57] 马元龙．与他者面对面：列维纳斯的时间批判［J］．文艺研究，2022（1）：26-40.
[58] 黄少华．论网络空间的社会特性［J］．兰州大学学报（社会科学版），2003（3）：62-69.
[59] 徐忆，宁云中．卡斯特尔的网络空间理论与“超文本”文学表征［J］．求索，2013（1）：168-170.
[60] 陆扬．解析卡斯特尔的网络空间［J］．文史哲，2009（4）：144-150.
[61] 钱明，钱兆华．实验方法在近代科学诞生及发展中的作用［J］．江苏大学学报（社会科学版），2007（5）：15-19.
[62] 蓝江．宁芙化身体与异托邦：电子游戏世代的存在哲学［J］．文艺研究，2021（8）：98-102.
[63] 周逵．虚拟现实的媒介建构：一种媒介技术史的视角［J］．现代传播（中国传媒大学学报），2013（8）：29-33.
[64] 喻国明，林焕新，钱绯璠，等．从网络游戏到功能游戏：正向社会价值的开启［J］．青年记者，2018（15）：25-27.
[65] 钟业喜，吴思雨．元宇宙赋能数字经济高质量发展：基础、机理、路径与应用场景［J］．重庆大学学报（社会科学版），2022（4）：1-12.
[66] 吴衍发，张文杰．媒介变革对艺术观念和审美趣味的影响与渗透［J］．学术探索，2021（12）：129-133.
[67] 李晓华．技术推动、需求拉动与未来产业的选择［J］．经济纵横，2022（11）：45-54.
[68] 方凌智，沈煌南．技术和文明的变迁——元宇宙的概念研究［J］．产业经济评论，2022（1）：5-19.
[69] 罗珉，李亮宇．互联网时代的商业模式创新：价值创造视角［J］．中国工业经济，2015（1）：95-107.
[70] 江积海，阮文强．新零售企业商业模式场景化创新能创造价值倍增吗？［J］．科学学研究，2020，38（2）：346-356.
[71] 蔡春花，刘伟，江积海．商业模式场景化对价值创造的影响——天虹股份 2007—2018 年数字化转型纵向案例研究［J］．南开管理评论，2020，23（3）：98-108.
[72] 喻国明．未来媒介的进化逻辑：“人的连接”的迭代、重组与升维——从“场景时代”到“元宇宙”再到“心世界”的未来［J］．新闻界，2021（10）：54-60.
[73] 李国栋．“赛博格”概念考辨［J］．文艺理论研究，2021，41（5）：131-139.

[74] 习近平．在中国文联十一大、中国作协十大开幕式上的讲话［N］．人民日报，2021-12-15（2）．

[75] Michel Henry. The Essence of Manifestation [M]. Berlin: Springer Netherlands, 1973.

[76] Michel Henry. Barbarism [M]. New York: Continuum, 2012.

[77] Braudel F, Kochan M. Capitalism and Material Life, 1400—1800 [M]. New York: Harper and Row, 1973.

[78] Raymond Williams. Marxism and Literature [M]. London and New York: Oxford University Press, 1977.

[79] Neal Stephenson. Snow Crash [M]. New York: Penguin Random House, 1992.

[80] Rothwell R, Zegveld W. Reindustrialization and Technology [M]. London: Cartermill International, 1985.

[81] Inayatullah S. Six pillars: Futures Thinking for Transforming [J]. Foresight, 2008, 10 (1): 4-21.

[82] Wells H G. A Modern Utopia [J]. American Journal of Sociology, 1905 (3).

[83] Walby S, Towers J, Francis B. Mainstreaming Domestic and Gender-based Violence into Sociology and The criminology of Violence [J]. Sociological Review, 2015, 62 (S2): 187-214.

[84] Davis A, Murphy J D, Owens D, et al. Avatars, People, and Virtual Worlds: Foundations for Research in Metaverses [J]. Journal of the Association for Information Systems, 2009, 10 (2): 90-117.

[85] Rothwell R. Successful Industrial Innovation: Critical factors for the 1990s [J]. R& D Management, 1992, 22 (3): 221-240.

[86] Isaacson W, Schucking E L. Einstein: His Life and Universe [J]. Physics Today, 2007, 60 (11): 59-61.

[87] Karl R. Popper, John C. Eccles. The Self and Its Brain: An Argument for Interactionism [M]. New York: Springer International, 1977.

[88] Andrews C. Famous Utopias [M]. New York: Tudor Publishing, 1901.

[89] Thomas More. Utopia [M]. Clarence H. New Haven: Yale University Press, 2001.

[90] Wells H G. The War of the Worlds [M]. New York: Signet Classic, 2005.

[91] Klein, N. This Changes Everything: Capitalism vs. the Climate [M]. London: Allen Lane, 2014.

[92] Slaughter, R. Futures beyond Dystopia [M]. London: Routledge, 2003.

[93] Shallis, M. On Time: An Investigation into Scientific Knowledge and Human Experience [M]. Harmondsworth: Penguin, 1983.

[94] Prigogine, I., Stengers, I.. Order out of Chaos: Man's New Dialogue with Nature [M]. London: Heinemann, 1984.

[95] Denbigh, K. G.. Three Concepts of Time [M]. Berlin: Springer-Verlag, 1981.

[96] Hawking, S. W.. A Brief History of Time: From the Big Bang to Black Holes [M]. London and New York: Bantam Press, 1988.

[97] Giddens, A.. The Constitution of Society: Outline of the Theory of Structurution [M]. Cambridge: Polity Press, 1984.

[98] Buchanan, M.. Small World: Uncovering Nature's Hidden Networks [M]. London: Weidenfeld, 2002.

[99] Strogatz, S.. Sync: The Emerging Science of Spontaneous Order [M]. Harmondsworth: Penguin, 2003.

[100] Alfie Bown. The Playstation Dreamworld [M]. Cambridge: Polity Press, 2018.

[101] Chris Hables Gray, et al. Cyborgology: Constructing the Knowledge of Cybernetic Organisms [C]. The Cyborg Handbook. New York and London: Routledge, 1995.

[102] Clynes, Manfred E., Kline, et al. Cyborgs and Space [J]. Astronautics, September, 1960: 26-27, 74-76.